Introducción a la qu

CIENCIAS
interactivas

PEARSON

Boston, Massachusetts
Chandler, Arizona
Glenview, Illinois
Upper Saddle River, New Jersey

AUTORES

¡Eres el autor!

A medida que escribas en este libro de Ciencias, dejarás un registro de tus respuestas y descubrimientos personales, de modo que este libro será único para ti. Por eso eres uno de los principales autores de este libro.

✎ **En el espacio que sigue, escribe tu nombre y el nombre de tu escuela, ciudad y estado. Luego, escribe una autobiografía breve que incluya tus intereses y tus logros.**

TU NOMBRE

ESCUELA

CIUDAD, ESTADO

AUTOBIOGRAFÍA

Tu foto

Acknowledgments appear on pages 247–249, which constitute an extension of this copyright page.

ISBN-13: 978-0-13-363857-8
ISBN-10: 0-13-363857-X
12 17

EN LA PORTADA
Metal líquido
Como el mercurio es un líquido pesado y de color plateado a temperatura ambiente, a veces en inglés se lo denomina *quicksilver* ("plata movediza"). El mercurio debe manipularse con cuidado porque es tóxico si se ingiere o inhala. Antes se usaban termómetros rellenos con mercurio para tomar la temperatura. Hoy en día, en el hogar es más común usar termómetros digitales u otro tipo de termómetro más seguro que el de mercurio.

Autores del programa

DON BUCKLEY, M.Sc.
Director de Tecnología de la información y las comunicaciones, The School at Columbia University, Nueva York, Nueva York
Durante casi dos décadas, Don Buckley ha estado a la vanguardia de la tecnología educativa para los grados K a 12. Fundador de Tecnólogos de Escuelas Independientes de la ciudad de Nueva York (NYCIST) y presidente de la conferencia anual de TI de la Asociación de Escuelas Independientes de Nueva York desde hace tiempo, Buckley ha enseñado a estudiantes de dos continentes y ha creado sistemas de instrucción multimedia y basados en Internet para escuelas de todo el mundo.

ZIPPORAH MILLER, M.A.Ed.
Directora ejecutiva adjunta de programas y conferencias para profesionales, Asociación Nacional de Maestros de Ciencias (NSTA), Arlington, Virginia
Directora ejecutiva adjunta de programas y conferencias para profesionales de la NSTA, Zipporah Miller es ex supervisora de Ciencias para los grados K a 12 y coordinadora de Ciencias, Tecnología, Ingeniería y Matemáticas del Distrito de Escuelas Públicas del Condado de Prince George, Maryland. Es consultora educativa de Ciencias y ha supervisado el desarrollo del plan de estudios y la capacitación de más de 150 coordinadores de Ciencias del distrito.

MICHAEL J. PADILLA, Ph.D.
Decano adjunto y director, Escuela de educación Eugene P. Moore, Clemson University, Clemson, Carolina del Sur
Ex maestro de escuela media y líder en la enseñanza de Ciencias en la escuela media, el doctor Michael Padilla se ha desempeñado como presidente de la Asociación Nacional de Maestros de Ciencias y como redactor de los Estándares Nacionales para la Enseñanza de Ciencias. Actualmente es profesor de Ciencias en Clemson University. Como autor principal de la serie *Science Explorer*, el doctor Padilla ha inspirado al equipo a desarrollar un programa que promueva la indagación en los estudiantes y cubra las necesidades de los estudiantes de hoy.

KATHRYN THORNTON, Ph.D.
Profesora y decana adjunta, Escuela de Ingeniería y Ciencias aplicadas, University of Virginia, Charlottesville, Virginia
Seleccionada por la NASA en mayo de 1984, la doctora Kathryn Thornton es veterana de cuatro vuelos espaciales. Tiene en su haber más de 975 horas en el espacio, incluidas más de 21 horas de actividades extravehiculares. Como autora de la serie *Scott Foresman Science*, el entusiasmo que Thornton siente por las ciencias ha inspirado a maestros de todo el mundo.

MICHAEL E. WYSESSION, Ph.D.
Profesor adjunto de Ciencias planetarias y Ciencias de la Tierra, Washington University, St. Louis, Missouri
Autor de más de 50 publicaciones científicas, el doctor Wysession ganó las prestigiosas becas de Packard Foundation y Presidential Faculty por su investigación en geofísica. El doctor Wysession es un experto en la estructura interna de la Tierra y ha realizado mapeos de varias regiones de la Tierra mediante la tomografía sísmica. Es conocido en todo el mundo por su trabajo en la enseñanza y difusión de la geociencia.

Autor de Diseño Pedagógico

GRANT WIGGINS, Ed.D.
Presidente, Authentic Education, Hopewell, Nueva Jersey
El doctor Wiggins es co-autor de *Understanding by Design, 2nd Edition* (ASCD 2005). Su enfoque de diseño pedagógico provee a los maestros con un método dsciplinado de pensamiento para desarrollar el currículo, la evaluación y la instrucción, que transforma la enseñanza de cubrir contenido a asegurar la comprensión.
UNDERSTANDING BY DESIGN® and UbD™ are trademarks of ASCD, and are used under license.

Autor de *Planet Diary*

JACK HANKIN
Maestro de Ciencias y Matemáticas, The Hilldale School, Dale City, California Fundador del sitio web Planet Diary
Jack Hankin es el creador y escritor de *Planet Diary*, un sitio web de actualidad científica. Le apasiona divulgar noticias sobre ciencia y fomentar la conciencia acerca del medio ambiente. Dictó talleres de *Planet Diary* en la NSTA y otros cursos de capacitación para docentes de escuelas medias y superiores.

Consultor de ELL

JIM CUMMINS, Ph.D.
Profesor y titular del Canada Research, Departamento de plan de estudios, enseñanza y aprendizaje de University of Toronto.
El doctor Cummins se centra en la lectoescritura en escuelas multilingües y el rol de la tecnología para estimular el aprendizaje entre planes de estudios. *Ciencias interactivas* incorpora principios fundamentales basados en la investigación para integrar la lengua con la enseñanza de contenidos académicos, según su marco educativo.

Consultor de Lectura

HARVEY DANIELS, Ph.D.
Profesor de educación secundaria, University of New Mexico, Albuquerque, Nuevo México
El doctor Daniels es consultor internacional para escuelas, distritos y organismos educativos. Es autor y co-autor de 13 libros acerca de la lengua, lectoescritura y educación. Sus trabajos más recientes son *Comprehension and Collaboration: Inquiry Circles in Action* y *Subjects Matter: Every Teacher's Guide to Content-Area Reading*.

REVISORES

Escritores colaboradores

Edward Aguado, Ph.D.
Profesor, Departamento de Geografía
San Diego State University
San Diego, California

Elizabeth Coolidge-Stolz, M.D.
Escritora médica
North Reading, Massachusetts

Donald L. Cronkite, Ph.D.
Profesor de Biología
Hope College
Holland, Michigan

Jan Jenner, Ph.D.
Escritora de Ciencias
Talladega, Alabama

Linda Cronin Jones, Ph.D.
Profesora adjunta de Ciencias y Educación ambiental
University of Florida
Gainesville, Florida

T. Griffith Jones, Ph.D.
Profesor clínico adjunto de Educación en Ciencias
College of Education
University of Florida
Gainesville, Florida

Andrew C. Kemp, Ph.D.
Maestro
Jefferson County Public Schools
Louisville, Kentucky

Matthew Stoneking, Ph.D.
Profesor adjunto de Física
Lawrence University
Appleton, Wisconsin

R. Bruce Ward, Ed.D.
Investigador principal adjunto
Departamento de Educación en Ciencias
Harvard-Smithsonian Center for Astrophysics
Cambridge, Massachusetts

Revisores de contenido

Paul D. Beale, Ph.D.
Departamento de Física
University of Colorado at Boulder
Boulder, Colorado

Jeff R. Bodart, Ph.D.
Profesor de Ciencias físicas
Chipola College
Marianna, Florida

Joy Branlund, Ph.D.
Departamento de Ciencias de la Tierra
Southwestern Illinois College
Granite City, Illinois

Marguerite Brickman, Ph.D.
División de Ciencias biológicas
University of Georgia
Athens, Georgia

Bonnie J. Brunkhorst, Ph.D.
Educación en Ciencias y Ciencias geológicas
California State University
San Bernardino, California

Michael Castellani, Ph.D.
Departamento de Química
Marshall University
Huntington, West Virginia

Charles C. Curtis, Ph.D.
Profesor investigador adjunto de Física
University of Arizona
Tucson, Arizona

Diane I. Doser, Ph.D.
Departamento de Ciencias geológicas
University of Texas
El Paso, Texas

Rick Duhrkopf, Ph.D.
Departamento de Biología
Baylor University
Waco, Texas

Alice K. Hankla, Ph.D.
The Galloway School
Atlanta, Georgia

Mark Henriksen, Ph.D.
Departamento de Física
University of Maryland
Baltimore, Maryland

Chad Hershock, Ph.D.
Centro para la Investigación del Aprendizaje y la Enseñanza
University of Michigan
Ann Arbor, Michigan

Jeremiah N. Jarrett, Ph.D.
Departamento de Biología
Central Connecticut State University
New Britain, Connecticut

Scott L. Kight, Ph.D.
Departamento de Biología
Montclair State University
Montclair, Nueva Jersey

Jennifer O. Liang, Ph.D.
Departamento de Biología
University of Minnesota–Duluth
Duluth, Minnesota

Candace Lutzow-Felling, Ph.D.
Directora de Educación
The State Arboretum of Virginia
University of Virginia
Boyce, Virginia

Cortney V. Martin, Ph.D.
Virginia Polytechnic Institute
Blacksburg, Virginia

Joseph F. McCullough, Ph.D.
Presidente del Programa de Física
Cabrillo College
Aptos, California

Heather Mernitz, Ph.D.
Departamento de Ciencias físicas
Alverno College
Milwaukee, Wisconsin

Sadredin C. Moosavi, Ph.D.
Departamento de Ciencias de la Tierra y Ciencias ambientales
Tulane University
Nueva Orleans, Luisiana

David L. Reid, Ph.D.
Departamento de Biología
Blackburn College
Carlinville, Illinois

Scott M. Rochette, Ph.D.
Departamento de Ciencias de la Tierra
SUNY College at Brockport
Brockport, Nueva York

Karyn L. Rogers, Ph.D.
Departamento de Ciencias geológicas
University of Missouri
Columbia, Missouri

Laurence Rosenhein, Ph.D.
Departamento de Química
Indiana State University
Terre Haute, Indiana

Sara Seager, Ph.D.
Departamento de Ciencias planetarias y Física
Massachusetts Institute of Technology
Cambridge, Massachusetts

Tom Shoberg, Ph.D.
Missouri University of Science and Technology
Rolla, Missouri

Patricia Simmons, Ph.D.
North Carolina State University
Raleigh, Carolina del Norte

William H. Steinecker, Ph.D.
Investigador académico
Miami University
Oxford, Ohio

Paul R. Stoddard, Ph.D.
Departamento de Geología y Geociencias ambientales
Northern Illinois University
DeKalb, Illinois

John R. Villarreal, Ph.D.
Departamento de Química
The University of Texas–Pan American
Edinburg, Texas

John R. Wagner, Ph.D.
Departamento de Geología
Clemson University
Clemson, Carolina del Sur

Jerry Waldvogel, Ph.D.
Departamento de Ciencias biológicas
Clemson University
Clemson, Carolina del Sur

Donna L. Witter, Ph.D.
Departamento de Geología
Kent State University
Kent, Ohio

Edward J. Zalisko, Ph.D.
Departamento de Biología
Blackburn College
Carlinville, Illinois

Museum of Science®

Agradecemos especialmente al *Museum of Science* (Museo de Ciencias) de Boston, Massachusetts, y a Ioannis Miaoulis, presidente y director del museo, su contribución como consultores de los elementos de tecnología y diseño de este programa.

iv

Revisores docentes

Herb Bergamini
The Northwest School
Seattle, Washington

David R. Blakely
Arlington High School
Arlington, Massachusetts

Jane E. Callery
Capital Region Education Council
(CREC)
Hartford, Connecticut

Jeffrey C. Callister
Ex maestro de Ciencias de la
Tierra
Newburgh Free Academy
Newburgh, Nueva York

Colleen Campos
Cherry Creek Schools
Aurora, Colorado

Scott Cordell
Amarillo Independent School
District
Amarillo, Texas

Dan Gabel
Maestro consultor, Ciencias
Montgomery County Public
Schools
Montgomery County, Maryland

Wayne Goates
Polymer Ambassador de Kansas
Intersociety Polymer Education
Council (IPEC)
Wichita, Kansas

Katherine Bobay Graser
Mint Hill Middle School
Charlotte, Carolina del Norte

Darcy Hampton
Presidente del Departamento de
Ciencias
Deal Middle School
Washington, D.C.

Sean S. Houseknecht
Elizabethtown Area Middle School
Elizabethtown, Pensilvania

Tanisha L. Johnson
Prince George's County Public
Schools
Lanham, Maryland

Karen E. Kelly
Pierce Middle School
Waterford, Michigan

Dave J. Kelso
Manchester Central High School
Manchester, New Hampshire

Beverly Crouch Lyons
Career Center High School
Winston-Salem, Carolina del Norte

Angie L. Matamoros, Ed.D.
ALM Consulting
Weston, Florida

Corey Mayle
Durham Public Schools
Durham, Carolina del Norte

Keith W. McCarthy
George Washington Middle
School
Wayne, Nueva Jersey

Timothy McCollum
Charleston Middle School
Charleston, Illinois

Bruce A. Mellin
Cambridge College
Cambridge, Massachusetts

John Thomas Miller
Thornapple Kellogg High School
Middleville, Michigan

Randy Mousley
Dean Ray Stucky Middle School
Wichita, Kansas

Yolanda O. Peña
John F. Kennedy Junior High
School
West Valley, Utah

Kathleen M. Poe
Fletcher Middle School
Jacksonville Beach, Florida

Judy Pouncey
Thomasville Middle School
Thomasville, Carolina del Norte

Vickki Lynne Reese
Mad River Middle School
Dayton, Ohio

Bronwyn W. Robinson
Directora de plan de estudios
Algiers Charter Schools
Association
Nueva Orleans, Luisiana

Sandra G. Robinson
Matoaca Middle School
Chesterfield, Virginia

Shirley Rose
Lewis and Clark Middle School
Tulsa, Oklahoma

Linda Sandersen
Sally Ride Academy
Whitefish Bay, Wisconsin

Roxanne Scala
Schuyler-Colfax Middle School
Wayne, Nueva Jersey

Patricia M. Shane, Ph.D.
Directora adjunta
Centro de Educación en
Matemáticas y Ciencias
University of North Carolina at
Chapel Hill
Chapel Hill, Carolina del Norte

Bradd A. Smithson
Coordinador del plan de estudios
de Ciencias
John Glenn Middle School
Bedford, Massachusetts

Sharon Stroud
Consultora
Colorado Springs, Colorado

Consejo de catedráticos

Emily Compton
Park Forest Middle School
Baton Rouge, Luisiana

Georgi Delgadillo
East Valley School District
Spokane Valley, Washington

Treva Jeffries
Toledo Public Schools
Toledo, Ohio

James W. Kuhl
Central Square Middle School
Central Square, Nueva York

Bonnie Mizell
Howard Middle School
Orlando, Florida

Joel Palmer, Ed.D.
Mesquite Independent School
District
Mesquite, Texas

Leslie Pohley
Largo Middle School
Largo, Florida

Susan M. Pritchard, Ph.D.
Washington Middle School
La Habra, California

Anne Rice
Woodland Middle School
Gurnee, Illinois

Richard Towle
Noblesville Middle School
Noblesville, Indiana

CONTENIDO

Zona de laboratorio Entra en la Zona de laboratorio para hacer una indagación interactiva.

Investigación de laboratorio del capítulo:
• Indagación dirigida: Entender la densidad
• Indagación abierta: Entender la densidad

Indagación preliminar: ¿Cómo describes la materia? • ¿Qué es una mezcla? • ¿Cuál tiene más masa? • ¿Se forma una sustancia nueva?

Actividades rápidas de laboratorio:
• Observar las propiedades físicas • Hacer modelos de átomos y moléculas • Separar mezclas • Calcular el volumen • ¿Qué es un cambio físico? • Demostrar el deslustre • ¿Dónde estaba la energía?

my science online.com

Visita MyScienceOnline.com para interactuar con el contenido del capítulo en inglés.
Palabra clave: *Introduction to Matter*

> UNTAMED SCIENCE
• *What's the Matter?*

> PLANET DIARY
• *Introduction to Matter*

> INTERACTIVE ART
• *Conservation of Matter* • *Properties of Matter*

> ART IN MOTION
• *What Makes Up Matter?*

> VIRTUAL LAB
• *How Do You Measure Weight and Volume?*
• *Will It Float? Density of Solids and Liquids*

CAPÍTULO 2 Sólidos, líquidos y gases

Zona de laboratorio

Entra en la Zona de laboratorio para hacer una indagación interactiva.

Investigación de laboratorio del capítulo:
• Indagación dirigida: Derretir hielo
• Indagación abierta: Derretir hielo

Indagación preliminar: • ¿Qué son los sólidos, los líquidos y los gases? • ¿Qué sucede cuando respiras sobre un espejo? • ¿Cómo puede el aire evitar que la tiza se rompa?

Actividades rápidas de laboratorio: • Hacer un modelo de las partículas • Tan espeso como la miel • ¿Cómo se mueven las partículas de un gas? • Mantener la frescura • Observar la sublimación • ¿Qué relación hay entre la presión y la temperatura? • Globos calientes y fríos • Es un gas

my science ONLINE.com

Visita MyScienceOnline.com para interactuar con el contenido del capítulo en inglés.
Palabra clave: *Solids, Liquids, and Gases*

> UNTAMED SCIENCE
• *Building a House of Snow*

> PLANET DIARY
• *Solids, Liquids, and Gases*

> INTERACTIVE ART
• *Gas Laws* • *States of Matter*

> VIRTUAL LAB
• *Solid to Liquid to Gas: Changes of State*

CONTENIDO

Zona de laboratorio
Entra en la Zona de laboratorio para hacer una indagación interactiva.

△ **Investigación de laboratorio del capítulo:**
• Indagación dirigida: ¿Cobre o carbono? Ésa es la cuestión.
• Indagación abierta: ¿Cobre o carbono? Ésa es la cuestión.

△ **Indagación preliminar:** • ¿Qué hay en la caja? • ¿Cuál es más fácil? • ¿Por qué hay que usar el aluminio? • ¿Cuáles son las propiedades del carbón? • ¿Cuánto se pierde?

△ **Actividades rápidas de laboratorio:**
• Visualizar una nube de electrones • ¿Qué tan lejos está el electrón? • Clasificación • Usar la tabla periódica • Ampliación de la tabla periódica • Búsqueda de metales • Carbono: un no metal • Búsqueda de no metales • ¿Qué ocurre cuando se desintegra un átomo? • Modelo de desintegración beta • Diseñar experimentos con trazadores radiactivos

my science online.com

Visita MyScienceOnline.com para interactuar con el contenido del capítulo en inglés.
Palabra clave: *Elements and the Periodic Table*

> **PLANET DIARY**
• *Elements and the Periodic Table*

> **INTERACTIVE ART**
• *Periodic Table* • *Investigate an Atom*

> **ART IN MOTION**
• *Types of Radioactive Decay*

> **VIRTUAL LAB**
• *Which Element Is This?*

Átomos y enlaces

CAPÍTULO 4

Zona de laboratorio® Entra en la Zona de laboratorio
para hacer una indagación
interactiva.

**Investigación de laboratorio
del capítulo:**
• Indagación dirigida: Ilumínate sobre
los iones
• Indagación abierta: Ilumínate sobre
los iones

Indagación preliminar: • ¿Cuáles son las
tendencias de la tabla periódica? • ¿Cómo
se forman los iones? • Enlaces covalentes
• ¿Acero o no acero?

Actividades rápidas de laboratorio: • La
química de los elementos • Cómo se forman
los iones • ¿Cómo escribes los nombres
y las fórmulas de los iones? • Electrones
compartidos • Las propiedades de los
compuestos moleculares • Atracción entre
las moléculas polares • Cristales metálicos
• ¿Qué hacen los metales?

my science online.com

**Visita MyScienceOnline.com para
interactuar con el contenido del
capítulo en inglés.
Palabra clave:** *Atoms and Bonding*

> UNTAMED SCIENCE
• *The Elements of Hockey*

> PLANET DIARY
• *Atoms and Bonding*

> INTERACTIVE ART
• *Periodic Table* • *Investigate Ionic
Compounds* • *Table Salt Dissolving in Water*

> ART IN MOTION
• *Bonding in Polar Molecules*

> VIRTUAL LAB
• *Will It React?*

CONTENIDO

Zona de laboratorio Entra en la Zona de laboratorio para hacer una indagación interactiva.

Investigación de laboratorio del capítulo:
• Indagación dirigida: ¿Dónde está la evidencia?
• Indagación abierta: ¿Dónde está la evidencia?

Indagación preliminar: • ¿Qué sucede cuando las sustancias químicas reaccionan?
• ¿Perdiste algo? • ¿Es posible acelerar o desacelerar una reacción?

Actividades rápidas de laboratorio:
• Observa los cambios • Información en una ecuación química • ¿Se conserva la materia?
• Categorías de reacciones químicas • Un modelo de la energía de activación • Efectos de la temperatura en las reacciones químicas

my science online.com

Visita MyScienceOnline.com para interactuar con el contenido del capítulo en inglés.
Palabra clave: *Chemical Reactions*

> **UNTAMED SCIENCE**
• *Chemical Reactions to the Rescue*

> **PLANET DIARY**
• *Chemical Reactions*

> **INTERACTIVE ART**
• *Physical or Chemical Change?* • *Conservation of Matter* • *Balancing Equations*

> **ART IN MOTION**
• *Activation Energy*

> **VIRTUAL LAB**
• *Energy and Chemical Changes*

 Zona de laboratorio **Entra en la Zona de laboratorio para hacer una indagación interactiva.**

Investigación de laboratorio del capítulo:
• Indagación dirigida: Soluciones a toda velocidad
• Indagación abierta: Soluciones a toda velocidad

Indagación preliminar: • ¿Qué convierte una mezcla en una solución? • ¿Se disuelve? • ¿De qué color se vuelve el papel de tornasol? • ¿Qué datos puede darte el jugo de repollo?

Actividades rápidas de laboratorio:
• Dispersión de la luz • Cómo medir la concentración • Predecir los índices de solubilidad • Propiedades de los ácidos • Propiedades de las bases • Descubre el pH • La prueba del antiácido

my science online.com

Visita MyScienceOnline.com para interactuar con el contenido del capítulo en inglés.
Palabra clave: *Acids, Bases, and Solutions*

> **UNTAMED SCIENCE**
• *What's the Solution?*

> **PLANET DIARY**
• *Acids, Bases, and Solutions*

> **INTERACTIVE ART**
• *Table Salt Dissolving in Water* • *Classifying Solutions* • *The pH Scale*

> **VIRTUAL LAB**
• *Acid, Base, or Neutral?*

CIENCIAS interactivas

Puedes escribir en el libro.
Es tuyo.

¿CÓMO TENEMOS LUZ GRACIAS AL VIENTO?

PREGUNTA PRINCIPAL ¿Cuáles son algunas de las fuentes de energía de la Tierra?

Este hombre está reparando un aerogenerador en un parque eólico de Texas. La mayoría de los aerogeneradores están al menos a 30 metros del suelo, donde los vientos son rápidos. La velocidad del viento y la longitud de las paletas determinan la mejor manera de aprovechar el viento y transformarlo en energía. **Desarrolla hipótesis** ¿Por qué crees que se trabaja para aumentar la energía que se obtiene del viento?

> **UNTAMED SCIENCE** Mira el video de *Untamed Science* para aprender más sobre los recursos energéticos.

174 Recursos energéticos

PREGUNTA PRINCIPAL

¡Participa!

Al comienzo de cada capítulo verás dos preguntas: una Pregunta para participar y la Pregunta principal. Con la Pregunta principal de cada capítulo empezarás a pensar en las Grandes ideas de la ciencia. ¡Busca el símbolo de la Pregunta principal a lo largo del capítulo!

Untamed Science

Sigue al equipo de los videos de *Untamed Science* mientras viaja por el mundo explorando las Grandes ideas de la ciencia.

La ecología y el medio ambiente

CIENCIAS
interactivas

Interactúa con tu libro.

Zona de laboratorio®

Interactúa con la indagación.

Interactúa en línea.

CAPÍTULO
5
...rsos energéticos

Desarrolla destrezas de lectura, indagación y vocabulario

En cada lección aprenderás nuevas destrezas de 🔁 lectura e 🔺 indagación. Esas destrezas te ayudarán a leer y pensar como un científico. Las destrezas de vocabulario te permitirán comunicar ideas de manera efectiva y descubrir el significado de las palabras.

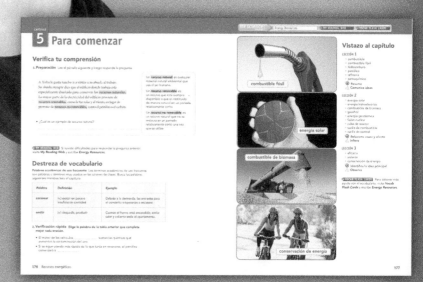

my science online.com

¡Conéctate!

Busca las opciones de tecnología de MyScienceOnline.com. En MyScienceOnline.com puedes sumergirte en un mundo virtual sorprendente, obtener práctica adicional en inglés e incluso participar de un *blog* sobre temas científicos de la actualidad.

Explora los conceptos clave.

Cada lección comienza con una serie de preguntas sobre conceptos clave. Las actividades interactivas de cada lección te ayudarán a entender esos conceptos y a descubrir la Pregunta principal.

mi Diario Del Planeta

Al comienzo de cada lección, Mi diario del planeta te presentará sucesos increíbles, personas importantes y descubrimientos significativos de la ciencia, o te ayudará a aclarar conceptos erróneos comunes en el mundo de la ciencia.

Desertificación Si se agotan la h un área que alguna vez fue fértil, el transformación de un área fértil en conoce como **desertificación**.

Una causa de la desertificación un período en el que llueve menos de sequía, las cosechas fracasan. Si expuesto se vuela con facilidad. El y ovino en las praderas y la tala de producir desertificación.

La desertificación es un problen es posible sembrar cultivos ni past las personas pueden sufrir hambru muy serio en África central. Millon zonas rurales a las ciudades porqu

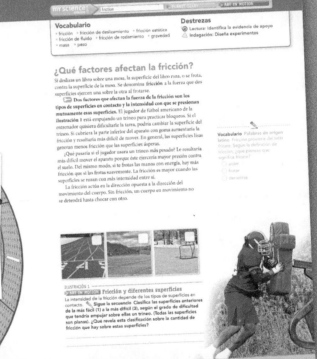

¡aplícalo!

La desertificación afecta a muchas áreas del mundo.

❶ **Nombra** ¿En qué continente se encuentra el desierto más grande?

❷ **Interpreta mapas** ¿En qué luga de los Estados Unidos hay mayor riesgo de desertificación?

❸ **Infiere** ¿La desertificación es un desierto? Explica tu respuesta. apoyar tu respuesta.

❹ **DESAFÍO** Si un área se enfren se podrían tomar para limitar en lo

Explica lo que sabes.

Busca el símbolo del lápiz. Cuando lo veas, será momento de interactuar con tu libro y demostrar lo que has aprendido.

aplícalo

Desarrolla tus conocimientos con las actividades de Aplícalo. Ésta es tu oportunidad de poner en práctica lo que aprendiste y aplicar esas destrezas a situaciones nuevas.

Zona de laboratorio

Cuando veas el triángulo de la Zona de laboratorio, es hora de hacer una indagación de laboratorio interactiva. En cada lección, tendrás la oportunidad de hacer una actividad de indagación interactiva que te ayudará a reforzar la comprensión del tema principal.

nutrientes del suelo de
vierte en un desierto. La
n condiciones desérticas se

Por ejemplo, una **sequía** es
al en un lugar. En períodos
ón de las plantas, el suelo
cesivo del ganado vacuno
a leña también pueden

n áreas desertificadas, no
do. Como consecuencia,
rtificación es un problema
nas se trasladan de las
en vivir de la tierra.

Clave
- Desierto existente
- Área de alto riesgo
- Área de riesgo moderado

sólo en áreas donde ya existe
círculo un área del mapa para

e desertificación, ¿qué medidas
ectos?

Recuperación de la tierra Afortunadamente, es posible reemplazar la tierra dañada por la erosión o la minería. El proceso que consiste en restaurar un área de tierra y llevarla a un estado más productivo se denomina **recuperación de la tierra**. Además de recuperar la tierra para la agricultura, este proceso puede recuperar hábitats para la vida silvestre. Hoy en día, en todo el mundo, se están llevando adelante muchos tipos diferentes de proyectos de recuperación de la tierra. De todos modos, suele ser más difícil y más caro restaurar la tierra y el suelo dañados que proteger esos recursos desde un primer momento. En algunos casos, es probable que la tierra nunca vuelva a su estado original.

ILUSTRACIÓN 4

Recuperación de la tierra
Estas fotografías muestran un área de terreno antes y después de la explotación minera.

✎ **Comunica ideas** Debajo de las fotografías, escribe una historia sobre lo que sucedió con la tierra.

📖 Evalúa tu comprensión

1a. Repasa El subsuelo tiene (menos/más) materia vegetal y animal que el suelo superior.

b. Explica ¿Qué puede suceder con el suelo si se sacan las plantas?

c. Aplica conceptos
que podrían imp
recuperación

Zona de laboratorio — Haz la Actividad rápida de laboratorio *Hacer mode* la conse

¿comprendiste?

○ **¡Comprendí!** Ahora sé que la administración del suelo es importa

○ Necesito más ayuda con

Consulta MY SCIENCE 🖥 COACH en línea para obtener ayuda en inglés sobre este tema.

¿comprendiste?

Evalúa tu progreso.

Después de responder la pregunta de ¿Comprendiste?, reflexiona sobre tu progreso. ¿Comprendiste el tema o necesitas un poco de ayuda? Recuerda: puedes consultar MY SCIENCE 🖥 COACH para más información en inglés.

Explora la Pregunta principal.

En un momento del capítulo, tendrás la oportunidad de poner en práctica todo lo que aprendiste para indagar más sobre la Pregunta principal.

Contaminación y soluciones

¿Qué podemos hacer para usar los recursos con responsabilidad?

ILUSTRACIÓN 4

REAL-WORLD INQUIRY Todos los seres vivos dependen de la tierra, el aire y el agua. Conservar estos recursos para el futuro es importante. Parte de la conservación de los recursos consiste en identificar y limitar las fuentes de contaminación.

Interpretar fotos En la fotografía, escribe en cada círculo la letra que mejor identifica la fuente de contaminación.

Tierra
Describe al menos una cosa que tu comunidad podría hacer para reducir la contaminación de la tierra.

Aire
Describe al menos una cosa que tu comunidad podría hacer para reducir la contaminación del aire.

Agua
Describe al menos una cosa que tu comunida podría hacer para reducir la contaminación del agua.

Clave de las fuentes de contaminación
A. Sedimentos
B. Desechos sólidos urbanos

Zona de laboratorio Haz la Actividad rápida de laboratorio Limpiar to

Evalúa tu comprensi

1a. Define ¿Qué son los sedimentos

b. Explica ¿Cómo pueden ayudar limpiar un derrame de petróleo

c. RESPONDE LA ¿Qué podemos hace recursos con respons

d. DESAFÍO ¿Por qué una comp querer reciclar los desechos q pesar de que así reduciría la c del agua?

¿comprendiste?

○ ¡Comprendí! Ahora sé que reducir la contaminación de

○ Necesito más ayuda con

Consulta MY SCIENCE obtener ayuda en inglés sob

Responde la Pregunta principal.

Es hora de demostrar lo que sabes y responder la Pregunta principal.

Repasa lo que has aprendido.

Usa la Guía de estudio del capítulo para repasar
la Pregunta principal y prepararte para el examen.

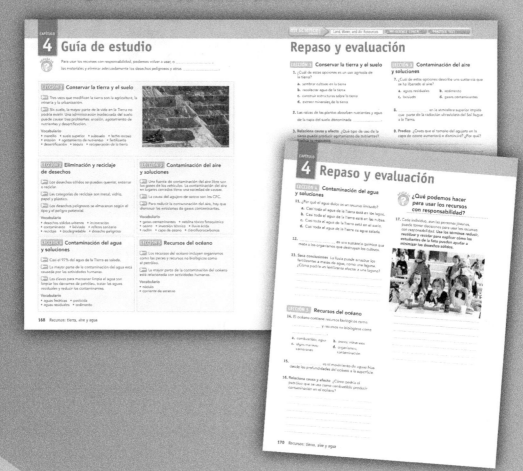

Practica para los exámenes.

Aplica la Pregunta principal y haz un
examen de práctica en el formato
de examen estandarizado.

INTERACTÚA... CON TU LIBRO...

Visita **MyScienceOnline.com** y sumérgete
en un mundo virtual sorprendente.

THE BIG QUESTION

Cada capítulo en línea
comienza con una Pregunta
principal. Tu misión es
descubrir el significado de
esa Pregunta principal a
medida que se desarrolla
cada lección de Ciencias.

VOCAB FLASH CARDS

Practica el vocabulario del capítulo con las tarjetas de
vocabulario interactivas. Cada tarjeta tiene una imagen,
definiciones en español y en inglés, y un espacio para que
escribas tus notas.

INTERACTIVE ART

En MyScienceOnline.com, muchas de
las hermosas imágenes de tu libro se
vuelven interactivas para que puedas
ampliar tus conocimientos.

CIENCIAS **interactivas**

CONÉCTATE

my science online.com ▸ Populations and Communities ▸ PLANET DIARY ▸ LAB ZONE ▸ VIRTUAL LAB

[C] [+] [🌐 http://www.myscienceonline.com/]

▸ PLANET DIARY

Consulta *My Planet Diary* en línea para hallar más información y actividades en inglés relacionadas con el tema de la lección.

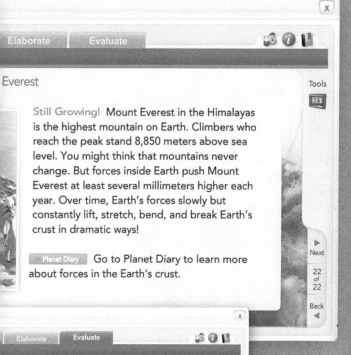

Busca tu capítulo

1 Visita www.myscienceonline.com.

2 Ingresa tu nombre de usuario y contraseña.

3 Haz clic en tu programa y selecciona el capítulo.

Búsqueda de palabras clave

1 Visita www.myscienceonline.com.

2 Ingresa tu nombre de usuario y contraseña.

3 Haz clic en tu programa y selecciona *Search* (Buscar).

4 Escribe en el casillero de búsqueda la palabra clave en inglés (que aparece en tu libro).

Contenido adicional disponible en línea

▸ UNTAMED SCIENCE Sigue las aventuras de estos jóvenes científicos en sus sorprendentes *blogs* con videos en línea mientras viajan por el mundo en busca de respuestas a las Preguntas principales de la ciencia.

▸ MY SCIENCE COACH ¿Necesitas más ayuda? *My Science Coach* es tu compañero de estudio personal en línea. *My Science Coach* es una oportunidad para obtener más práctica en inglés con los conceptos clave de Ciencias. Te permite elegir varias herramientas distintas que te orientarán en cada lección de Ciencias.

▸ MY READING WEB ¿Necesitas más ayuda con las lecturas de un tema de Ciencias en particular? En *My Reading Web* encontrarás una variedad de selecciones en inglés adaptadas a tu nivel de lectura específico.

▸ VIRTUAL LAB

Obtén más práctica en estos laboratorios virtuales realistas. Manipula las variables en pantalla y pon a prueba tus hipótesis.

LAS GRANDES IDEAS DE LA CIENCIA

¿Alguna vez has resuelto un rompecabezas? Generalmente, los rompecabezas tienen un tema que sirve de guía para agrupar las piezas según lo que tienen en común. Pero el rompecabezas no queda resuelto hasta que se colocan todas las piezas. Estudiar Ciencias es como resolver un rompecabezas. Las grandes ideas de la ciencia son como temas de un rompecabezas. Para entender las grandes ideas, los científicos hacen preguntas. Las respuestas a esas preguntas son como las piezas de un rompecabezas. Cada capítulo de este libro plantea una pregunta principal para que pienses en una gran idea de la ciencia. A medida que respondas estas preguntas principales, estarás más cerca de comprender la gran idea.

✎ **Antes de leer cada capítulo, escribe qué sabes y qué más te gustaría saber sobre el tema.**

Grant Wiggins, co-autor de *Understanding by Design*, *2nd Edition* (ASCD 2005).

UNDERSTANDING BY DESIGN® and UbD™ are trademarks of ASCD, and are used under license.

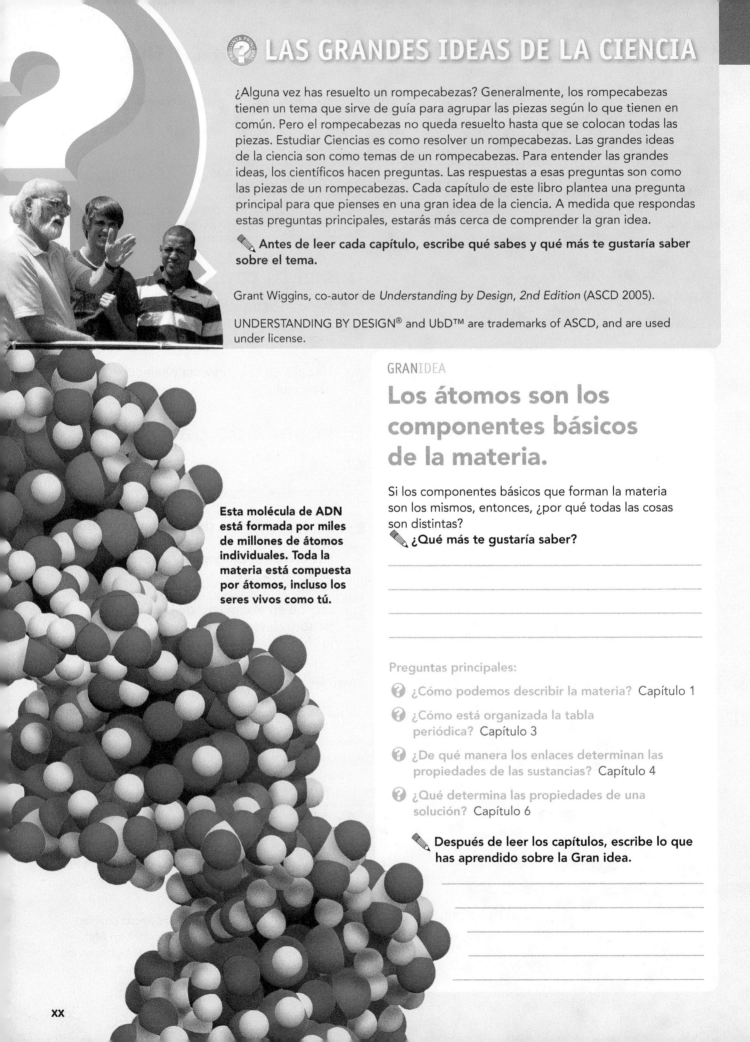

Esta molécula de ADN está formada por miles de millones de átomos individuales. Toda la materia está compuesta por átomos, incluso los seres vivos como tú.

GRANIDEA

Los átomos son los componentes básicos de la materia.

Si los componentes básicos que forman la materia son los mismos, entonces, ¿por qué todas las cosas son distintas?

✎ **¿Qué más te gustaría saber?**

_____

_____

_____

Preguntas principales:

❓ ¿Cómo podemos describir la materia? Capítulo 1

❓ ¿Cómo está organizada la tabla periódica? Capítulo 3

❓ ¿De qué manera los enlaces determinan las propiedades de las sustancias? Capítulo 4

❓ ¿Qué determina las propiedades de una solución? Capítulo 6

✎ **Después de leer los capítulos, escribe lo que has aprendido sobre la Gran idea.**

_____

_____

_____

_____

La masa y la energía se conservan durante los cambios físicos y químicos.

Si enciendes una vela, se hará cada vez más pequeña a medida que arde la llama. ¿Qué pasa con la parte de la vela que se consume? ¿Deja de existir?

✏️ **¿Qué más te gustaría saber?**

_____

_____

_____

_____

_____

_____

Preguntas principales:

❓ ¿Por qué cambian de estado las sustancias? Capítulo 2

❓ ¿Cómo se conserva la materia en una reacción química? Capítulo 5

✏️ **Después de leer los capítulos, escribe lo que has aprendido sobre la Gran idea.**

_____

_____

_____

_____

_____

Con los años, a causa de la exposición al oxígeno del aire, la Estatua de la Libertad perdió su brillo cobrizo y se volvió verde azulada, como se ve en esta foto. Durante esos cambios, la masa y la energía totales de los átomos de la estatua no han cambiado.

¿DE QUÉ ESTÁN HECHAS TODAS ESTAS COSAS?

¿Cómo podemos describir la materia?

Imagínate un día cálido en la playa Waikiki de Oahu, una isla de Hawaii. Sientes la brisa cálida, la arena caliente y el agua fresca. Las palmeras, los hoteles, las tiendas y el cráter volcánico conocido como *Diamond Head* (Cabeza de diamante) son parte del paisaje que te rodea. Las personas nadan, practican surf, navegan y disfrutan del océano.

> **UNTAMED SCIENCE** Mira el video de **Untamed Science** para aprender más sobre la materia.

Clasifica Clasifica los objetos que ves en la playa Waikiki según el material del que están hechos.

_____

_____

_____

_____

_____

_____

Introducción a la materia

1 Para comenzar

Verifica tu comprensión

1. Preparación Lee el párrafo siguiente y luego responde la pregunta.

Un día caluroso, Jorge decide preparar una jarra de limonada bien fría. Mezcla agua **pura** con jugo de limón en una **razón** de seis a uno. Agrega azúcar y hielo, y revuelve. Las **propiedades** de la limonada son las siguientes: fría, amarilla y dulce.

Un material **puro** no está mezclado con ninguna otra materia.

Una **razón** indica la relación entre dos o más cosas.

Una **propiedad** es una característica que tiene una persona o una cosa.

- ¿Cómo cambiarían las propiedades de una limonada si la razón entre el agua pura y el jugo de limón fuera de tres a uno? Imagínate que la cantidad de azúcar es la misma.

_____

_____

> MY READING WEB Si tuviste dificultades para responder la pregunta anterior, visita **My Reading Web** y escribe **Introduction to Matter.**

Destreza de vocabulario

Prefijos Un prefijo es una parte que se coloca delante de la raíz para cambiar el significado de la palabra. Los prefijos siguientes te ayudarán a entender algunas de las palabras de vocabulario de este capítulo.

Prefijo	Significado	Ejemplo
endo-	en, dentro de	endógeno: (*adj.*) describe algo que se origina en el interior de los tejidos o las células de un organismo
exo-	fuera de	exoesqueleto: (*s.*) caparazón o esqueleto exterior que protege a los animales, como los crustáceos

2. Verificación rápida La raíz griega *term-* significa "calor". Predice el significado de la expresión *cambio endotérmico.*

_____

_____

sustancia

mezcla

densidad

energía química

Vistazo al capítulo

LECCIÓN 1
- materia
- química
- sustancia
- propiedad física
- propiedad química

 Resume

△ Clasifica

LECCIÓN 2
- elemento
- átomo
- enlace químico
- molécula
- compuesto
- fórmula química
- mezcla

Compara y contrasta

△ Infiere

LECCIÓN 3
- peso
- masa
- Sistema Internacional de Unidades
- volumen
- densidad

Identifica la idea principal

△ Calcula

LECCIÓN 4
- cambio físico
- cambio químico
- ley de conservación de la masa
- temperatura
- energía térmica
- cambio endotérmico
- cambio exotérmico
- energía química

Relaciona causa y efecto

△ Saca conclusiones

> VOCAB FLASH CARDS Para obtener más ayuda con el vocabulario, visita *Vocab Flash Cards* y escribe *Introduction to Matter.*

3

Describir la materia

¿Qué propiedades describen la materia?

mi DiaRio DeL planeTa

PROFESIÓN

Experto en conservación de obras de arte

La ciencia y el arte pueden parecer dos intereses muy diferentes, pero ambos son parte del trabajo de un experto en conservación de obras de arte. Con el tiempo, las obras de arte pueden perder sus colores, deteriorarse o ensuciarse. Estos expertos estudian las propiedades de las obras de arte para encontrar la manera de restaurarlas. Analizan la textura, el color y la antigüedad de la pintura, las condiciones del lienzo y los materiales que se usaron para hacer la obra. Así, los científicos pueden determinar las propiedades químicas de la pintura. Por ejemplo, pueden predecir cómo reaccionará la pintura al exponerla a la luz, a los cambios de temperatura y al uso de químicos para su limpieza. Gracias a los expertos en conservación de obras de arte, las obras maestras de grandes artistas pueden disfrutarse durante muchos años.

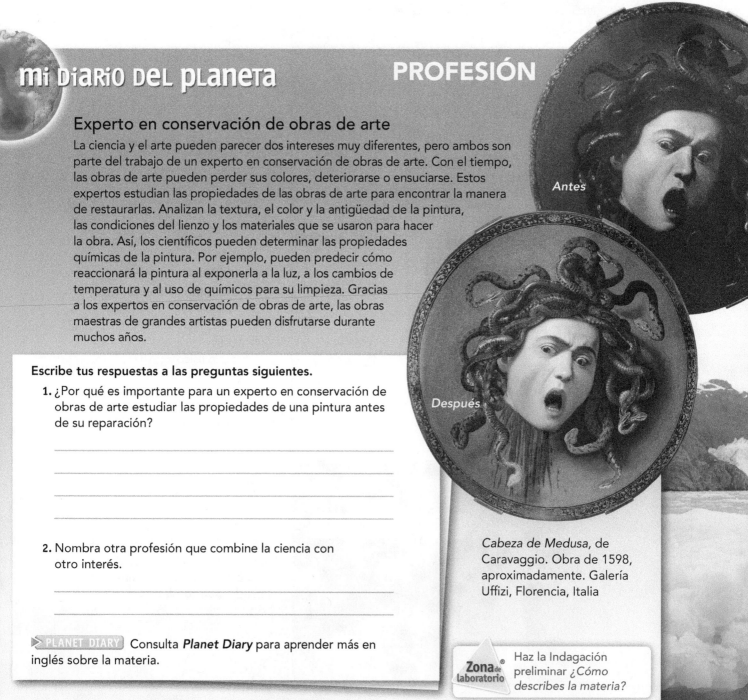

Antes

Después

Cabeza de Medusa, de Caravaggio. Obra de 1598, aproximadamente. Galería Uffizi, Florencia, Italia

Escribe tus respuestas a las preguntas siguientes.

1. ¿Por qué es importante para un experto en conservación de obras de arte estudiar las propiedades de una pintura antes de su reparación?

_____

_____

_____

_____

2. Nombra otra profesión que combine la ciencia con otro interés.

_____

_____

> PLANET DIARY Consulta *Planet Diary* para aprender más en inglés sobre la materia.

Zona de laboratorio® Haz la Indagación preliminar *¿Cómo describes la materia?*

Vocabulario

- materia • química
- sustancia • propiedad física
- propiedad química

Destrezas

- Lectura: Resume
- Indagación: Clasifica

¿Qué propiedades describen la materia?

Probablemente hayas oído la palabra *materia* muchas veces: "En materia de…" o "¿Cuál es tu materia preferida?". En ciencias, **materia** es cualquier cosa que tiene masa y ocupa un espacio. Todas las cosas que te rodean son materia y tú también eres materia. El aire, el plástico, el metal, la madera, el vidrio, el papel y la tela son materia.

A pesar de que tanto el aire como el papel son materia, tú sabes que son dos materiales distintos. La materia puede tener diferentes propiedades o características que pueden usarse para identificarla y clasificarla. Los materiales pueden ser duros o blandos, calientes o fríos, líquidos, sólidos o gaseosos. Algunos materiales se prenden fuego con facilidad, pero otros no se queman. La **química** es el estudio de las propiedades de la materia y de sus cambios.

Sustancias Algunos tipos de materia son sustancias y otros, no. En química, una **sustancia** es un tipo único de materia que es pura, es decir que siempre tiene una composición específica. Por ejemplo, la sal de mesa tiene la misma composición y las mismas propiedades, ya sea que provenga del agua de mar o de una mina de sal. La **ilustración 1** muestra dos ejemplos de agua que parecen muy distintas. El agua es una sustancia. El agua pura siempre es igual, sea de un glaciar o de un géiser.

 Resume ¿Cómo se relacionan la materia y las sustancias?

_____

_____

_____

_____

_____

ILUSTRACIÓN 1 ·····························
Propiedades de la materia
Compara y contrasta Completa el diagrama de Venn con las propiedades del agua de un glaciar y de un géiser.

Glaciar   Géiser

Propiedades físicas y químicas de la materia

La materia se describe según sus propiedades. 🔑 **Cada forma de la materia tiene dos tipos de propiedades: las propiedades físicas y las propiedades químicas.** Una **propiedad física** es una característica de una sustancia que se puede observar sin convertirla en otra sustancia.

Algunas propiedades de la materia no se pueden percibir sólo a través de la observación o el tacto. Una **propiedad química** es una característica de una sustancia que describe su capacidad de convertirse en sustancias diferentes. Para conocer las propiedades químicas de una sustancia, debes intentar convertirla en otra sustancia. Las propiedades físicas y químicas sirven para clasificar la materia.

Aro de básquetbol Dos propiedades físicas de los metales son el lustre, o brillo, y la capacidad para transmitir corriente eléctrica y calor. Otra propiedad física es la flexibilidad, que es la capacidad de doblarse.

Marca todos los objetos flexibles.
- ◯ lata de aluminio
- ◯ laminado de cobre
- ◯ casa de ladrillos
- ◯ ventana de vidrio
- ◯ cuchara de plata
- ◯ palillo de madera

¿Qué tienen en común todos los objetos flexibles?

_____

¿Qué propiedad física hace que las ollas de metal sirvan para cocinar?

_____

Agua Una propiedad física del agua es que se congela a 0 °C. Cuando el agua en estado líquido se congela, se convierte en hielo pero sigue siendo agua. Las temperaturas a las que hierven o se congelan las sustancias también son propiedades físicas.

Cadena de metal oxidada Una propiedad química del hierro es que se combina lentamente con el oxígeno del aire y forma una sustancia distinta: el óxido. La plata reacciona con el azufre del aire y pierde su lustre. Por el contrario, una propiedad química del oro es que no reacciona fácilmente con el oxígeno ni con el azufre.

Helado de fruta La dureza, la textura, la temperatura y el color son ejemplos de propiedades físicas. Cuando describes un material como un sólido, un líquido o un gas, describes el estado de la materia. El estado de la materia es otra propiedad física.

Describe tres propiedades de un helado de fruta, incluido su estado.

_____

_____

¿Cambiará alguna de estas propiedades después de exponerlo a la luz solar por un par de horas? Explica tu respuesta.

_____

_____

_____

Briquetas de carbón Los combustibles, como el carbón, pueden prenderse fuego y quemarse. Cuando un combustible se quema, se combina con el oxígeno del aire y se convierte en dos sustancias: agua y dióxido de carbono. La capacidad para quemarse, o combustibilidad, es una propiedad química.

¿Por qué la combustibilidad es una propiedad química?

_____

_____

_____

_____

¡aplícalo!

La cera de una vela encendida se puede describir tanto por sus propiedades físicas como por sus propiedades químicas.

1 Describe ¿Cuáles son las propiedades físicas de la cera de una vela encendida?

_____

_____

_____

_____

2 DESAFÍO ¿Por qué la fusión es una propiedad física de la cera y la combustibilidad, una propiedad química?

_____

_____

_____

_____

_____

_____

_____

_____

Zona de laboratorio   Haz la Actividad rápida de laboratorio _Observar las propiedades físicas._

🔑 Evalúa tu comprensión

1a. Clasifica El punto de fusión de la sal de mesa es 801 °C. ¿Es ésta una propiedad física o química?

_____

_____

b. Saca conclusiones El helio no suele reaccionar con otras sustancias. ¿Eso significa que el helio no tiene propiedades químicas? Explica tu respuesta.

_____

_____

_____

¿comprendiste?

○ **¡Comprendí!** Ahora sé que la materia se describe por sus _____

_____

_____

○ **Necesito más ayuda con** _____

_____

Consulta MY SCIENCE 🔵 COACH _en línea para obtener ayuda en inglés sobre este tema._

Clasificar la materia

🔑 **¿De qué está hecha la materia?**

🔑 **¿Cuáles son dos tipos de mezclas?**

mi DiaRio DeL planeta   ESTADÍSTICAS CIENTÍFICAS

Más pequeño que pequeño

¿Cuál es la cosa más pequeña que puedes imaginar? ¿Un grano de arena? ¿Una partícula de polvo? Si miras estos objetos con un microscopio, verás que están formados por partes más y más pequeñas. Toda la materia se compone de partículas muy pequeñas denominadas átomos. Los átomos son tan pequeños que existe una unidad de medida especial para describirlos: el nanómetro (nm). Un nanómetro equivale a 1/1,000,000,000 o ¡la milmillonésima parte de un metro!

En la cabeza de un alfiler puede haber al menos 50,000 de estos pequeños compuestos conocidos como nanoflores.

Escribe tus respuestas a las preguntas siguientes.

1. Una moneda de cinco centavos tiene un grosor de 2 milímetros, o 2/1,000 metros aproximadamente. ¿Cuántos nanómetros mide?

_____

_____

2. Imagínate que eres del tamaño de un átomo. Describe cómo verías algo como un glóbulo rojo.

_____

_____

_____

▶ PLANET DIARY Consulta *Planet Diary* para aprender más en inglés sobre los átomos.

Zona de laboratorio Haz la Indagación preliminar
¿Qué es una mezcla?

Objetos comunes en nanómetros (nm)

Objeto	Tamaño aproximado
Diámetro de un disco compacto	120,000,000 nm
Grano de arena	3,000,000 nm
Grano de polen	500,000 nm
Diámetro de cabello humano	100,000 nm
Glóbulo rojo	7000 nm
Longitud de 3 a 10 átomos alineados	1 nm

Vocabulario

- elemento • átomo • enlace químico
- molécula • compuesto • fórmula química
- mezcla

Destrezas

⤾ Lectura: Compara y contrasta

△ Indagación: Infiere

¿De qué está hecha la materia?

¿Qué es la materia? ¿Por qué los tipos de materia son diferentes unos de otros? Alrededor del año 450 a. C., el filósofo griego Empédocles intentó responder estas preguntas. Su teoría era que toda la materia estaba formada por cuatro "elementos": el aire, la tierra, el fuego y el agua. Él sostenía que cualquier otra materia era una combinación de esos elementos. La idea de los cuatro elementos fue tan convincente que las personas creyeron en ella por más de 2,000 años.

Elementos A fines del siglo XVII, los experimentos de los primeros químicos comenzaron a indicar que la materia estaba formada por mucho más que cuatro elementos. 🔑 Los científicos saben que la materia del universo está formada por más de 100 sustancias diferentes denominadas elementos. Un **elemento** es una sustancia que no se puede descomponer en otras sustancias por medios químicos o físicos. Los elementos son las sustancias más simples. Se puede identificar los elementos por sus propiedades físicas y químicas específicas. Es posible que ya conozcas algunos elementos como el aluminio o el estaño. Los elementos se representan con una o dos letras, por ejemplo: C para el carbono, O para el oxígeno, y Ca para el calcio.

¡aplícalo!

Los elementos forman toda la materia del universo.

❶ **Explica** ¿Cómo puedes diferenciar un elemento de otro?

_____

_____

_____

❷ △ **Infiere** Empareja las imágenes de los objetos que tienen elementos comunes de esta página con el nombre del elemento.

A) helio   B) oro   C) cobre
D) hierro   E) neón

❸ **DESAFÍO** Elige otro elemento que conozcas bien y describe sus propiedades.

_____

_____

_____

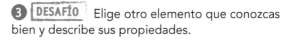

Átomos Imagínate que rompes una hoja de papel de aluminio por la mitad una y otra vez. ¿Llegarías a obtener el pedazo de aluminio más pequeño posible? La respuesta es sí. La teoría de las partículas de la materia establece que toda la materia está formada por átomos. Un **átomo** es la partícula básica de la que todos los elementos están formados. Tiene un centro con carga positiva, o núcleo, que contiene partículas más pequeñas. El núcleo está rodeado por una "nube" con carga negativa. Los elementos tienen diferentes propiedades porque sus átomos son diferentes.

Moléculas Los átomos de la mayoría de los elementos pueden combinarse con otros átomos. Cuando los átomos se combinan, forman un **enlace químico,** que es una fuerza de atracción entre dos átomos. En muchos casos, los átomos se combinan para formar partículas más grandes denominadas moléculas. Una **molécula** es un grupo de dos o más átomos unidos por medio de enlaces químicos. Una molécula de agua, por ejemplo, está formada por un átomo de oxígeno enlazado químicamente con dos átomos de hidrógeno. También es posible que dos átomos del mismo elemento se combinen y formen una molécula. Las moléculas de oxígeno están formadas por dos átomos de oxígeno. La **ilustración 1** muestra modelos de algunas moléculas comunes.

🔄 **Compara y contrasta** ¿En qué se parecen los átomos y las moléculas? ¿En qué se diferencian?

_____

_____

_____

_____

_____

_____

ILUSTRACIÓN 1 ••
Átomos y moléculas
Las moléculas están formadas por grupos de átomos.

✏️ **Consulta los modelos de moléculas para completar las actividades.**

1. **Interpreta diagramas** Cuenta el número de átomos de cada elemento y escríbelo en el espacio que sigue.
2. **DESAFÍO** En la última línea, escribe una representación para cada molécula con letras y números.

Clave

C = Carbono
H = Hidrógeno
O = Oxígeno
N = Nitrógeno

Dióxido de carbono

_____

_____

_____

DESAFÍO

_____

Agua

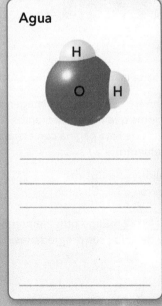

_____

_____

_____

Oxígeno

_____

_____

_____

Amoníaco

_____

_____

_____

Compuestos El agua, el amoníaco y el dióxido de carbono son compuestos. Un **compuesto** es una sustancia formada por dos o más elementos combinados químicamente en una razón o proporción específica. Un compuesto se representa por medio de una **fórmula química,** que muestra los elementos de un compuesto y la cantidad de átomos. Por ejemplo, la fórmula química del dióxido de carbono es CO_2. El 2 debajo de la O de oxígeno indica que la razón entre los átomos de carbono y los átomos de oxígeno es de 1 a 2. Si no hay ningún número después de la letra que simboliza a un elemento, se entiende que el número es 1. Un número diferente de átomos en una fórmula representa un compuesto distinto. Por ejemplo, la fórmula del monóxido de carbono es CO. En este caso, la razón entre los átomos de carbono y los átomos de oxígeno es de 1 a 1.

Cuando los elementos se combinan químicamente, se forman compuestos con propiedades diferentes a las de esos elementos. La **ilustración 2** muestra que el elemento azufre es un sólido amarillo y el elemento cobre es un metal brillante. Cuando el cobre y el azufre se combinan, se forma un compuesto que se denomina sulfuro de cobre. El nuevo compuesto tiene propiedades diferentes a las del cobre y el azufre.

ILUSTRACIÓN 2 ·······························

> ART IN MOTION **Compuestos de los elementos**
Cuando los elementos se combinan, el compuesto que se forma tiene propiedades diferentes a las de los elementos originales.

✎ **Describe Haz una lista de las propiedades del cobre, el azufre y el sulfuro de cobre.**

Cobre	Azufre
_____	_____
_____	_____
_____	_____
_____	_____
_____	_____

Sulfuro de cobre
_____
_____
_____
_____
_____

Zona de laboratorio Haz la Actividad rápida de laboratorio *Hacer modelos de átomos y moléculas.*

🔋 Evalúa tu comprensión

1a. Repasa ¿Qué es lo que mantiene juntos a los átomos de hidrógeno y de oxígeno en una molécula de agua?

_____

b. Identifica La fórmula del azúcar de mesa es $C_{12}H_{22}O_{11}$. ¿Cuál es la razón entre los átomos de carbono y los de oxígeno en este compuesto?

_____
_____

c. Saca conclusiones Dos fórmulas de compuestos que contienen hidrógeno y oxígeno son: H_2O y H_2O_2. Esas fórmulas, ¿representan el mismo compuesto? Explica tu respuesta.

_____
_____
_____

¿comprendiste? ·······························

○ **¡Comprendí!** Ahora sé que toda la materia está formada por _____

○ Necesito más ayuda con _____

Consulta my science 🔊 coach *en línea para obtener ayuda en inglés sobre este tema.*

11

¿Cuáles son dos tipos de mezclas?

Los elementos y los compuestos son sustancias, pero la mayoría de los materiales son mezclas. La **ilustración 3** muestra algunas mezclas comunes. Una **mezcla** está formada por dos o más sustancias que están en el mismo lugar, pero cuyos átomos no están químicamente enlazados. Las mezclas y los compuestos son diferentes. En una mezcla, cada sustancia conserva sus propiedades. Además, las partes de una mezcla no se combinan con una razón o proporción fija.

Piensa en un puñado de arena. Si miras la arena de cerca, verás partículas de roca, pedacitos de conchas marinas, y tal vez hasta logres ver cristales de sal.

Mezclas heterogéneas
Existen dos tipos de mezclas. **Una mezcla puede ser heterogénea u homogénea.** En una mezcla heterogénea, por lo general se pueden ver y separar con facilidad las diferentes partes. La arena antes descripta es una mezcla heterogénea. También es heterogénea una ensalada. Piensa en lo fácil que es ver los trozos de lechuga, tomate, cebolla y otros ingredientes que pueden mezclarse de muchísimas maneras.

Mezclas homogéneas
Las sustancias de una mezcla homogénea están mezcladas de manera tan uniforme que no se pueden ver las diferentes partes. Es difícil separar las partes de una mezcla homogénea. El aire es una mezcla homogénea de gases. Sabes que hay oxígeno en el aire porque puedes respirar, pero no puedes identificar dónde está el oxígeno. Una solución es otro ejemplo de una mezcla homogénea. Las soluciones pueden ser líquidos, gases o sólidos.

Vocabulario Prefijos El prefijo griego *homo-* significa "el mismo o parecido". Predice el significado del prefijo *hetero-*.

- ○ más de uno
- ○ diferente
- ○ igual

ILUSTRACIÓN 3 ··················
Mezclas
Muchos alimentos son, en realidad, mezclas.

✎ **Interpreta fotos** Rotula cada alimento como mezcla heterogénea u homogénea.

Miel

Guacamole

Salsa de soja

Kétchup

> **DESAFÍO** El kétchup, ¿es una mezcla heterogénea u homogénea? Explica tu razonamiento.

Cómo separar mezclas
Como las sustancias de las mezclas conservan sus propiedades, se pueden usar estas propiedades para separar una mezcla en partes. La **ilustración 4** muestra diferentes métodos para separar las partes de una mezcla, entre ellos la destilación, la vaporización, la filtración y la atracción magnética.

ILUSTRACIÓN 4 ·······························

Cómo separar una mezcla
Pueden emplearse diferentes métodos para separar mezclas.

✎ **Identifica** **Nombre el tipo de método de separación que se emplea en cada fotografía.**

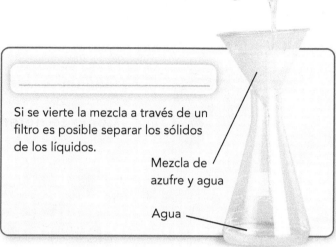

Si se vierte la mezcla a través de un filtro es posible separar los sólidos de los líquidos.

Mezcla de azufre y agua

Agua

Es posible separar los objetos de hierro de una mezcla usando un imán.

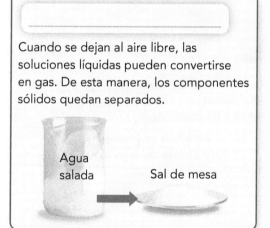

Cuando se dejan al aire libre, las soluciones líquidas pueden convertirse en gas. De esta manera, los componentes sólidos quedan separados.

Agua salada

Sal de mesa

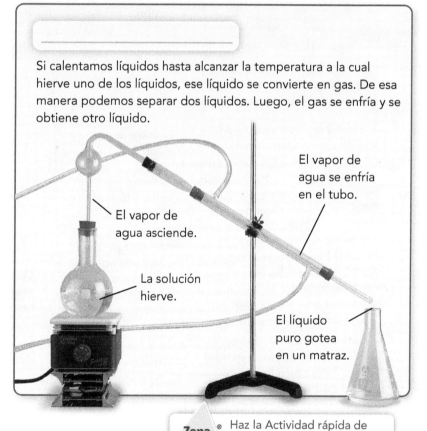

Si calentamos líquidos hasta alcanzar la temperatura a la cual hierve uno de los líquidos, ese líquido se convierte en gas. De esa manera podemos separar dos líquidos. Luego, el gas se enfría y se obtiene otro líquido.

El vapor de agua asciende.

El vapor de agua se enfría en el tubo.

La solución hierve.

El líquido puro gotea en un matraz.

Zona de **laboratorio** ® Haz la Actividad rápida de laboratorio *Separar mezclas.*

🔑 Evalúa tu comprensión

¿comprendiste? ···

○ **¡Comprendí!** Ahora sé que los dos tipos de mezclas son _____

○ Necesito más ayuda con _____

   Consulta **my science COACH** *en línea para obtener ayuda en inglés sobre este tema.*

LECCIÓN

3 Medir la materia

🔑 **¿Qué unidades se usan para expresar masa y volumen?**

🔑 **¿Cómo se determina la densidad?**

mi DIARIO DEL PLANETA

EXCURSIÓN

Lugar: Lago Assal
Ubicación: Yibuti (República de Yibuti)

Si viajas a la costa este de África, te encontrarás con un país denominado Yibuti, donde puedes visitar una de las masas de agua más saladas del mundo. El lago Assal es diez veces más salado que el océano. Sus blancas playas son de sal. Durante tu visita al lago Assal, no puedes dejar de zambullirte en sus aguas cristalinas. Llévate un libro o una revista para leer... Un momento, ¿cómo es eso? ¿Zambullirse en el lago con un libro? Podría parecer raro, pero las masas de agua con altos contenidos de sal, como el lago Assal o el mar Muerto en Medio Oriente, te permiten flotar de tal manera que resulta casi imposible sumergirse por debajo de la superficie del agua.

El agua salada es más densa que el agua dulce. Los líquidos menos densos flotan sobre los líquidos más densos. Tú también flotarás sobre el agua salada. De hecho, hasta te resultará difícil nadar. Por eso, ¿qué otra cosa puedes hacer? ¡Leer un libro mientras flotas!

Flotando en el mar Muerto

Comunica ideas Escribe tus respuestas a las preguntas siguientes. Luego, comenta tus respuestas con un compañero.

¿Qué actividades acuáticas serían más fáciles de practicar en el agua salada del lago Assal? ¿Cuáles serían más difíciles?

_____
_____
_____

> **PLANET DIARY** Consulta *Planet Diary* para aprender más en inglés sobre la densidad.

Zona de laboratorio Haz la Indagación preliminar *¿Cuál tiene más masa?*

Vocabulario

- peso • masa
- Sistema Internacional de Unidades
- volumen • densidad

Destrezas

🔊 Lectura: Identifica la idea principal

△ Indagación: Calcula

¿Qué unidades se usan para expresar masa y volumen?

Adivina: ¿Qué pesa más: una libra de plumas o una libra de arena? Si respondiste "una libra de arena", piénsalo otra vez. Ambas pesan exactamente lo mismo: una libra.

Existen muchas maneras de medir la materia, y usas esas medidas a diario. Los científicos también usan medidas. De hecho, los científicos trabajan arduamente para asegurarse de que las medidas sean lo más precisas posible.

Peso Tu **peso** es una medida de la fuerza que ejerce la gravedad sobre ti. En otro planeta, la fuerza de gravedad será mayor si el planeta es más grande que la Tierra, y menor si el planeta es más pequeño que la Tierra. En la Luna, pesarías sólo un sexto de lo que pesas en la Tierra, aproximadamente. En Júpiter, pesarías más del doble de lo que pesas en la Tierra.

Para saber cuánto pesa un objeto, puedes pesarlo en una báscula como las de la **ilustración 1.** El peso del objeto activa el mecanismo de la báscula. Ese mecanismo mueve los brazos o los resortes que hay dentro de la báscula. La cantidad de movimiento depende del peso del objeto. Por medio del movimiento de los resortes, la báscula te indica el peso.

🔊 **Identifica la idea principal**
Subraya la oración o las oraciones que explican de qué manera la ubicación puede modificar el peso.

ILUSTRACIÓN 1 ·······················
Medir el peso

✏️ **Completa estos ejercicios.**

1. **Estima** Usa el peso de la primera báscula para estimar el peso de los pescados de las otras básculas. Dibuja los indicadores.

2. **Describe** ¿Cómo cambiaría el peso de los pescados en un planeta pequeño como Mercurio? ¿Y en un planeta grande como Neptuno?

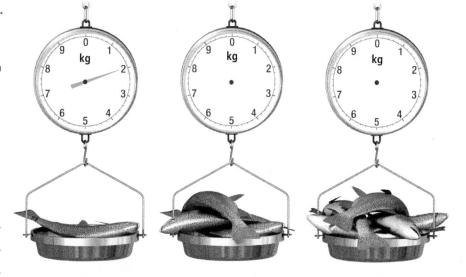

A sólo 10 segundos del final, John gana el juego en la línea de 9.144 metros.

9.144

Si siempre usáramos el sistema métrico.

¿sabías que...? ....

El primer país que usó un sistema de medidas basado en el SI fue Francia en el año 1795. En la actualidad, sólo tres países en el mundo no han adoptado el SI: Liberia, Myanmar y los Estados Unidos.

Masa ¿Cómo es posible que peses menos en la Luna que en la Tierra si no has cambiado en nada? Tu peso depende de la gravedad del planeta en el que estás. La **masa** es la medida de cuánta materia hay en un cuerpo, y no cambia con la ubicación aunque cambie la fuerza de gravedad. Si viajas a la Luna, la cantidad de materia de tu cuerpo, es decir tu masa, no cambia. Tienes el mismo tamaño. Es por eso que los científicos prefieren describir la materia en términos de masa y no de peso. La masa de un objeto es una propiedad física.

Para medir las propiedades de la materia, los científicos usan un sistema que se denomina **Sistema Internacional de Unidades,** o SI (*Système International d'Unités*). 🔑 **La unidad de masa del SI es el kilogramo (kg).** Si pesas 90 libras en la Tierra, tienes 40 kilogramos de masa, aproximadamente. A menudo se usa una unidad más pequeña para medir la masa: el gramo (g). Hay 1,000 gramos en un kilogramo, o 0.001 kilogramos en un gramo. En la tabla de la **ilustración 2** encontrarás las masas de algunos objetos comunes.

Masa de objetos comunes

Objeto	Masa (g)	Masa (kg)
Moneda de cinco centavos	5	0.005
Pelota de béisbol	150	_____
Piña	1,600	_____
Lata de refresco llena	390	_____
Globo inflado	3	_____

ILUSTRACIÓN 2 ••••••••••••••••••••••••••••••••••••

Medir la masa

El SI usa gramos y kilogramos para medir la masa.

✏️ **Completa estas actividades sobre la masa.**

1. 🔺**Calcula** En la tabla, convierte la masa de cada objeto de gramos a kilogramos.

2. **DESAFÍO** Imagínate que tomas un vuelo a Europa. Sólo te permiten llevar una maleta de 23 kg. ¿A cuántas libras equivale esto? (*Pista:* 1 kg = 2.2 lbs)

   ○ 50.6 lbs   ○ 46.2 lbs   ○ 10.5 lbs

Volumen Toda la materia tiene masa y ocupa espacio. La cantidad de espacio que ocupa la materia se denomina **volumen.** Es fácil observar que los sólidos y los líquidos ocupan espacio, sin embargo, también los gases tienen volumen.

🔑 **La unidad de volumen del SI es el metro cúbico (m³).** Otras unidades de volumen comunes del SI son el centímetro cúbico (cm³), el litro (L) y el mililitro (mL). Las botellas de refresco de plástico contienen 2 litros de líquido. Un mililitro es 1/1,000 de litro y tiene exactamente el mismo volumen que un centímetro cúbico. Una cucharadita de agua tiene un volumen de 5 mililitros, aproximadamente. En un laboratorio, los volúmenes de los líquidos suelen medirse con un cilindro graduado.

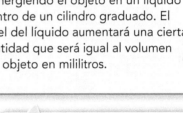

Calcular el volumen

Imagínate que quieres conocer el volumen de un objeto rectangular, como una de las maletas de la ilustración 3. Primero, mide la longitud, el ancho y la altura (o grosor) de la maleta. Luego, multiplica las medidas.

Volumen = longitud × ancho × altura

Cuando multiplicas las tres medidas, también debes multiplicar las unidades.

Unidades = cm × cm × cm = cm³

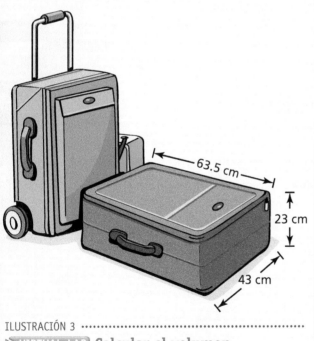

—————— 63.5 cm ——————

23 cm

43 cm

ILUSTRACIÓN 3 ···
▶ **VIRTUAL LAB** Calcular el volumen
⚠ **Calcula** Halla el volumen de la maleta.

Medir objetos irregulares

¿Cómo se puede medir el volumen de un objeto irregular, como una llave o una frambuesa? Una manera es sumergiendo el objeto en un líquido dentro de un cilindro graduado. El nivel del líquido aumentará una cierta cantidad que será igual al volumen del objeto en mililitros.

🔺 **Zona** de **laboratorio** Haz la Actividad rápida de laboratorio *Calcular el volumen.*

🔑 Evalúa tu comprensión

1. Explica ¿Por qué la masa es más útil que el peso para medir la materia?

_____

_____

_____

_____

¿comprendiste? ·······························

○ **¡Comprendí!** Ahora sé que la unidad del SI para la masa es _____ y que la unidad del SI para el volumen es _____

○ Necesito más ayuda con _____

Consulta MY SCIENCE 🔵 COACH *en línea para obtener ayuda en inglés sobre este tema.*

17

¿Cómo se determina la densidad?

¿Recuerdas la adivinanza de la arena y las plumas? Si bien pesan lo mismo, un kilogramo de arena ocupa mucho menos espacio que un kilogramo de plumas. Los volúmenes son diferentes porque la arena y las plumas tienen distinta densidad, una propiedad importante de la materia.

Calcular la densidad La **densidad** es la medida de la masa de una sustancia que tiene un volumen dado. La densidad puede expresarse como el número de gramos por centímetro cúbico (g/cm^3). Por ejemplo, la densidad del agua a temperatura ambiente se expresa como "un gramo por centímetro cúbico" ($1\ g/cm^3$). Recuerda que el volumen también puede medirse en mililitros. Por lo tanto, la densidad del agua también puede expresarse como "1 g/mL". ⊏⊐ **Puedes determinar la densidad de una muestra de materia dividiendo su masa entre su volumen.**

$$\text{Densidad} = \frac{\text{Masa}}{\text{Volumen}}$$

¿Se hunde o flota? Imagínate que tienes un bloque de madera y un bloque de hierro con la misma masa. Cuando arrojas los bloques dentro de una cuba de agua, observas que la madera flota y el hierro se hunde. Sabes que la densidad del agua es $1\ g/cm^3$. Los objetos que tienen una densidad mayor que la del agua se hunden. Los objetos con una densidad menor que la del agua flotan.

Agita una botella con aceite y vinagre y obsérvala. Verás que lentamente se forma una capa de aceite por encima del vinagre. Eso sucede porque el aceite es menos denso que el vinagre.

¡aplícalo!

Es posible formar capas de líquidos de acuerdo con sus densidades.

1 Aplica conceptos Rotula las capas de los líquidos de color que ves en la columna de la izquierda de acuerdo con sus densidades.

Agua: 1.00 g/mL   Miel: 1.36 g/mL   Detergente: 1.03 g/mL
Jarabe de maíz: 1.33 g/mL   Aceite vegetal: 0.91 g/mL

2 Calcula ¿Cuál es la densidad de un líquido que tiene una masa de 17.4 g y un volumen de 20 mL? ¿En qué parte de la columna estaría ese líquido?

_____

_____

3 DESAFÍO ¿En qué capas flotaría un cubo sólido de 6 cm de lado y 270 g de masa? Explica tu respuesta.

_____

_____

Usar la densidad

Imagínate que eres un minero del siglo XIX en busca de oro, como los de la **ilustración 4.** Un día, mientras buscas oro entre el sedimento de un arroyo, encuentras una roca brillante y dorada. ¿Cómo sabes si es oro o no? Como la densidad es una propiedad física de las sustancias, puede usarse para identificar una sustancia desconocida. Puedes medir la masa y el volumen de la roca y averiguar su densidad. Si es 19.3 g/cm³, que es la densidad del oro, entonces ¡eres rico!

ILUSTRACIÓN 4 ·····································

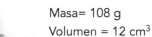 **Usar la densidad**

Es posible usar la densidad para identificar sustancias.

✎ **Estima** Plantea una hipótesis sobre cuál de las muestras de roca es oro. Luego, calcula la densidad de cada muestra. Encierra en un círculo la roca que es de oro.

Mi hipótesis es que la roca de oro es:

○ A ○ B ○ C

A

Masa= 108 g
Volumen = 12 cm³

Densidad = _____

B

Masa = 126 g
Volumen = 15 cm³

Densidad = _____

C

Masa = 386 g
Volumen = 20 cm³

Densidad = _____

> **Zona de laboratorio** Haz la Investigación de laboratorio *Entender la densidad.*

🔑 Evalúa tu comprensión

2a. Identifica El jarabe de arce (flota/se hunde) en el agua porque su densidad es mayor que 1 g/cm³.

b. ✏️ **Calcula** ¿Cuál es la masa de una muestra de una sustancia con 120 mL de volumen y 0.75 g/mL de densidad?

c. ⌐DESAFÍO⌐ El agua en estado líquido y el hielo son la misma sustancia: H_2O. ¿Cómo explicarías el hecho de que el hielo flota en el agua?

_____

_____

_____

¿comprendiste?·····································

○ **¡Comprendí!** Ahora sé que la densidad se calcula _____

_____

○ Necesito más ayuda con _____

Consulta my science COACH *en línea para obtener ayuda en inglés sobre este tema.*

4 Cambios en la materia

🔑 ¿Qué le sucede a una sustancia en un cambio físico?

🔑 ¿Qué le sucede a una sustancia en un cambio químico?

🔑 ¿Cómo se relacionan los cambios en la energía y los cambios en la materia?

mi Diario Del planeta

BLOG

Enviado por: Dylan
Ubicación: Fountain Valley, California

Cada vez que voy a la playa, paso la mayor parte del tiempo haciendo un castillo de arena. Intento hacerlo después de que pasa la marea alta, de esa manera me queda mucho tiempo para levantar las paredes antes de que las destruya el agua.

Aunque finalmente las olas siempre terminan destruyendo el castillo y arrastran la arena de regreso al océano, esa arena podría separarse fácilmente del océano. Al final del día, aún cuando pateo y piso mi castillo de arena antes de irme, continúa siendo arena. Sólo cambia su apariencia.

Escribe tus respuestas a las preguntas siguientes.

1. Describe las diferencias entre los cambios del castillo de Dylan por la acción de las olas y los cambios cuando Dylan lo patea y pisotea.

_____

_____

_____

_____

2. Dylan convirtió una pila de arena amorfa en un castillo de arena. ¿Qué otros materiales naturales pueden convertirse en arte?

_____

_____

 Consulta *Planet Diary* para aprender más en inglés sobre los cambios en la materia.

Zona de laboratorio Haz la Indagación preliminar
¿Se forma una sustancia nueva?

Vocabulario

- cambio físico • cambio químico
- ley de conservación de la masa • temperatura
- energía térmica • cambio endotérmico
- cambio exotérmico • energía química

Destrezas

⟳ Lectura: Relaciona causa y efecto

△ Indagación: Saca conclusiones

¿Qué le sucede a una sustancia en un cambio físico?

¿Cómo puede cambiar la materia? Un **cambio físico** altera la forma o apariencia de un material, pero no convierte el material en otra sustancia. En la **ilustración 1,** un artista que trabaja con mantequilla transformó un bloque amorfo de mantequilla en una obra de arte. Si bien su apariencia es diferente, la escultura sigue siendo mantequilla. 🔑 **Cuando una sustancia experimenta un cambio físico, la sustancia sigue siendo la misma después del cambio.** En la naturaleza se producen muchos cambios físicos, como la nieve que se derrite y se convierte en agua.

Cambios de estado Como posiblemente ya sabes, existen tres estados de la materia conocidos: sólido, líquido y gaseoso. Imagínate que haces un charquito de agua en la encimera de la cocina. Cuando regresas dos horas más tarde, el charquito ya no está. ¿Ha desaparecido el agua? No, sufrió un cambio físico. El agua se convirtió en vapor de agua (gas) y se mezcló con el aire. Un cambio de estado, como de sólido a líquido o de líquido a gaseoso, es un ejemplo de cambio físico.

ILUSTRACIÓN 1 ···
Cambio de estado
Los cambios entre sólidos, líquidos y gases son cambios físicos.

✎ **Predice Describe los cambios que experimentará en unas horas la escultura de mantequilla si se expone al sol.**

_____

_____

_____

_____

_____

21

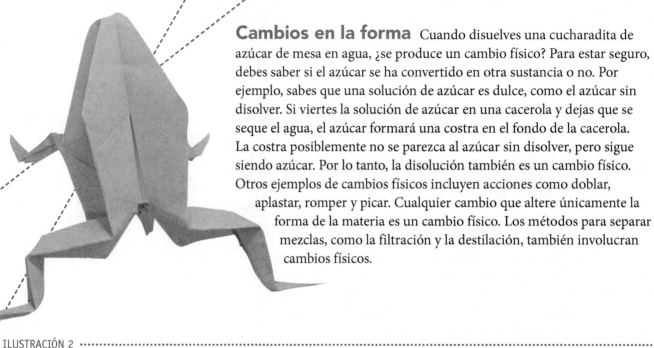

Cambios en la forma Cuando disuelves una cucharadita de azúcar de mesa en agua, ¿se produce un cambio físico? Para estar seguro, debes saber si el azúcar se ha convertido en otra sustancia o no. Por ejemplo, sabes que una solución de azúcar es dulce, como el azúcar sin disolver. Si viertes la solución de azúcar en una cacerola y dejas que se seque el agua, el azúcar formará una costra en el fondo de la cacerola. La costra posiblemente no se parezca al azúcar sin disolver, pero sigue siendo azúcar. Por lo tanto, la disolución también es un cambio físico. Otros ejemplos de cambios físicos incluyen acciones como doblar, aplastar, romper y picar. Cualquier cambio que altere únicamente la forma de la materia es un cambio físico. Los métodos para separar mezclas, como la filtración y la destilación, también involucran cambios físicos.

ILUSTRACIÓN 2 ⋯⋯⋯⋯⋯⋯⋯⋯⋯⋯⋯⋯⋯⋯⋯⋯⋯⋯⋯⋯⋯⋯⋯⋯⋯⋯⋯⋯⋯⋯⋯⋯⋯⋯⋯⋯⋯⋯⋯

Cambios en la apariencia

El *origami*, un arte japonés de plegado de papel, incluye cambios físicos.

✎ **Completa estas actividades.**

1. **Haz modelos** Provoca dos cambios físicos en papel, en la punta de esta página o en una hoja aparte.

2. **Comunica ideas** Pide a un compañero que identifique y haga una lista de los cambios que provocaste en el papel en el espacio que sigue.

_____

_____

3. **DESAFÍO** ¿Es correcto decir que al disolver en agua el contenido de un sobre de jugo en polvo se forma una sustancia nueva, el refresco de frutas, por lo tanto no se ha producido un cambio físico?

_____

_____

_____

_____

_____

Zona de laboratorio Haz la Actividad rápida de laboratorio *¿Qué es un cambio físico?*

🔑 Evalúa tu comprensión

1a. Clasifica Marca todos los procesos que sean cambios físicos.

○ secar ropa húmeda
○ encender un fósforo con la caja de fósforos
○ cortar un papel en forma de copos de nieve
○ derretir mantequilla para hacer palomitas de maíz

b. Aplica conceptos Describe tres cambios físicos que ocurren en la naturaleza.

_____

_____

_____

_____

¿comprendiste? ⋯⋯⋯⋯⋯⋯⋯⋯⋯⋯⋯⋯⋯⋯⋯⋯⋯⋯⋯⋯⋯⋯⋯⋯⋯⋯⋯⋯⋯⋯⋯⋯⋯⋯⋯⋯⋯⋯⋯

○ **¡Comprendí!** Ahora sé que cuando una sustancia experimenta un cambio físico _____

_____

○ Necesito más ayuda con _____

Consulta my science *5* coach *en línea para obtener ayuda en inglés sobre este tema.*

¿Qué le sucede a una sustancia en un cambio químico?

Cuando una sustancia se convierte en otra sustancia, se produce otro tipo de cambio. Un cambio en la materia en el cual una o más sustancias se combinan o se descomponen para formar sustancias nuevas es un **cambio químico,** o reacción química. En algunos cambios químicos, una única sustancia se descompone y forma dos o más sustancias. Por ejemplo, cuando el peróxido de hidrógeno entra en contacto con una herida en la piel, se descompone y forma agua y oxígeno gaseoso. En otros cambios químicos, dos o más sustancias se combinan y forman sustancias diferentes. La fotosíntesis es un cambio químico natural. Varios compuestos se combinan con la energía del Sol y forman sustancias nuevas.

La ilustración 3 muestra cambios químicos que se usan en la medicina forense para reunir evidencia. Para que se vean mejor las huellas digitales, se calienta un químico que se encuentra en los pegamentos muy fuertes. Los vapores del pegamento reaccionan con el sudor u otros químicos corporales que quedan en la huella digital y forman un polvo blanco que la hace visible. El luminol es un químico que reacciona con la sangre. Se combina con los rastros de sangre que son demasiado pequeños para ver a simple vista y forma una sustancia nueva que brilla en la oscuridad. La huella de la ilustración 3 ha sido tratada con luminol. 🔑 A diferencia de los cambios físicos, los cambios químicos forman sustancias nuevas que tienen propiedades nuevas y diferentes.

ILUSTRACIÓN 3
Cambios químicos
El cambio químico permite que la huella se torne visible.

¡aplícalo!

Eres un detective que investiga un robo. Cuando llegas a la escena, no encuentras muchas pistas que te ayuden a resolver el caso. Anotas algunas observaciones.

Resuelve problemas
Determina cómo utilizarías cambios químicos para reunir evidencia en la escena del robo.

Hay una caja de joyas tirada sobre la mesa.

Tratamiento químico: _____

Hay una caja de vendas abierta en el suelo. Cerca de allí, se encuentran envolturas de vendas.

Tratamiento químico: _____

Hay pedazos de vidrio de una ventana desparramados por el suelo.

Tratamiento químico: _____

Cobre: antes

Cobre: después

Ejemplos de cambio químico La combustión de gas natural en una estufa de gas es un cambio químico común. El gas natural está formado en su mayor parte por el compuesto metano (CH_4). Cuando se quema, el metano se combina con el oxígeno del aire y forma sustancias nuevas. Entre estas sustancias nuevas se encuentran el gas de dióxido de carbono (CO_2) y el vapor de agua (H_2O). Ambas sustancias pueden identificarse por sus propiedades, que son diferentes a las del metano. El cambio químico que se produce cuando se queman combustibles, como el gas natural, la cera de una vela o la madera, se denomina combustión. Otros procesos que producen un cambio químico son la electrólisis, la oxidación y el deslustre. La tabla de la **ilustración 4** describe los tipos de cambios químicos.

ILUSTRACIÓN 4 ·················
Tipos de cambio químico
El cobre de la Estatua de la Libertad está expuesto al oxígeno del aire.

✎ **Observa** ¿Qué cambio químico experimentó la Estatua de la Libertad? Describe las propiedades antes y después del cambio químico.

_____
_____
_____
_____
_____

Ejemplos de cambio químico

Cambio químico	Descripción	Ejemplo
Combustión	Combinación rápida de un combustible con oxígeno; produce calor, luz y sustancias nuevas	Combustión de gas, petróleo o carbón en una caldera
Electrólisis	Uso de la electricidad para descomponer un compuesto en elementos o compuestos más simples	Descomposición del agua en hidrógeno y oxígeno
Oxidación	Combinación de una sustancia con oxígeno	Oxidación de un cerco de hierro
Deslustre	Combinación lenta de un metal brillante con azufre u otra sustancia; produce una capa oscura sobre el metal	Deslustre de latón

La conservación de la masa Cuando se evapora, puede parecer que el agua "desaparece", pero hace mucho tiempo los científicos demostraron que no es así. En la década de 1770, el químico francés Antoine Lavoisier midió la masa antes y después de un cambio químico. Según sus datos, no se perdió ni se ganó masa durante el cambio. El principio que establece que la cantidad total de materia no se crea ni se destruye durante cambios químicos o físicos se denomina **ley de conservación de la masa.** Esta ley también se conoce como la ley de conservación de la materia porque la masa es una medida de la materia.

Imagínate que pudieras medir todo el dióxido de carbono y el agua que se producen cuando se quema metano. Descubrirías que la medida es equivalente a la masa original del metano más la masa del oxígeno del aire que se utilizó en la combustión. La **ilustración 5** demuestra que, durante un cambio químico, no se pierden ni se ganan átomos: sólo se reacomodan.

ILUSTRACIÓN 5 ·······························
> INTERACTIVE ART
Conservación de la masa
✎ **Interpreta diagramas** Cuenta los átomos de cada elemento antes y después del cambio químico. ¿Se conserva la masa en esta reacción? Explica tu respuesta.

_____
_____
_____
_____

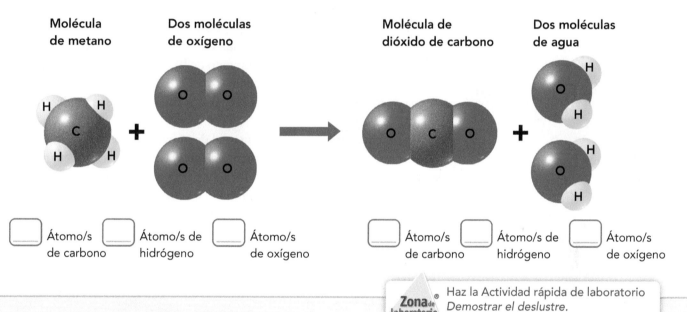

Molécula de metano | **Dos moléculas de oxígeno** | **Molécula de dióxido de carbono** | **Dos moléculas de agua**

☐ Átomo/s de carbono   ☐ Átomo/s de hidrógeno   ☐ Átomo/s de oxígeno   ☐ Átomo/s de carbono   ☐ Átomo/s de hidrógeno   ☐ Átomo/s de oxígeno

Zona de laboratorio Haz la Actividad rápida de laboratorio *Demostrar el deslustre.*

🔑 Evalúa tu comprensión

2a. Nombra Reacción química es otro nombre para (una combustión química/un cambio químico).

b. Predice ¿Qué tipo de cambio químico crees que ocurre cuando una cáscara de plátano se pone marrón al aire libre? Explica tu respuesta.

_____
_____

c. **DESAFÍO** Si suponemos que no hay pérdida de masa, explica por qué la masa de un clavo oxidado es mayor que la masa del clavo antes de oxidarse.

_____
_____
_____

¿comprendiste? ·······························

○ **¡Comprendí!** Ahora sé que cuando una sustancia experimenta un cambio químico, _____
_____

○ Necesito más ayuda con _____

Consulta MY SCIENCE ⑤ COACH *en línea para obtener ayuda en inglés sobre este tema.*

¿Cómo se relacionan los cambios en la energía y los cambios en la materia?

¿Te sientes lleno de energía hoy? La energía es la capacidad para realizar un trabajo o producir cambios. 🔑 **Todo cambio químico y físico de la materia implica un cambio de energía.** Un cambio tan simple como doblar un sujetapapeles requiere energía. Cuando el hielo se convierte en agua, absorbe la energía de la materia que lo rodea. Cuando la cera de una vela se quema, libera energía en forma de luz y calor.

Al igual que la materia, la energía se conserva en un cambio químico. Nunca se crea ni se destruye energía. Sólo puede tomar otra forma.

La temperatura y la energía térmica

Piensa qué sientes cuando entras en un edificio con aire acondicionado después de estar al aire libre en un día caluroso. ¡Uf! ¡Qué diferencia de temperatura! La **temperatura** es una medida de cuán caliente o frío está algo. Está relacionada con la energía de movimiento de las partículas de la materia. Las partículas de gas del aire cálido del exterior tienen un promedio de energía de movimiento mayor que las partículas de aire que están dentro del edificio fresco.

La **energía térmica** es la energía total del movimiento de todas las partículas de un cuerpo. Generalmente, sientes la energía térmica cuando describes la materia como fría o caliente. La temperatura y la energía térmica no son lo mismo, pero la cantidad de energía térmica que tiene un cuerpo está relacionada con su temperatura. La energía térmica fluye naturalmente de la materia más cálida a la materia más fresca.

ILUSTRACIÓN 6 ·····················
Energía térmica
✏️ **Aplica conceptos** Colorea la flecha que indica en qué dirección fluirá la energía entre las personas y el agua glacial o la fosa de barro cálido.

Energía

Energía

Energía

Energía

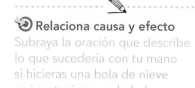
La energía térmica y los cambios en la materia

La energía térmica es una forma de energía que suele liberarse o absorberse cuando la materia cambia. Por ejemplo, el hielo absorbe la energía térmica que lo rodea cuando se derrite y transmite frío. Por eso puedes poner alimentos y refrescos en un refrigerador para picnic lleno de hielo. El derretimiento del hielo es un **cambio endotérmico,** un cambio en el que se absorbe energía. Los cambios en la materia también pueden ocurrir cuando se emana energía. En un **cambio exotérmico** se libera energía. La combustión es un cambio químico mediante el cual se liberan energía térmica y luz.

Transformar la energía química

La energía almacenada en los enlaces químicos de los átomos es una forma de energía que se denomina **energía química.** Esta energía se almacena en los alimentos, los combustibles y hasta en las células de tu cuerpo. Los animales, como el oso de la **ilustración 7,** obtienen energía química de los alimentos.

Al quemar combustibles, se transforma la energía química y se libera una parte de ella en forma de energía térmica. Cuando subes una cuesta en bicicleta, la energía química de los alimentos que comiste se convierte en energía de movimiento. La energía química puede convertirse en otras formas de energía y otras formas de energía pueden convertirse en energía química.

Relaciona causa y efecto
Subraya la oración que describe lo que sucedería con tu mano si hicieras una bola de nieve o si sostuvieras un helado.

ILUSTRACIÓN 7
Transformar la energía química
La energía química que proviene de los alimentos puede convertirse en otros tipos de energía necesarios para realizar una actividad.

¡Usa las matemáticas! Analiza datos

Un estudiante anota la temperatura de dos reacciones una vez por minuto. Los datos que obtiene aparecen en la gráfica.

1 Calcula ¿Cuál fue el cambio de temperatura en cada reacción después de 10 minutos?

_____

_____

2 Saca conclusiones En la gráfica, rotula cada reacción como exotérmica o endotérmica. ¿Cómo lo sabes?

_____

_____

_____

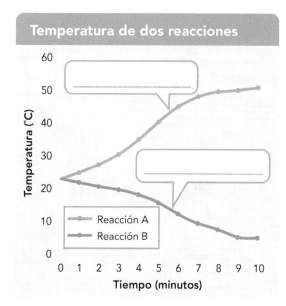

Temperatura de dos reacciones

Reacción A
Reacción B

Temperatura (°C) / Tiempo (minutos)

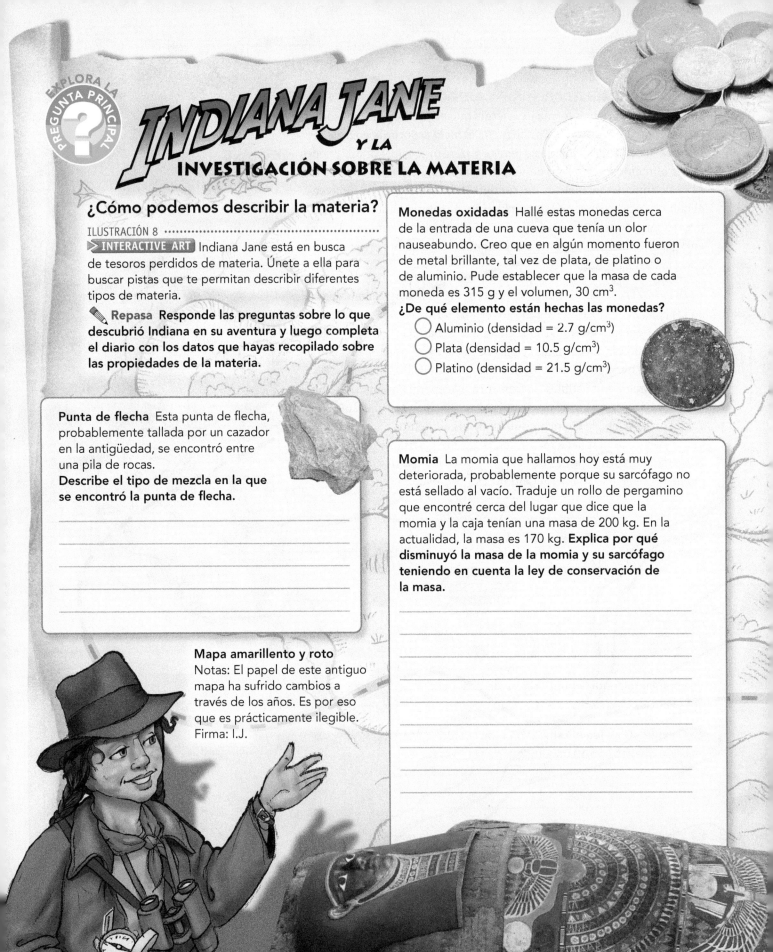

INDIANA JANE Y LA INVESTIGACIÓN SOBRE LA MATERIA

EXPLORA LA PREGUNTA PRINCIPAL

¿Cómo podemos describir la materia?

ILUSTRACIÓN 8 ••

> INTERACTIVE ART Indiana Jane está en busca de tesoros perdidos de materia. Únete a ella para buscar pistas que te permitan describir diferentes tipos de materia.

✎ **Repasa** Responde las preguntas sobre lo que descubrió Indiana en su aventura y luego completa el diario con los datos que hayas recopilado sobre las propiedades de la materia.

Punta de flecha Esta punta de flecha, probablemente tallada por un cazador en la antigüedad, se encontró entre una pila de rocas.
Describe el tipo de mezcla en la que se encontró la punta de flecha.

_____
_____
_____
_____
_____

Mapa amarillento y roto
Notas: El papel de este antiguo mapa ha sufrido cambios a través de los años. Es por eso que es prácticamente ilegible.
Firma: I.J.

Monedas oxidadas Hallé estas monedas cerca de la entrada de una cueva que tenía un olor nauseabundo. Creo que en algún momento fueron de metal brillante, tal vez de plata, de platino o de aluminio. Pude establecer que la masa de cada moneda es 315 g y el volumen, 30 cm^3.
¿De qué elemento están hechas las monedas?

○ Aluminio (densidad = 2.7 g/cm^3)
○ Plata (densidad = 10.5 g/cm^3)
○ Platino (densidad = 21.5 g/cm^3)

Momia La momia que hallamos hoy está muy deteriorada, probablemente porque su sarcófago no está sellado al vacío. Traduje un rollo de pergamino que encontré cerca del lugar que dice que la momia y la caja tenían una masa de 200 kg. En la actualidad, la masa es 170 kg. **Explica por qué disminuyó la masa de la momia y su sarcófago teniendo en cuenta la ley de conservación de la masa.**

_____
_____
_____
_____
_____
_____
_____
_____

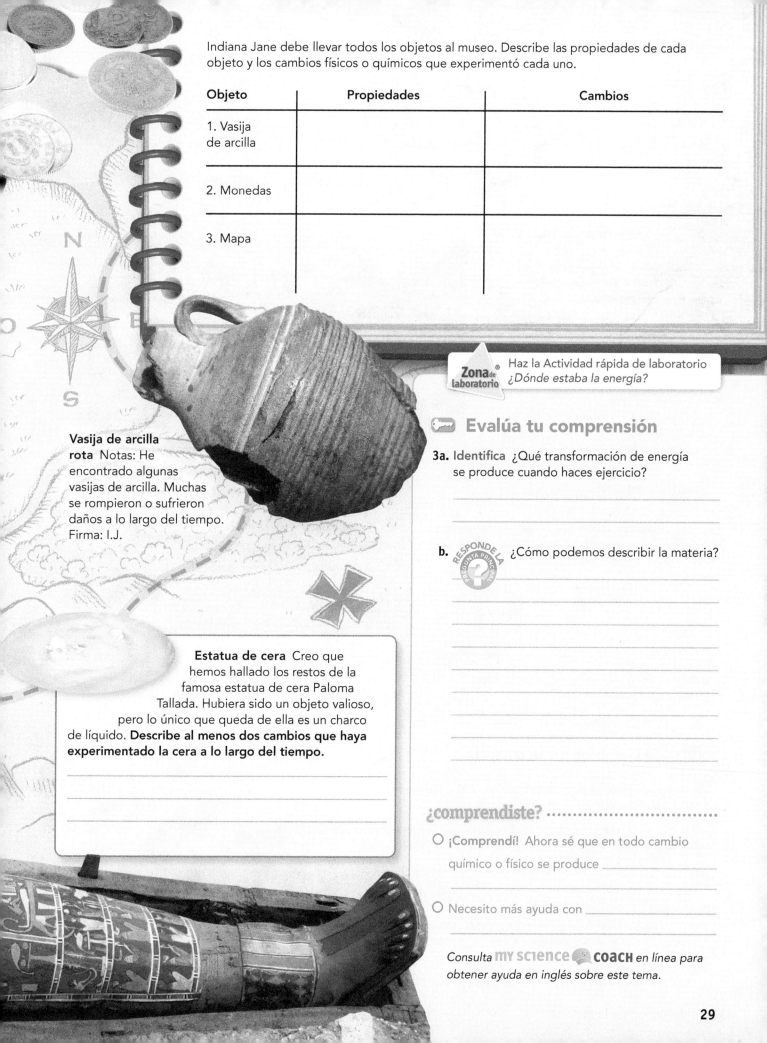

Indiana Jane debe llevar todos los objetos al museo. Describe las propiedades de cada objeto y los cambios físicos o químicos que experimentó cada uno.

Objeto	Propiedades	Cambios
1. Vasija de arcilla		
2. Monedas		
3. Mapa		

Vasija de arcilla rota Notas: He encontrado algunas vasijas de arcilla. Muchas se rompieron o sufrieron daños a lo largo del tiempo. Firma: I.J.

Estatua de cera Creo que hemos hallado los restos de la famosa estatua de cera Paloma Tallada. Hubiera sido un objeto valioso, pero lo único que queda de ella es un charco de líquido. **Describe al menos dos cambios que haya experimentado la cera a lo largo del tiempo.**

_____

_____

_____

Zona de laboratorio Haz la Actividad rápida de laboratorio ¿Dónde estaba la energía?

Evalúa tu comprensión

3a. Identifica ¿Qué transformación de energía se produce cuando haces ejercicio?

_____

_____

b. RESPONDE LA PREGUNTA PRINCIPAL ¿Cómo podemos describir la materia?

_____

_____

_____

_____

_____

_____

_____

_____

¿comprendiste? ....

○ **¡Comprendí!** Ahora sé que en todo cambio químico o físico se produce _____

_____

○ Necesito más ayuda con _____

_____

Consulta MY SCIENCE COACH *en línea para obtener ayuda en inglés sobre este tema.*

1 Guía de estudio

El agua es _____. Una propiedad _____ del agua es que hierve a los 100 °C. _____ del agua es 1 g/cm³.

LECCIÓN 1 Describir la materia

🔑 Cada forma de materia tiene dos tipos de propiedades: propiedades físicas y propiedades químicas.

Vocabulario
- materia
- química
- sustancia
- propiedad física
- propiedad química

LECCIÓN 2 Clasificar la materia

🔑 Los científicos saben que la materia del universo está formada por más de 100 sustancias diferentes denominadas elementos.

🔑 Una mezcla puede ser heterogénea u homogénea.

Vocabulario
- elemento • átomo
- enlace químico • molécula • compuesto
- fórmula química • mezcla

LECCIÓN 3 Medir la materia

🔑 La unidad de masa del SI es el kilogramo (kg).

🔑 La unidad de volumen del SI es el metro cúbico (m³).

🔑 Se puede determinar la densidad de una muestra de materia dividiendo su masa entre su volumen.

Vocabulario
- peso • masa • volumen
- densidad • Sistema Internacional de Unidades

LECCIÓN 4 Cambios en la materia

🔑 Una sustancia que experimenta un cambio físico continúa siendo la misma sustancia después del cambio.

🔑 A diferencia del cambio físico, el cambio químico da como resultado sustancias nuevas con propiedades nuevas y diferentes.

🔑 En todo cambio químico y físico de la materia se produce un cambio en la energía.

Vocabulario
- cambio físico • cambio químico • ley de conservación de la masa
- temperatura • energía térmica • cambio endotérmico
- cambio exotérmico • energía química

Repaso y evaluación

LECCIÓN 1 Describir la materia

1. ¿Cuál de estos ejemplos es una propiedad química?

  a. densidad   **b.** combustibilidad

  c. dureza   **d.** lustre

2. Una sustancia puede clasificarse por sus propiedades físicas, que son propiedades que

_____

_____

_____

_____

3. Clasifica ¿Cuál de estos elementos es una sustancia: la sal de mesa, el agua de mar o la arena? Explica cómo lo sabes.

_____

_____

_____

_____

_____

4. Interpreta tablas Escribe un título que describa esta tabla.

Helio	Incoloro; menos denso que el aire
Hierro	Atraído por imanes; punto de fusión a los 1,535 °C
Oxígeno	Inodoro; gas a temperatura ambiente

5. Escríbelo Escribe un correo electrónico a un amigo para explicarle por qué el punto de fusión de una sustancia es una propiedad física, pero la combustibilidad es una propiedad química. Usa ejemplos en tu explicación.

LECCIÓN 2 Clasificar la materia

6. ¿Cuál de estas opciones es un elemento?

  a. agua   **b.** dióxido de carbono

  c. oxígeno   **d.** amoníaco

7. Para separar mezclas pueden usarse cuatro métodos, que son _____

_____

_____

Usa los diagramas para responder las preguntas 8 a 10. Cada diagrama representa un tipo distinto de materia. Cada bola representa un átomo. Las bolas del mismo color son átomos del mismo tipo.

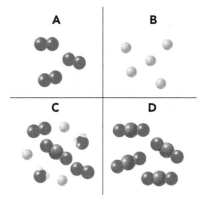

8. Interpreta diagramas ¿Qué diagrama o diagramas representan un único elemento? Explica tu respuesta.

_____

_____

9. Compara y contrasta ¿En qué se diferencian los átomos del diagrama A y los del diagrama D?

_____

_____

_____

10. Aplica conceptos ¿Qué diagrama/s representa/n una mezcla? Explica tu respuesta.

_____

_____

_____

31

1 Repaso y evaluación

LECCIÓN 3 **Medir la materia**

11. ¿Cuál es la unidad de masa del SI?

 a. el mililitro **b.** el kilogramo

 c. la libra **d.** el centímetro cúbico

12. La densidad de una sustancia se calcula

_____

_____

13. Expresa opiniones ¿Qué medida del diagrama no se necesita para averiguar el volumen de la caja? Explica tu respuesta.

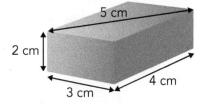

_____

_____

_____

_____

14. ¡matemáticas! Un trozo de metal tiene 38 cm³ de volumen y 277 g de masa. Calcula la densidad del metal y usa la información de esta tabla para identificarlo.

Densidad de metales comunes	
Hierro	7.9 g/cm³
Plomo	11.3 g/cm³
Estaño	7.3 g/cm³
Cinc	7.1 g/cm³

LECCIÓN 4 **Cambios en la materia**

15. ¿Cuál de estas opciones es un cambio físico?

 a. combustión **b.** corrosión

 c. congelación **d.** oxidación

16. La ley de conservación de la masa establece que

_____

_____

_____

17. Resuelve problemas ¿Cómo podrías demostrar que la disolución de la sal de mesa en agua es un cambio físico y no un cambio químico?

_____

_____

_____

_____

_____

_____

APLICA LA PREGUNTA PRINCIPAL **¿Cómo podemos describir la materia?**

18. Elige una sustancia que conozcas bien. ¿Cuáles son sus propiedades físicas y químicas? ¿Cómo medirías su densidad? Y, ¿cuáles son algunos de los cambios físicos y químicos que puede experimentar?

_____

_____

_____

_____

_____

_____

_____

_____

_____

_____

_____

_____

Preparación para exámenes estandarizados

Selección múltiple

Encierra en un círculo la letra de la mejor respuesta.

1. Cada uno de los diagramas siguientes representa un tipo diferente de materia. Cada bola representa un átomo. Las bolas de un mismo color y tamaño representan el mismo átomo.

   ¿Qué diagrama representa *mejor* una mezcla de dos tipos de moléculas?

   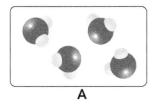
   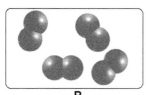

   A

   B

   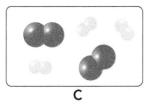
   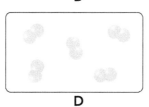

   C

   D

   A diagrama A   B diagrama B
   C diagrama C   D diagrama D

2. El principio que establece que la cantidad total de materia no se crea ni se destruye durante cambios químicos o físicos se denomina

   A ley de cambio exotérmico.
   B ley de cambio endotérmico.
   C ley de materia térmica.
   D ley de conservación de la masa.

3. La densidad de una sustancia es igual a su masa dividida entre su volumen. La densidad del azufre es 2.0 g/cm³. ¿Cuál es la masa de una muestra de azufre de 6.0 cm³ de volumen?

   A 3.0 g   B 4.0 g
   C 8.0 g   D 12 g

4. La capacidad de disolverse en agua y conducir corriente eléctrica son ejemplos de

   A propiedades físicas.
   B propiedades químicas.
   C cambios físicos.
   D enlaces químicos.

5. ¿Qué dos elementos de laboratorio serían *más* útiles para medir la masa y el volumen de un bloque rectangular?

   A una regla métrica y un cronómetro
   B una báscula y una regla métrica
   C un cilindro graduado y una regla métrica
   D una báscula y un cronómetro

Respuesta elaborada

Usa la gráfica que sigue y tus conocimientos de ciencias para responder la pregunta 6. Escribe tu respuesta en una hoja aparte.

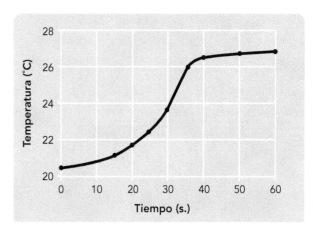

6. Un estudiante mezcla dos líquidos que tienen la misma temperatura. La gráfica anterior muestra el cambio de temperatura posterior a la mezcla de los líquidos. ¿La reacción absorbió energía térmica o la liberó? Explica tu respuesta.

33

La ciencia y la historia

Hace mucho tiempo, en una tierra lejana...

Cuenta un antiguo relato alemán que había un hombrecito extraño llamado Rumpelstiltskin que convertía la paja en oro. Suena exagerado, ¿verdad? Pero no hubiera sonado tan extraño para una persona del siglo XIV. Hace cientos de años, los alquimistas intentaban encontrar una manera de convertir los metales, como el plomo, en oro. También intentaron crear medicinas que curaran todas las enfermedades y así permitieran a las personas vivir por mucho tiempo. Creían que sólo necesitaban un ingrediente para lograr todo esto: la piedra filosofal.

En la actualidad, sabemos que un ingrediente mágico no modificará las propiedades químicas y físicas de los elementos. Hemos aprendido que los diferentes elementos tienen propiedades distintas. Sin embargo, los alquimistas realizaron aportes muy valiosos para la comprensión del mundo físico. Ellos fueron quienes descubrieron el alcohol y los ácidos minerales, y registraron sus observaciones sobre cómo esos ácidos reaccionaban con otras sustancias. Trabajaban en laboratorios donde exponían los metales comunes al calor y observaban las interacciones y los cambios de color. Ellos anotaron sus conclusiones sobre esos experimentos. Es posible que su meta haya sido imposible de alcanzar, pero sus investigaciones fueron las bases de la química actual.

Investígalo A lo largo de la historia, los científicos han logrado una mayor comprensión del mundo natural aprendiendo de sus antecesores. Investiga de qué manera se han desarrollado los campos de la química y la medicina a partir de los experimentos de los alquimistas. Escribe un ensayo que describa la progresión.

¿Un antiuniverso?

¿Qué pasaría si todo el universo tuviera una imagen en espejo o negativa? ¿Sucedería todo al revés? ¿Tendrías un opuesto? Los científicos que estudian la física de las partículas creen que podría existir un universo en espejo, pero no creen que sea como los de las películas de ciencia ficción.

Hace un poco más de cien años, los científicos afirmaban que la parte más pequeña de la materia (una parte no formada por otra cosa) era el átomo. Eso no era cierto. Un átomo está formado por un núcleo que contiene protones y neutrones, rodeado de electrones. El físico Paul Dirac le dio una vuelta de tuerca interesante a este conocimiento. Predijo correctamente que el electrón podría tener un gemelo opuesto, al que denominó positrón. Ganó el Premio Nobel por este genial descubrimiento en el año 1933. El positrón tiene la misma masa que el electrón, pero una carga opuesta. Es el antielectrón.

Paul Dirac predijo que los positrones podrían existir como los opuestos de los electrones.
▼

Los electrones, los neutrones y los protones tienen estas antipartículas, o al menos las tenían cuando se formaron las partículas. Los científicos han podido estudiarlas en el laboratorio. Dentro de los aceleradores de partículas, los científicos incluso pueden usar positrones y electrones para crear átomos completamente nuevos. Pero fuera del entorno controlado del laboratorio, ¿dónde están esas antipartículas? ¿Serán parte de un antiuniverso? Los físicos esperan hallar las respuestas en el siglo XXI... ¡nuestro siglo!

Investígalo Escribe tres preguntas que tengas acerca de la física de las partículas y la antimateria. Investiga para hallar las respuestas. Un buen comienzo sería leer artículos acerca del laboratorio CERN en Suiza. Responde tus preguntas en uno o dos párrafos.

◄ Dentro de una cámara especial, entran dos protones invisibles y crean un par de electrones (de color verde) y antielectrones (de color rojo).

¿Un antiuniverso?

¿CÓMO SE CUBRIÓ DE HIELO ESTE EDIFICIO?

¿Por qué cambian de estado las sustancias?

Para apagar un incendio, los bomberos echaron agua sobre este edificio histórico de Maine. La temperatura del aire era terriblemente fría, −14 °F, y dificultaba la lucha de los bomberos contra las llamas. El edificio estuvo en peligro de derrumbarse porque lo cubría una capa de 6 a 10 pulgadas de hielo.

△ Infiere **¿Cómo se cubrió de hielo este edificio?**

_____

_____

_____

_____

_____

_____

> UNTAMED SCIENCE Mira el video de *Untamed Science* para aprender más sobre los cambios de estado.

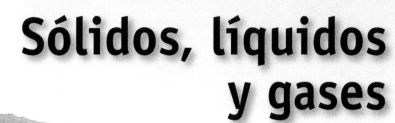

Sólidos, líquidos y gases

Verifica tu comprensión

1. Preparación Lee el párrafo siguiente y luego responde la pregunta.

Afuera, la temperatura del aire ha estado bajo el punto de congelación toda la semana. La laguna local se ha congelado y está lista para que se practique patinaje sobre hielo. Ronnesia está entusiasmada con todas las cosas que podrá hacer sobre el hielo. Toma un buen desayuno para tener la energía necesaria para salir a patinar sobre hielo.

> La **temperatura** es la medida de la energía promedio del movimiento aleatorio de las partículas de la materia.
>
> El **hielo** es agua en estado sólido.
>
> La **energía** es la capacidad para realizar un trabajo o producir cambios.

- ¿Por qué la laguna está lista para que se practique patinaje sobre hielo?

_____

_____

> **MY READING WEB** Si tuviste dificultades para responder la pregunta anterior, visita *My Reading Web* y escribe **Solids, Liquids, and Gases.**

Destreza de vocabulario

Sufijos Un sufijo es una letra o un grupo de letras que se agrega al final de una palabra para cambiar su significado y categoría gramatical. En este capítulo, aprenderás palabras con los sufijos *-ación, -ino/-ina* y *-sión.*

Sufijo	Significado	Ejemplo
-ación	estado de, proceso de, acción de	vaporización, evaporación, condensación, sublimación
-ino/-ina	compuesto de	sólido cristalino
-sión	estado de, proceso de, acción de	tensión superficial

2. Verificación rápida La palabra *vapor* es un sinónimo de gas. Usa la tabla anterior para predecir el significado de *vaporización*. Corrige tu definición si es necesario.

_____

_____

líquido

tensión superficial

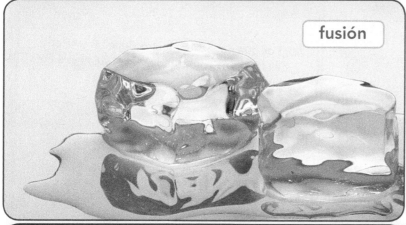

fusión

sublimación

Vistazo al capítulo

LECCIÓN 1

- sólido
- sólido cristalino
- sólido amorfo
- líquido
- fluido
- tensión superficial
- viscosidad
- gas
- presión

⟳ Relaciona causa y efecto

△ Infiere

LECCIÓN 2

- fusión
- punto de fusión
- congelación
- vaporización
- evaporación
- ebullición
- punto de ebullición
- condensación
- sublimación

⟳ Compara y contrasta

△ Predice

LECCIÓN 3

- ley de Charles
- directamente proporcional
- ley de Boyle
- inversamente proporcional

⟳ Identifica la idea principal

△ Haz una gráfica

> VOCAB FLASH CARDS Para obtener más ayuda con el vocabulario, visita *Vocab Flash Cards* y escribe *Solids, Liquids, and Gases.*

Estados de la materia

¿Cómo describirías un sólido?

¿Cómo describirías un líquido?

¿Cómo describirías un gas?

mi Diario Del planeta

Cristales líquidos

¿Alguna vez te has preguntado por qué algunos televisores se conocen como televisores LCD? LCD es la sigla en inglés de "pantalla de cristal líquido". Una pantalla LCD es una pantalla plana y delgada. Las pantallas LCD han reemplazado a los tubos de imagen de muchos monitores de computadoras y televisores porque son más livianas y consumen menos electricidad. Los teléfonos celulares y las esferas de los radio despertadores también tienen LCD.

Los cristales líquidos no son ni sólidos ni líquidos: en realidad, son un poco las dos cosas. Pero se necesita apenas un poquito de energía térmica para que el cristal líquido pase a estado líquido. Como resultado, las LCD tienden a ser muy sensibles al calor.

DATOS CURIOSOS

Comunica ideas Comenta estas preguntas con un compañero. Escribe tus respuestas en el espacio que sigue.

1. Haz una lista de cosas que tengan LCD.

_____

_____

_____

2. ¿Por qué no es buena idea dejar un teléfono celular o una computadora portátil al aire libre durante un día caluroso?

_____

_____

_____

_____

> PLANET DIARY Consulta *Planet Diary* para aprender más en inglés sobre los sólidos, los líquidos y los gases.

Zona de laboratorio   Haz la Indagación preliminar
¿Qué son los sólidos, los líquidos y los gases?

Pantalla LCD y cristales que se enfrían (en el fondo)

Vocabulario

- sólido • sólido cristalino • sólido amorfo • líquido
- fluido • tensión superficial • viscosidad • gas • presión

Destrezas

Lectura: Relaciona causa y efecto

Indagación: Infiere

¿Cómo describirías un sólido?

Observa el recipiente de la **ilustración 1.** Contiene el metal bismuto. Fíjate que la forma y el tamaño del trozo de bismuto son diferentes de la forma y el tamaño del recipiente. ¿Qué sucedería si sacaras el bismuto del recipiente y lo colocaras sobre una mesa? ¿Se achataría? ¿Qué sucedería si lo colocaras en un recipiente más grande? ¿Se agrandaría? Por supuesto que no porque es un sólido. Los **sólidos** tienen forma y volumen definidos. Tu lápiz es otro ejemplo de un sólido. Si tu lápiz tiene una forma cilíndrica y un volumen de 6 centímetros cúbicos, conservará esta forma y volumen en cualquier posición y en cualquier recipiente.

Las partículas de un sólido Las partículas de las que está formado un sólido están muy juntas entre sí. Además, cada partícula está fija en una posición determinada. 🗝 **Dado que las partículas de un sólido tienen esta disposición fija y están muy juntas entre sí, los sólidos tienen forma y volumen definidos.** ¿Las partículas de un sólido se mueven? Sí, pero no mucho. Las partículas de un sólido están muy unidas y fijas en una posición determinada y sólo pueden vibrar en el lugar. Es decir que las partículas apenas se mueven para delante y para atrás, como un grupo de personas que trota en el lugar.

Haz una marca de verificación en la categoría que describe un sólido.

	Definido/a	Indefinido/a
Forma		
Volumen		

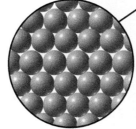

Las partículas de un sólido

ILUSTRACIÓN 1 ••

Sólidos

Un sólido no adopta la forma ni el volumen del recipiente que lo contiene.

✎ **Interpreta diagramas** Describe la disposición de **las partículas de un sólido.**

_____

_____

_____

41

Tipos de sólidos

Los sólidos son cristalinos o amorfos. La mantequilla es un sólido amorfo. El mineral fluorita es un sólido cristalino.

✎ **Compara y contrasta** Usa el diagrama de Venn y compara las características de los sólidos amorfos y cristalinos.

Tipos de sólidos

En muchos sólidos, las partículas forman un patrón regular que se repite. Estos patrones forman cristales. Los sólidos formados por cristales se denominan **sólidos cristalinos.** La sal, el azúcar y la nieve son ejemplos de sólidos cristalinos. El cristal de fluorita de la **ilustración 2** es un ejemplo de un sólido cristalino de color. Cuando un sólido cristalino se calienta, se funde a una temperatura determinada.

En los **sólidos amorfos,** las partículas no están dispuestas en un patrón regular. A diferencia del sólido cristalino, el sólido amorfo no se funde a una temperatura determinada. En cambio, se puede ablandar o transformar en otras sustancias. El vidrio es un ejemplo de un sólido amorfo. Los trabajadores del vidrio pueden doblar y dar forma al vidrio caliente. Los plásticos y la goma son otros ejemplos de sólidos amorfos.

Amorfos   Ambos   Cristalinos

Zona de **laboratorio**® Haz la Actividad rápida de laboratorio *Hacer un modelo de las partículas.*

🔑 Evalúa tu comprensión

1a. Identifica Los dos tipos de sólidos son

_____ y _____ .

b. Explica ¿Las partículas de un sólido están inmóviles? Explica tu respuesta.

_____

_____

c. Saca conclusiones La cera de vela pierde gradualmente su forma al calentarse. ¿Qué tipo de sólido es? Explica tu respuesta.

_____

_____

_____

_____

¿comprendiste?···

○ **¡Comprendí!** Ahora sé que un sólido tiene forma y volumen definidos porque _____

_____

○ Necesito más ayuda con _____

Consulta MY SCIENCE 🌐 COACH en línea para obtener ayuda en inglés sobre este tema.

¿Cómo describirías un líquido?

Si no está dentro de un recipiente, el líquido se extiende en forma de un charco grande, no muy profundo. Pero, al igual que un sólido, el líquido tiene un volumen constante. Los **líquidos** tienen un volumen definido pero no una forma definida. La **ilustración 3** muestra volúmenes iguales de té helado en dos recipientes diferentes. La forma de un líquido puede cambiar según su recipiente, pero su volumen permanece invariable.

Las partículas de un líquido
En general, las partículas de un líquido están casi tan juntas entre sí como las de un sólido. Sin embargo, las partículas de un líquido se mueven libremente. Puedes comparar este movimiento con la forma en que podrías mover un grupo de canicas en tu mano. Al igual que las partículas de un líquido, las canicas se mueven unas contra otras, siempre tocándose entre ellas. **Como sus partículas tienen libertad de movimiento, un líquido no tiene forma definida, pero sí tiene volumen definido.** Estas partículas de movimiento libre permiten que un líquido fluya de un lugar a otro. Por eso, a un líquido también se lo denomina **fluido,** que significa "sustancia que fluye".

Relaciona causa y efecto
Subraya la causa y encierra en un círculo el efecto en la oración en negrita.

Haz una marca de verificación en la categoría que describe un líquido.

	Definido/a	Indefinido/a
Forma		
Volumen		

ILUSTRACIÓN 3
El líquido
Cada recipiente contiene 300 cm³ de té helado. El té helado adopta la forma de su recipiente, pero su volumen no varía.
Interpreta diagramas Describe la disposición de las partículas de un líquido.

Partículas de un líquido

Las propiedades de los líquidos

Una de las propiedades características de los líquidos es la tensión superficial. La **tensión superficial** es la fuerza, o atracción, hacia el centro entre las moléculas de un líquido, que hace que las moléculas de la superficie se acerquen. Probablemente, habrás notado que el agua forma gotas que pueden cubrir distintas superficies, como las hojas de la **ilustración 4.** Eso ocurre porque las moléculas de agua se atraen mucho entre sí. Esta atracción hace que las moléculas de la superficie del agua se muevan levemente hacia las moléculas que están debajo de la superficie. Debido a la tensión superficial, la superficie del agua puede actuar como si tuviera una piel delgada. Por ejemplo, una aguja de coser flota si la apoyas suavemente sobre la superficie del agua, pero se hunde rápidamente si la empujas hacia abajo. La tensión superficial permite que un insecto conocido como insecto tejedor camine sobre la superficie quieta de una laguna.

Otra propiedad característica de los líquidos es la **viscosidad,** o resistencia a fluir que presenta un líquido. La viscosidad de un líquido depende del tamaño y de la forma de sus partículas y de las atracciones entre ellas. Algunos líquidos fluyen más fácilmente que otros. Los líquidos con alta viscosidad fluyen lentamente. La miel es un ejemplo de líquido con una viscosidad muy alta. Los líquidos con baja viscosidad fluyen rápidamente. El agua y el vinagre tienen viscosidades relativamente bajas.

ILUSTRACIÓN 4 ·················

Tensión superficial

Infiere Encierra en un círculo la respuesta correcta. El agua forma gotas en la superficie de las hojas porque las moléculas de agua se (atraen/repelen) mucho entre sí.

Zona de laboratorio ® Haz la Actividad rápida de laboratorio *Tan espeso como la miel.*

🔑 Evalúa tu comprensión

2a. Nombra Cualquier sustancia que fluye se denomina

_____

b. Describe ¿Por qué los líquidos fluyen?

_____
_____
_____

c. Compara y contrasta ¿En qué se diferencian los líquidos que tienen alta viscosidad de los líquidos que tienen baja viscosidad?

_____
_____
_____

¿comprendiste?···

○ **¡Comprendí!** Ahora sé que un líquido tiene volumen definido pero no forma definida porque _____
_____
_____

○ Necesito más ayuda con _____

Consulta **MY SCIENCE** 🔒 **COACH** *en línea para obtener ayuda en inglés sobre este tema.*

¿Cómo describirías un gas?

Al igual que un líquido, el gas es un fluido. Pero, a diferencia del líquido, el **gas** no tiene forma ni volumen definidos. Si se coloca gas en un recipiente cerrado, como el matraz de la **ilustración 5,** las partículas de gas se mueven y se expanden hasta llenar el recipiente.

Si pudieras ver las partículas que componen un gas, las verías moviéndose en todas direcciones. **Cuando las partículas de gas se mueven, se expanden y llenan todo el espacio disponible. Por eso, los gases no tienen forma ni volumen definidos.** Cuando se trabaja con un gas, es importante conocer su volumen, temperatura y presión. Pero, ¿qué son estas medidas exactamente?

Volumen Recuerda que el volumen es la cantidad de espacio que ocupa la materia. El volumen se mide en centímetros cúbicos (cm^3), metros cúbicos (m^3), mililitros (mL) y litros (L), entre otras unidades. Como las partículas de gas se mueven y llenan todo el espacio disponible, el volumen del gas es el mismo que el volumen de su recipiente. Por ejemplo, una gran cantidad del gas helio puede comprimirse, es decir, presionarse fuertemente, para que entre en un tanque de metal. Cuando usas helio para inflar globos, este gas se expande hasta llenar muchos globos, que tendrán un volumen total mucho más grande que el volumen del tanque.

Haz una marca de verificación en la categoría que describe un gas.

	Definido/a	Indefinido/a
Forma		
Volumen		

Las partículas de gas

ILUSTRACIÓN 5 ·········
> INTERACTIVE ART El gas
El gas adopta la forma y el volumen del recipiente que lo contiene.
Interpreta diagramas Describe la disposición de las partículas de un gas.

Calcula la presión

Para calcular la presión, la fuerza se mide en newtons (N). Si el área se mide en metros cuadrados (m^2), la presión se expresa en pascales (Pa), donde 1 Pa = 1 N/m^2. Imagínate que un gas ejerce una fuerza de 252 N sobre un pistón que tiene un área de 0.430 m^2. ¿Cuál es la presión que se ejerce sobre el pistón en pascales?

$$\text{Presión} = \frac{\text{Fuerza}}{\text{Área}}$$

$$= \frac{252 \text{ N}}{0.430 \text{ m}^2}$$

$$= 586 \text{ Pa}$$

Problema de práctica Un gas ejerce una fuerza de 5,610 N sobre un área de 0.342 m^2. ¿Qué presión ejerce el gas en Pa?

_____

_____

_____

Presión Las partículas de gas chocan constantemente unas contra otras y contra las paredes del recipiente que las contiene. De esta forma, el gas empuja contra las paredes del recipiente. La **presión** del gas es la fuerza con la que empuja hacia afuera dividida entre el área de las paredes del recipiente. La presión se mide en pascales (Pa) o kilopascales (kPa) (1 kPa = 1,000 Pa).

$$\text{Presión} = \frac{\text{Fuerza}}{\text{Área}}$$

La firmeza de un objeto lleno de gas depende de la presión del gas. Por ejemplo, el aire que está dentro de una pelota inflada tiene mayor presión que la del aire que está afuera. Esta mayor presión se debe a la mayor concentración de partículas de gas en el interior de la pelota comparada con el aire que la rodea. Se denomina concentración al número de partículas de gas en una unidad de volumen determinada.

¿Por qué se desinfla una pelota aun cuando sólo tiene un agujerito diminuto? La mayor presión del interior de la pelota hace que las partículas de gas golpeen la superficie interna de la pelota con más frecuencia. Y las partículas de gas del interior de la pelota llegan al agujerito y escapan con una frecuencia mayor que la de las partículas de gas del exterior que llegan y entran por el agujerito. Por eso, son muchas más las partículas que salen que las que entran. Finalmente, la presión interna disminuye hasta ser igual a la presión externa.

ILUSTRACIÓN 6 ·······································
Presión del gas
En las fotos A y B hay dos pelotas playeras: una se está inflando y la otra, desinflando.

✎ **Interpreta fotos** Encierra en un círculo las respuestas que completan la descripción de cada proceso.

A

La concentración de las partículas de gas dentro de la pelota playera (aumenta/disminuye). La presión en el interior de la pelota playera (aumenta/disminuye).

B

La concentración de las partículas de gas dentro de la pelota playera (aumenta/disminuye). La presión en el interior de la pelota playera (aumenta/disminuye).

Partículas de gas caliente, de movimiento más rápido

Partículas de gas frío, de movimiento más lento

Temperatura Los aeronautas de la **ilustración 7** están preparando el globo aerostático para salir a volar. Usan un quemador de gas propano para calentar el aire del interior del globo. Una vez que el aire llega a cierta temperatura, el globo comienza a elevarse. Pero ¿qué te indica la temperatura? Recuerda que todas las partículas de la materia se mueven constantemente. La temperatura es la medida de la energía promedio del movimiento aleatorio de las partículas de la materia. Cuanto más rápido se muevan las partículas, mayor es la energía y más alta la temperatura. El termómetro podría considerarse una especie de velocímetro de las partículas.

Incluso a temperatura ambiente, la velocidad promedio de las partículas de un gas es muy alta. A unos 20 °C, las partículas de un gas típico se mueven a unos 500 metros por segundo: ¡más del doble de la velocidad normal de un avión a chorro!

ILUSTRACIÓN 7 ··

Temperatura de un gas

✎ **Explica** ¿Por qué las partículas de gas caliente se mueven más rápido que las partículas de gas frío?

_____

_____

_____

Zona de laboratorio ® Haz la Actividad rápida de laboratorio *¿Cómo se mueven las partículas de un gas?*

🗝 Evalúa tu comprensión

3a. Describe Describe qué relación hay entre el movimiento de las partículas de un gas y la presión ejercida por ese gas.

_____

_____

_____

_____

b. Relaciona causa y efecto ¿Por qué inflar más una pelota de básquetbol aumenta la presión dentro de ella?

_____

_____

_____

_____

¿comprendiste? ··

⭕ **¡Comprendí!** Ahora sé que un gas no tiene forma ni volumen definidos porque _____

⭕ Necesito más ayuda con _____

Consulta MY SCIENCE 🔵 COACH en línea para obtener ayuda en inglés sobre este tema.

2 | Cambios de estado

🔑 ¿Qué sucede con las partículas de un sólido cuando éste se funde?

🔑 ¿Qué sucede con las partículas de un líquido cuando éste se vaporiza?

🔑 ¿Qué sucede con las partículas de un sólido cuando éste se sublima?

mi DiaRio DeL planeta   ESTADÍSTICAS CIENTÍFICAS

En ebullición

Probablemente hayas notado que, cuando el agua hierve dentro de un recipiente destapado, su nivel disminuye lentamente. El nivel del agua cambia porque el líquido se está convirtiendo en gas. Al calentar el agua, la energía térmica de sus moléculas aumenta. Cuanto más tiempo está el recipiente en el fuego, más energía absorben las moléculas de agua. Y cuando estas moléculas han acumulado suficiente energía, cambian de estado, y el líquido se convierte en gas.

La gráfica muestra cómo varía la temperatura de un pequeño recipiente con agua sobre un calentador que está al máximo. La temperatura inicial del agua es 20 °C.

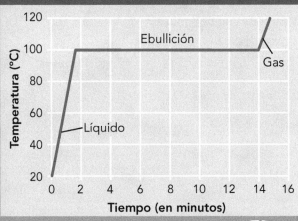

De líquido a gas

Responde las preguntas siguientes.

1. ¿Cuánto tarda el agua en entrar en ebullición? ¿A qué temperatura entra el agua en ebullición?

_____

_____

_____

2. ¿Qué requiere más energía: hacer que el agua llegue a los 100 °C o hacer que esté en estado de ebullición?

_____

_____

_____

▷ PLANET DIARY Consulta *Planet Diary* para aprender más en inglés sobre los cambios de estado.

⚠ **Zona de laboratorio** Haz la Indagación preliminar *¿Qué sucede cuando respiras sobre un espejo?*

Vocabulario

- fusión • punto de fusión • congelación • vaporización
- evaporación • ebullición • punto de ebullición
- condensación • sublimación

Destrezas

- ↻ Lectura: Compara y contrasta
- △ Indagación: Predice

¿Qué sucede con las partículas de un sólido cuando éste se funde?

Las partículas de un líquido tienen más energía térmica que las partículas de la misma sustancia en estado sólido. En un gas, las partículas tienen todavía más energía térmica. El cambio de estado sólido a estado líquido implica mayor energía térmica. Como puedes predecir, en el cambio de estado líquido a sólido sucede exactamente lo contrario: implica una menor energía térmica.

Fusión El cambio del estado sólido al líquido se denomina **fusión**. En los sólidos cristalinos puros, la fusión ocurre a una temperatura específica, denominada **punto de fusión**. Como el punto de fusión es una de las propiedades características de una sustancia, los químicos comparan puntos de fusión cuando tratan de identificar un material desconocido. El punto de fusión del agua pura, por ejemplo, es 0 °C al nivel del mar.

¿Qué sucede con las partículas de un sólido cuando éste se funde? Piensa en un cubito de hielo fuera del congelador. La energía necesaria para fundir, o derretir, el hielo proviene principalmente del aire del ambiente. Al principio, la mayor energía térmica hace que las moléculas de agua vibren más rápidamente, y así eleva la temperatura de esas moléculas. ☞ **Cuando un sólido llega al punto de fusión, sus partículas vibran tan rápido que se desprenden de su disposición fija.** A 0 °C, la temperatura del hielo deja de aumentar. Cualquier energía adicional sigue cambiando la disposición de las moléculas de agua, y los cristales de hielo se convierten en agua líquida. El hielo se funde.

ILUSTRACIÓN 1 ••••••••••••••••••••••••
Fusión

✎ **Relaciona diagramas y fotos** Traza una línea que una las ilustraciones de las moléculas de agua con el hielo o con el agua líquida, según corresponda. Luego, describe qué diferencias hay entre la disposición de las moléculas del hielo y la disposición de las moléculas del agua líquida.

_____

_____

_____

_____

Congelación El cambio del estado líquido al sólido se denomina **congelación**. Es justamente el proceso inverso a la fusión.  **Cuando un líquido llega al punto de congelación, sus partículas se mueven tan lentamente que comienzan a adoptar una disposición fija.**

Cuando pones agua líquida en un congelador, por ejemplo, el agua pierde energía debido al aire frío del congelador. Las moléculas de agua se mueven más lentamente a medida que pierden energía. Después de un tiempo, el agua se transforma en hielo sólido. Cuando el agua comienza a congelarse, su temperatura permanece en los 0 °C hasta que se completa la congelación. El punto de congelación del agua, 0 °C, es el mismo que su punto de fusión.

¡aplícalo!

Para fundir metales, se vierte metal en estado líquido dentro de un recipiente llamado molde. El molde da forma al metal cuando éste se enfría y se endurece.

1 Explica ¿De qué manera la fundición de metales aprovecha las diferentes características de los líquidos y los sólidos?

_____
_____
_____
_____
_____

2 DESAFÍO El punto de fusión del cobre es 1084 °C. ¿En qué se diferencia la energía de las partículas de una cierta cantidad de cobre líquido de la energía de las moléculas de la misma cantidad de agua líquida? ¿Por qué?

_____
_____
_____
_____
_____

Zona de laboratorio Haz la Investigación de laboratorio *Derretir hielo.*

Evalúa tu comprensión

1a. Identifica El cambio de estado de sólido a líquido se denomina _____

b. Compara y contrasta ¿En qué se diferencia lo que sucede con las partículas de una sustancia durante la fusión de lo que sucede durante la congelación?

_____
_____
_____
_____

¿comprendiste? ....

○ **¡Comprendí!** Ahora sé que la congelación ocurre cuando las partículas de un sólido _____
_____
_____

○ **Necesito más ayuda con** _____

Consulta **MY SCIENCE COACH** *en línea para obtener ayuda en inglés sobre este tema.*

¿Qué sucede con las partículas de un líquido cuando éste se vaporiza?

¿Alguna vez te has preguntado cómo se forman las nubes o por qué se secan los charcos? Para responder estas preguntas, debes observar qué sucede cuando una sustancia pasa de estado líquido a gaseoso.

Evaporación y ebullición El cambio del estado de líquido a gas se denomina **vaporización.** 🔑 **La vaporización ocurre cuando las partículas de un líquido absorben suficiente energía como para moverse independientemente.** Hay dos tipos de vaporización: la evaporación y la ebullición.

La vaporización que ocurre solamente en la superficie de un líquido se denomina **evaporación.** Un ejemplo es un charco que se seca gradualmente. El agua del charco absorbe energía del suelo, del aire o del sol. Esta mayor energía permite que algunas de las moléculas de agua de la superficie del charco se liberen al aire, o se evaporen.

La vaporización que ocurre tanto en la superficie de un líquido como debajo de ésta se denomina **ebullición.** Cuando el agua está en ebullición, las moléculas de agua vaporizadas forman burbujas debajo de la superficie. Las burbujas suben y finalmente atraviesan la superficie del líquido. La temperatura a la cual hierve un líquido se denomina **punto de ebullición.** Al igual que con los puntos de fusión, los químicos usan los puntos de ebullición para identificar sustancias desconocidas.

✏️ **Compara y contrasta**
Compara y contrasta los dos tipos de vaporización.

_____

_____

_____

_____

_____

_____

ILUSTRACIÓN 2 ••••••••••••••••••••••••••••••••••

Tipos de vaporización
El agua líquida se transforma en vapor de agua por medio de la evaporación o la ebullición.

✏️ **Interpreta diagramas** Rotula el tipo de vaporización que ocurre en cada matraz. Luego, traza flechas que indiquen el recorrido de las moléculas de agua que salen de cada matraz.

Imagínate que ambos matraces contienen la misma cantidad de agua. △Predice ¿En cuál de los dos matraces el agua se vaporizará antes? ¿Por qué?

Condensación

La condensación es el proceso inverso a la vaporización. El cambio del estado gaseoso al estado líquido se denomina **condensación**. Puedes observar la condensación respirando sobre un espejo. Cuando el vapor de agua cálido de tu aliento llega a la superficie más fría del espejo, el vapor de agua se condensa y forma gotitas de agua. 🗝 **La condensación ocurre cuando las partículas de un gas pierden suficiente energía térmica como para transformarse en líquido.**

Generalmente, se producen nubes cuando el vapor de agua de la atmósfera se condensa y forma pequeñas gotitas de líquido. Cuando las gotitas se hacen lo suficientemente pesadas, caen a la tierra en forma de lluvia. El vapor de agua es un gas incoloro que no se puede ver. Lo que ves salir del pico de una olla cuando el agua está hirviendo no es vapor de agua, ni tampoco lo son las nubes ni la niebla. Lo que ves son gotitas diminutas de agua líquida suspendidas en el aire.

Vocabulario Sufijos Completa las oraciones con las formas correctas de la palabra *condensar*.

_____ es el cambio del estado gaseoso al estado líquido. Las nubes se forman porque el vapor de agua se

_____

Espejo empañado

🖊 **Explica** ¿Por qué se empaña el espejo del baño después de una ducha caliente?

_____
_____
_____
_____
_____
_____

Zona de laboratorio ® Haz la Actividad rápida de laboratorio *Mantener la frescura*.

🗝 Evalúa tu comprensión

2a. Identifica El cambio del estado líquido al estado gaseoso se denomina _____

b. Aplica conceptos ¿Cómo cambia la energía térmica del vapor de agua a medida que éste se condensa?

_____
_____

c. Relaciona causa y efecto ¿Por qué se forman nubes antes de llover?

_____
_____
_____
_____

¿comprendiste? ···

○ **¡Comprendí!** Ahora sé que la vaporización ocurre cuando las partículas de un líquido _____

_____

○ Necesito más ayuda con _____

Consulta MY SCIENCE 🔲 COACH *en línea para obtener ayuda en inglés sobre este tema.*

¿Qué sucede con las partículas de un sólido cuando éste se sublima?

En algunos lugares con inviernos muy fríos, la nieve puede desaparecer aun si la temperatura se mantiene muy por debajo del punto de congelación. Este cambio es el resultado de la sublimación. La **sublimación** ocurre cuando las partículas superficiales de un sólido absorben suficiente energía como para transformarse en gas. **Durante la sublimación, las partículas de un sólido se transforman directamente en gas sin pasar por el estado líquido.**

Se puede observar un ejemplo de sublimación con el hielo seco. "Hielo seco" es el nombre corriente del dióxido de carbono sólido. A valores normales de presión atmosférica, el dióxido de carbono no existe en estado líquido. Entonces, en lugar de fundirse, o derretirse, pasa directamente al estado gaseoso. Durante la sublimación, el dióxido de carbono absorbe energía térmica. Esta propiedad permite mantener frío y seco cualquier material que se coloque cerca del hielo seco. Por eso, el hielo seco se usa para mantener baja la temperatura cuando no hay ningún refrigerador disponible. Algunas máquinas de niebla usan hielo seco para crear niebla en películas o conciertos, tal como muestra la **ilustración 4.** Cuando el hielo seco se convierte en gas, enfría el vapor de agua del aire a su alrededor. Y entonces, este vapor de agua se condensa, se transforma en agua líquida y forma niebla cerca del hielo seco.

¿sabías que...?

Los mosquitos son atraídos por el dióxido de carbono que exhalas cuando respiras. Una trampa para mosquitos con hielo seco como cebo puede atraer hasta cuatro o cinco veces más mosquitos que las trampas que usan solamente una fuente luminosa como cebo.

ILUSTRACIÓN 4

Hielo seco

Una máquina de niebla usa hielo seco para crear niebla en este concierto de rock.

✎ **Explica ¿Por qué se forma niebla cerca del hielo seco?**

_____

_____

_____

_____

_____

Sublimación de hielo seco

Los estados cambiantes del agua

EXPLORA LA
PREGUNTA PRINCIPAL
?

¿Por qué cambian de estado las sustancias?

ILUSTRACIÓN 5 ···

▶ **VIRTUAL LAB** Estas ilustraciones muestran cuatro ejemplos de cómo cambia de estado el agua: por fusión, congelación, vaporización y condensación.

✎ **Repasa** Usa lo que aprendiste sobre los estados de la materia para responder las preguntas.

CONGELACIÓN

Este lago se ha congelado debido al tiempo frío. A medida que el agua líquida se congela, sus moléculas (absorben/liberan) energía térmica. ¿Cómo cambia el movimiento de las moléculas de agua durante la congelación?

_____

_____

_____

← Congelación

Fusión →

FUSIÓN

El aire del exterior es tan cálido que este muñeco de nieve se está derritiendo, o fundiendo. Durante la fusión, las moléculas de agua (absorben/liberan) energía térmica. ¿Cómo cambia el movimiento de las moléculas durante la fusión?

_____

_____

_____

_____

Baja energía térmica

Estas huellas húmedas están desapareciendo debido a la evaporación. A medida que el agua se evapora, sus moléculas (absorben/liberan) energía térmica. ¿Cómo cambia el movimiento de las moléculas durante la evaporación?

_____
_____
_____
_____
_____

VAPORIZACIÓN

Alta energía térmica

Condensación

Vaporización

CONDENSACIÓN

Durante la noche, el vapor de agua del aire se condensó en esta tela de araña. A medida que el vapor de agua se condensa, sus moléculas (absorben/liberan) energía térmica. ¿Cómo cambia el movimiento de las moléculas durante la condensación?

_____
_____
_____
_____
_____

Zona de laboratorio Haz la Actividad rápida de laboratorio *Observar la sublimación.*

🔑 Evalúa tu comprensión

3a. Identifica ¿Qué es el hielo seco?

_____
_____

b. Predice Si dejaras hielo seco en un recipiente a temperatura ambiente durante varias horas, ¿qué quedaría?

_____
_____

c. RESPONDE LA PREGUNTA PRINCIPAL ¿Por qué cambian de estado las sustancias?

_____
_____
_____
_____
_____

¿comprendiste?...................................

○ **¡Comprendí!** Ahora sé que la sublimación ocurre cuando las partículas de un sólido _____

_____

○ Necesito más ayuda con _____

Consulta my science COACH *en línea para obtener ayuda en inglés sobre este tema.*

3 Comportamiento del gas

🔑 **¿Qué relación hay entre la presión y la temperatura de un gas?**

🔑 **¿Qué relación hay entre el volumen y la temperatura de un gas?**

🔑 **¿Qué relación hay entre la presión y el volumen de un gas?**

mi Diario Del planeta

BIOGRAFÍA

Jacques Charles (1746–1823)

El científico francés Jacques Charles es muy reconocido por su trabajo con los gases, pero también hizo sus aportes al deporte del vuelo en globo, o aerostación. El 27 de agosto de 1783, Charles soltó el primer globo aerostático de hidrógeno, que tenía unos 4 metros de diámetro. Este globo, que no llevaba personas, alcanzó una altura de 3,000 pies. Charles también mejoró el diseño de los globos de aire caliente. Agregó una válvula que le permitía al piloto liberar gas del globo. También tuvo la idea de agregar una canasta de mimbre atada al globo con sogas. Charles fue incorporado a la Academia Francesa de Ciencias en 1785.

Comunica ideas Comenta esta pregunta con un compañero. Escribe tu respuesta en el espacio que sigue.

¿Qué deporte o pasatiempo te inspira a querer saber más sobre la ciencia? ¿Por qué?

_____

_____

_____

_____

> PLANET DIARY Consulta **Planet Diary** para aprender más en inglés sobre los gases.

Zona de laboratorio ® Haz la Indagación preliminar *¿Cómo puede el aire evitar que la tiza se rompa?*

¿Qué relación hay entre la presión y la temperatura de un gas?

Si dejaras caer unos pocos granos de arena sobre tu mano, apenas los sentirías. Pero, ¿qué sucedería si te atrapara una tormenta de arena? ¡Ay! En ese caso, los granos de arena volarían muy rápido y te picarían al golpearte. Aunque las partículas de gas son mucho más pequeñas que los granos de arena, una tormenta de arena es un buen modelo para comprender el comportamiento del gas. Al igual que los granos de arena en una tormenta de arena, las partículas de gas viajan a gran velocidad. Cuanto más rápido se mueven las partículas de gas, mayor será la fuerza con la que choquen contra las paredes del recipiente que las contiene.

Vocabulario

• ley de Charles • directamente proporcional • ley de Boyle
• inversamente proporcional

Destrezas

Lectura: Identifica la idea principal

Indagación: Haz una gráfica

Imagínate un gas en un recipiente cerrado y rígido. Si calientas el gas, el movimiento promedio de sus partículas será más rápido. Chocarán contra las paredes del recipiente con mayor fuerza. Esa mayor fuerza ejercida sobre la misma área dará como resultado una mayor presión. **Cuando aumenta la temperatura de un gas a volumen constante, la presión del gas también aumenta. Cuando la temperatura disminuye, la presión del gas también disminuye.**

En viajes largos, sobre todo en verano, los neumáticos de un camión pueden levantar mucha temperatura. A medida que la temperatura aumenta, también aumenta la presión del aire dentro del neumático. Si la presión es mayor que la que puede soportar el neumático, éste explota. Por eso, los camioneros deben controlar y ajustar la presión de los neumáticos cuando hacen viajes largos.

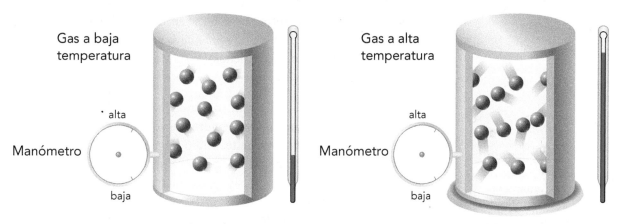

Gas a baja temperatura

alta

Manómetro

baja

Sin calor

Gas a alta temperatura

alta

Manómetro

baja

Mayor calor

ILUSTRACIÓN 1 ···

Temperatura y presión del gas

Cuando un gas se calienta en un recipiente cerrado y rígido, las partículas se mueven más rápido y chocan con más frecuencia.

✎ **Infiere Dibuja una flecha en cada manómetro que indique el cambio en la presión del gas.**

Zona de laboratorio
Haz la Actividad rápida de laboratorio *¿Qué relación hay entre la presión y la temperatura?*

⊂▭ Evalúa tu comprensión

¿comprendiste?···

○ **¡Comprendí!** Ahora sé que, cuando aumenta la temperatura de un gas a volumen constante, _____
_____

○ Necesito más ayuda con _____

Consulta my science ⊂s coach *en línea para obtener ayuda en inglés sobre este tema.*

Un globo lleno de gas está a temperatura ambiente, 20 °C.

Se coloca el globo en nitrógeno líquido a −196 °C.

El globo se encoge porque disminuye el volumen del gas.

Cuando se saca el globo del recipiente, el gas se calienta y el globo se infla.

El globo está nuevamente a temperatura ambiente.

ILUSTRACIÓN 2 ••••••••••••••••••••••••••••••••••

Enfriar un globo

El volumen de un globo lleno de gas disminuye al disminuir la temperatura y aumenta al aumentar la temperatura.

¿Qué relación hay entre el volumen y la temperatura de un gas?

La **ilustración 2** muestra qué sucede cuando se sumerge un globo lentamente en nitrógeno líquido a casi −200 ºC y qué sucede al retirarlo. A medida que el aire dentro del globo se enfría, su volumen disminuye. Cuando el aire del interior se calienta nuevamente, su volumen aumenta. La presión permanece más o menos constante porque el aire está en un recipiente flexible.

Ley de Charles El científico francés Jacques Charles estudió la relación que hay entre la temperatura y el volumen de un gas que se mantiene a una presión constante. Midió el volumen de un gas a distintas temperaturas en un recipiente que podía cambiar de volumen. (El cambio de volumen permite que la presión se mantenga constante). 🔑 **Cuando aumenta la temperatura de un gas a presión constante, su volumen también aumenta. Cuando disminuye la temperatura de un gas a presión constante, su volumen también disminuye.** A este principio se lo conoce como **ley de Charles.**

ILUSTRACIÓN 3 ••••••••••••••••••••••••••••

Ley de Charles

Se calienta un gas lentamente en un cilindro con un pistón móvil.

✎ **Predice** Dibuja el pistón y las partículas de gas cuando la temperatura alcanza los 200 °C y los 400 °C.

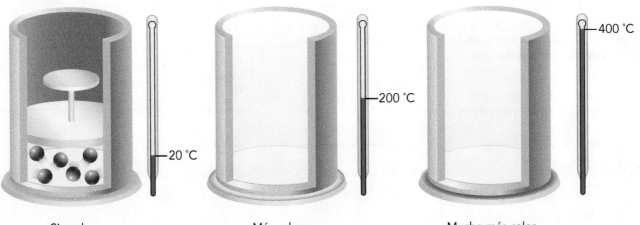

Sin calor

Más calor

Mucho más calor

Hacer una gráfica de la ley de Charles

Imagínate que haces un experimento para probar la ley de Charles. El experimento empieza con 50 mL de gas en un cilindro con un pistón móvil similar al de la **ilustración 3**. Calientas el gas lentamente. Cada vez que la temperatura aumenta 10 °C, anotas el volumen del gas. Los datos se anotan en la tabla de datos de la **ilustración 4.** Observa que las temperaturas de la tabla de datos se han convertido a kelvin, la unidad de temperatura del SI. Para convertir una temperatura de grados Celsius a kelvin (K), debes sumarle 273.

Como se ve en la gráfica de datos, los puntos forman una línea recta. La línea de puntos representa cómo sería la gráfica si el gas se enfriara a 0 K. Observa que la línea atraviesa el punto (0, 0), denominado de origen. Cuando una gráfica de dos variables muestra una línea recta que pasa por el punto de origen, se dice que las variables son **directamente proporcionales** entre sí. La gráfica de la ley de Charles demuestra que el volumen de un gas es directamente proporcional a su temperatura kelvin a presión constante.

Temperatura		Volumen
(°C)	(K)	(mL)
0	273	50
20	293	54
40	313	58
60	333	62
80	353	66
100	373	70
120	393	74

Gráfica de la ley de Charles

ILUSTRACIÓN 4 ···

Temperatura y volumen del gas

En un experimento, se calienta gas a presión constante. La gráfica representa los datos de la tabla.

1. **Saca conclusiones** ¿Qué sucede con el volumen del gas cuando aumenta la temperatura a presión constante?

_____

2. DESAFÍO Imagínate que los datos forman una línea más pronunciada. Con la misma variación en la temperatura, ¿cómo cambiaría el volumen?

_____

_____

Zona de laboratorio Haz la Actividad rápida de laboratorio *Globos calientes y fríos.*

Evalúa tu comprensión

1a. Identifica La gráfica de la ley de Charles demuestra que el volumen de un gas es

_____ a su

temperatura kelvin a presión constante.

b. Predice Imagínate que el gas de la **ilustración 4** se enfriara a 100 K (−173 °C). Predice el volumen del gas a esta temperatura.

_____

¿comprendiste? ···

○ **¡Comprendí!** Ahora sé que, cuando disminuye la temperatura de un gas a presión constante, _____

_____

○ Necesito más ayuda con _____

Consulta my science COACH *en línea para obtener ayuda en inglés sobre este tema.*

¿Qué relación hay entre la presión y el volumen de un gas?

Imagínate que usas un inflador de bicicleta para inflar un neumático. Cada vez que presionas el émbolo, empujas el gas del interior de la bomba a través del tubo de goma, y el gas sale del pico hacia el interior del neumático. ¿Qué sucede con el volumen del aire del interior del cilindro del inflador cada vez que presionas el émbolo? ¿Qué sucede con la presión?

Ley de Boyle En el siglo XVII, el científico Robert Boyle hizo experimentos para tratar de mejorar los infladores neumáticos. Midió los volúmenes de distintos gases a distintas presiones. Los experimentos de Boyle demostraron que el volumen y la presión de un gas están relacionados. **Cuando aumenta la presión de un gas a temperatura constante, el volumen del gas disminuye. Cuando la presión disminuye, el volumen aumenta.** Esta relación entre la presión y el volumen de un gas se conoce como **ley de Boyle**.

La ley de Boyle describe situaciones en las que se modifica el volumen de un gas, y la presión cambia en sentido inverso. Por ejemplo, cuando empujas el émbolo de un inflador de bicicleta, disminuye el volumen de aire que hay en el interior del cilindro del inflador y aumenta la presión interior del cilindro. El aumento de la presión empuja el aire e infla el neumático.

Identifica la idea principal
Subraya la idea principal en el texto que está bajo el título en rojo "Ley de Boyle".

ILUSTRACIÓN 5 ·······

> **INTERACTIVE ART** Ley de Boyle

A medida que se agregan más pesas sobre cada pistón, el pistón baja cada vez más dentro del cilindro. **Interpreta diagramas** Primero, ordena, en una escala del 1 al 3, la cantidad de presión que se ejerce en cada uno de los cilindros. Luego, ordena el volumen. El **1 representa el máximo y el 3 representa el mínimo.**

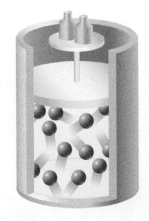

1a. _____ presión

2a. _____ volumen

1b. _____ presión

2b. _____ volumen

1c. _____ presión

2c. _____ volumen

¡Usa las matemáticas! Analizar datos

En un experimento, se modificó el volumen de un gas a temperatura constante. Se anotó la presión del gas cada vez que el volumen aumentaba 50 mL. Los datos están en la tabla que sigue.

1 ◁ **Haz una gráfica** Usa los datos para hacer una gráfica lineal. Representa el volumen sobre el eje horizontal y la presión sobre el eje vertical. Escribe un título para la gráfica en la parte superior.

2 **Controla las variables** La variable manipulada de este experimento es _____. La variable de respuesta es _____.

3 **Haz generalizaciones** ¿Qué sucede con la presión de un gas cuando disminuye el volumen a temperatura constante?

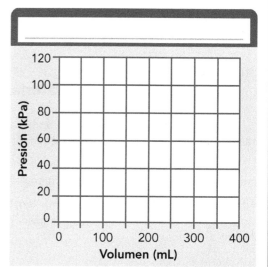

Volumen (mL)	Presión (kPa)
300	20
250	24
200	30
150	40
100	60
50	120

Hacer una gráfica de la ley de Boyle

Observa la gráfica que has hecho más arriba. Fíjate que los puntos forman una curva y no una línea recta. La curva es pronunciada en los volúmenes más bajos, pero se hace menos pronunciada a medida que el volumen aumenta. Si multiplicas las dos variables en cualquier punto de la curva, comprobarás que el producto no varía.

$$300 \text{ mL} \times 20 \text{ kPa} = 6{,}000 \text{ mL·kPa}$$
$$250 \text{ mL} \times 24 \text{ kPa} = 6{,}000 \text{ mL·kPa}$$

Cuando el producto de dos variables es constante, las variables son **inversamente proporcionales** entre sí. La gráfica de la ley de Boyle demuestra que la presión del gas es inversamente proporcional al volumen a temperatura constante.

> **Zona de laboratorio** ® Haz la Actividad rápida de laboratorio *Es un gas.*

🔑 Evalúa tu comprensión

2a. Identifica La gráfica de la ley de Boyle demuestra que la presión del gas es _____ al volumen a temperatura constante.

b. Lee gráficas Usa la gráfica que hiciste más arriba, en Analizar datos, y halla la presión del gas cuando su volumen llega a 125 mL.

_____

¿comprendiste? ....

○ **¡Comprendí!** Ahora sé que, cuando aumenta la presión de un gas a temperatura constante, _____

_____

○ Necesito más ayuda con _____

Consulta my science ⓢ **coach** *en línea para obtener ayuda en inglés sobre este tema.*

Guía de estudio

Una sustancia (absorbe/libera) energía térmica cuando se funde o se vaporiza.

Una sustancia (absorbe/libera) energía térmica cuando se congela o se condensa.

LECCIÓN 1 Estados de la materia

🗝 Dado que las partículas de un sólido tienen una disposición fija y están muy juntas entre sí, los sólidos tienen forma y volumen definidos.

🗝 Como sus partículas tienen libertad de movimiento, un líquido no tiene forma definida, pero sí tiene volumen definido.

🗝 Cuando las partículas de gas se mueven, se expanden y llenan todo el espacio disponible. Por eso, los gases no tienen forma ni volumen definidos.

Vocabulario
- sólido • sólido cristalino • sólido amorfo • líquido
- fluido • tensión superficial • viscosidad • gas • presión

LECCIÓN 2 Cambios de estado

🗝 Cuando un sólido llega al punto de fusión, sus partículas vibran tan rápido que se desprenden de su disposición fija.

🗝 La vaporización ocurre cuando las partículas de un líquido absorben suficiente energía como para moverse independientemente.

🗝 Durante la sublimación, las partículas de un sólido se transforman directamente en gas sin pasar por el estado líquido.

Vocabulario
- fusión • punto de fusión • congelación • vaporización • evaporación
- ebullición • punto de ebullición • condensación • sublimación

---

LECCIÓN 3 Comportamiento del gas

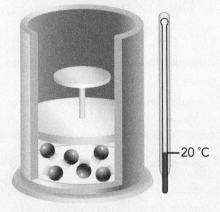

🗝 Cuando aumenta la temperatura de un gas a volumen constante, la presión del gas también aumenta.

🗝 Cuando aumenta la temperatura de un gas a presión constante, su volumen también aumenta.

🗝 Cuando aumenta la presión de un gas a temperatura constante, el volumen del gas disminuye.

Vocabulario
- ley de Charles • directamente proporcional • ley de Boyle
- inversamente proporcional

20 °C

Sin calor

Repaso y evaluación

LECCIÓN 1 Estados de la materia

1. Cualquier sustancia de forma y volumen definidos es un

   a. sólido.   **b.** líquido.

   c. gas.   **d.** fluido.

2. Se considera que la goma es un sólido _____ porque no se funde a una temperatura determinada.

3. **Compara y contrasta** ¿Por qué los líquidos y los gases adoptan la forma del recipiente que los contiene y los sólidos no?

_____

_____

_____

_____

_____

4. **Predice** ¿Qué sucede con las partículas de gas que están dentro de una pelota inflada cuando ésta se pincha? ¿Por qué?

_____

_____

_____

_____

5. **¡matemáticas!** La atmósfera de la Tierra ejerce una fuerza de 124,500 N sobre una mesa de cocina que tiene un área de 1.5 m². ¿Cuál es la presión expresada en pascales?

_____

_____

_____

6. **Escríbelo** Escribe un breve ensayo en el que desarrolles una analogía para describir el movimiento de las partículas. Compara los movimientos y las posiciones de las personas en un baile con los movimientos de las moléculas en el agua líquida y en el vapor de agua.

LECCIÓN 2 Cambios de estado

7. Un charco se seca por el proceso de

   a. fusión.   **b.** congelación.

   c. condensación.   **d.** evaporación.

8. Cuando ves niebla o nubes, ves agua en estado

_____

9. **Clasifica** Rotula el cambio de estado correcto sobre las flechas del diagrama siguiente.

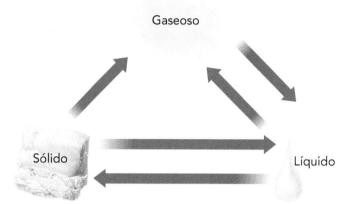

Gaseoso

Sólido

Líquido

10. **Saca conclusiones** A temperatura ambiente, la sal de mesa es un sólido y el mercurio es un líquido. ¿Qué conclusión puedes sacar sobre los puntos de fusión de estas sustancias?

_____

_____

_____

11. **Aplica conceptos** Cuando abres un desodorante de ambientes sólido, el sólido pierde lentamente masa y volumen. ¿Cómo piensas que sucede esto?

_____

_____

_____

_____

_____

LECCIÓN 3 **Comportamiento del gas**

12. Según la ley de Boyle, el volumen de un gas aumenta cuando

   a. sube la presión.   **b.** baja la presión.

   c. baja la temperatura.   **d.** sube la temperatura.

13. Según la ley de Charles, cuando aumenta la temperatura de un gas a presión constante,

   su volumen _____

14. **Relaciona causa y efecto** ¿Cómo cambia la presión de un gas dentro de un recipiente rígido al calentarlo?

_____

_____

15. **Interpreta datos** Predice cómo será una gráfica con los datos de la tabla. El volumen está representado en el eje de las *x*. La presión, en el eje de las *y*.

Volumen (cm³)	Presión (kPa)
15	222
21	159
31	108
50	67

_____

_____

_____

_____

_____

16. **Relaciona causa y efecto** Explica por qué colocar una pelota de tenis de mesa abollada en agua en ebullición es una forma de arreglar la abolladura. (Se supone que la pelota no está agujereada).

_____

_____

APLICA LA
PREGUNTA PRINCIPAL
? **¿Por qué cambian de estado las sustancias?**

17. Se forma niebla sobre un lago. ¿Qué dos cambios de estado deben ocurrir para que se forme niebla? Durante estos cambios de estado, ¿las moléculas de agua absorben o liberan energía? Como resultado, ¿qué ocurre con el movimiento de las moléculas de agua?

_____

_____

_____

_____

_____

_____

_____

_____

_____

_____

_____

_____

_____

_____

_____

_____

Preparación para exámenes estandarizados

Selección múltiple

Encierra en un círculo la letra de la mejor respuesta.

1. La gráfica siguiente muestra los cambios que se producen en 1 g de un sólido al agregarle energía.

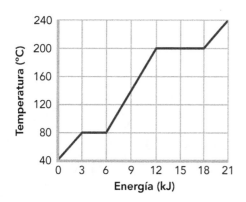

   ¿Cuál es la cantidad total de energía absorbida por la sustancia al pasar totalmente de estado sólido, a 40 °C, a estado gaseoso, a 200 °C?

   A   3 kJ   B   6 kJ

   C   12 kJ   D   18 kJ

2. ¿Cuál de estas opciones describe un sólido?

   A   Las partículas no se mueven para nada.

   B   Las partículas están muy juntas y fijas y sólo pueden vibrar en el lugar.

   C   Las partículas pueden moverse libremente de manera independiente y chocan entre sí con frecuencia.

   D   Las partículas están muy juntas entre sí pero tienen suficiente energía como para deslizarse unas contra otras.

3. Un gas ejerce una fuerza de 1,000 N sobre una superficie de 5.0 m^2 de área. ¿Cuál es la presión sobre esta área?

   A   200 Pa

   B   500 Pa

   C   2,000 Pa

   D   5,000 Pa

4. Un cilindro con un pistón móvil contiene un gas a temperatura constante. Se presiona el pistón dentro del cilindro, lo cual disminuye el volumen del gas. La presión aumenta. ¿Cuáles son las variables de este experimento?

   A   temperatura y tiempo

   B   tiempo y volumen

   C   volumen y presión

   D   presión y temperatura

5. Una toalla húmeda está tendida al sol sobre una cuerda de tender la ropa. La toalla se seca mediante el proceso de

   A   ebullición.

   B   condensación.

   C   evaporación.

   D   sublimación.

Respuesta elaborada

Usa los diagramas para responder la pregunta 6. Escribe tu respuesta en una hoja aparte.

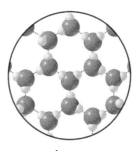 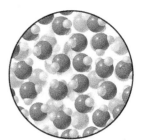

Antes   Después

6. Los diagramas representan las moléculas de agua antes y después de un cambio de estado. ¿Qué cambio de estado se ha producido? Explica tu respuesta.

BUCEO CON EQUIPO DE AIRE

Cuando te sumerges hasta el fondo de una piscina, puedes sentir la presión del agua a tu alrededor. Esa presión aumenta rápidamente en una inmersión más profunda.

Para sumergirse en las profundidades, las personas usan equipos de aire especiales que se llaman SCUBA (sigla en inglés que significa aparato autónomo de respiración submarino). El tanque de esos equipos se llena con aire a muy alta presión. La ley de Boyle dice que cuando la presión aumenta en condiciones de temperatura constante, el volumen del gas disminuye. Es decir, el tanque contiene más aire cuando hay alta presión.

Respirar el aire directamente del tanque podría dañar los pulmones de la persona que bucea, o buzo. La presión del aire que entra a los pulmones del buzo debería ser igual a la presión de los gases del interior de su cuerpo. El tanque tiene válvulas que permiten ajustar la presión del aire que se libera para que ésta sea igual a la presión del agua que rodea al buzo, y así cuando el aire entre a su cuerpo, la presión del aire sea igual a la presión de los gases que están en su interior.

Escríbelo Haz una tarjeta instructiva para aprendices de buceo en la que uses la ley de Boyle para explicar que es peligroso contener la respiración durante una inmersión profunda o un ascenso.

◄ El regulador ajusta la presión para que ésta sea igual a la presión del agua.

Un estado impresionante

Tocas un globo de plasma y relumbra un rayo. ¡Zas! Un globo de plasma es un globo de vidrio lleno de gas parcialmente ionizado (¡eso es el plasma!) y cargado de energía de alto voltaje.

¿De qué materia es?

¡El plasma es totalmente diferente! En el plasma, los electrones están separados de los átomos neutrales, con lo cual ya no están unidos a un átomo o una molécula. Como las cargas positivas y negativas se mueven de manera independiente, el plasma puede conducir electricidad, y eso es lo que origina las imágenes luminosas impresionantes que ves en un globo de plasma. El plasma es un estado de la materia. Como el gas, no tiene forma ni volumen hasta que se lo captura en un recipiente. Pero a diferencia del gas, puede formar estructuras y capas, como los rayos en un globo de plasma, o un relámpago. ¡Es impresionante!

Investígalo Investiga y haz una lista de objetos de plasma. Compara tu lista con la de un compañero y comenta cómo el plasma cambia de estado y se convierte en gas.

Nieve en crecimiento

Seguramente habrás oído decir que no hay dos copos de nieve iguales. Los escritores usan las estructuras excepcionales de los copos de nieve como metáfora para describir cosas que son únicas e imposibles de reproducir. ¡Y probablemente sea cierto! Un copo de nieve se forma cuando el agua comienza a congelarse alrededor de pequeñas partículas de polvo en el interior de una nube. La forma exacta del cristal depende de la humedad y la temperatura, y como hay mínimas variaciones en estos dos factores, cada copo es levemente diferente a otro.

Pero todos los copos de nieve comparten una forma común. La forma hexagonal de los cristales de nieve se produce cuando las moléculas se unen durante el cambio de estado de líquido a sólido. El átomo de oxígeno tiene una carga parcial negativa y los átomos de hidrógeno, una carga parcial positiva, por lo que ambos se atraen.

Haz una gráfica Investiga y descubre cómo cambia la forma exacta de los cristales de nieve cuando varían la temperatura y la humedad. Haz una gráfica lineal para ilustrar lo que descubriste.

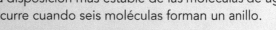

La disposición más estable de las moléculas de agua ocurre cuando seis moléculas forman un anillo.

¿CÓMO

ORGANIZARÍAS

TÚ
ESTE
DESORDEN?

¿Cómo está organizada la tabla periódica?

Es probable que conozcas a alguien con una habitación desordenada como ésta. Imagínate qué difícil sería encontrar las cosas que necesitas. Por ejemplo, ¿qué pasaría si no supieses dónde dejaste tu tarea en esta habitación? ¿Dónde la buscarías? ¡Tendrías que buscar durante mucho, mucho tiempo!

Clasifica Si ésta fuera tu habitación, ¿cómo organizarías las cosas que están dentro de ella?

_____

_____

_____

_____

_____

▷ **UNTAMED SCIENCE** Mira el video de *Untamed Science* para aprender más sobre la organización de la materia.

Los elementos y la tabla periódica

3 Para comenzar

Verifica tu comprensión

1. Preparación Lee el párrafo siguiente y luego responde la pregunta.

Katherine y su familia están preparando una barbacoa. Están quemando carbón en la parrilla para generar calor y cocinar la comida. El carbón es una forma del elemento carbono. Cuando el carbón se quema, reacciona con las moléculas de oxígeno del aire. Cada molécula de oxígeno contiene dos átomos.

Un **elemento** es una sustancia pura que no se puede descomponer en otras sustancias por medios químicos o físicos.

Una **molécula** es un grupo de dos o más átomos unidos por medio de enlaces químicos.

Un **átomo** es la partícula básica de la que todos los elementos están formados.

- ¿Cómo es posible que el oxígeno sea un elemento y una molécula a la vez?

_____

_____

> **MY READING WEB** Si tuviste dificultades para responder la pregunta anterior, visita *My Reading Web* y escribe *Elements and the Periodic Table.*

Destreza de vocabulario

Palabras de origen griego Muchas palabras científicas en español derivan del griego. Por ejemplo, la palabra *autógrafo* deriva de las palabras griegas *auto*, que significa "uno mismo" o "sí mismo", y *grafo*, que significa "escrito". Un *autógrafo* es el nombre de alguien escrito por sí mismo. Observa los siguientes orígenes griegos y sus significados.

Origen griego	Significado	Palabras clave
atomos	que no puede cortarse, indivisible	átomo, número atómico, masa atómica
di	dos, doble	molécula diatómica

2. Verificación rápida Predice el significado de *molécula diatómica.*

_____

_____

tabla periódica

corrosión

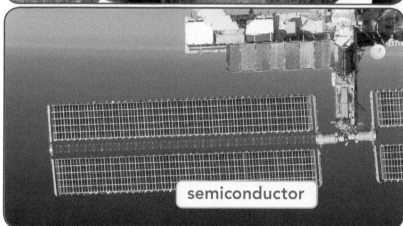

semiconductor

gas noble

Vistazo al capítulo

LECCIÓN 1
- átomo • electrón • núcleo
- protón • nivel de energía
- neutrón • número atómico
- isótopo • número de masa
- Compara y contrasta
- Haz modelos

LECCIÓN 2
- masa atómica • tabla periódica
- símbolo químico • período
- grupo
- Relaciona el texto y los elementos visuales
- Predice

LECCIÓN 3
- metal • lustre • maleable
- dúctil • conductividad térmica
- conductividad eléctrica • reactividad
- corrosión • metal alcalino
- metal alcalinotérreo
- metal de transición
- Pregunta
- Infiere

LECCIÓN 4
- no metal • molécula diatómica
- halógeno • gas noble • metaloide
- semiconductor
- Resume
- Clasifica

LECCIÓN 5
- desintegración radiactiva
- reacción nuclear • radiactividad
- partícula alfa • partícula beta
- rayo gamma • vida media
- datación radiactiva • trazador
- Relaciona causa y efecto
- Calcula

▸ VOCAB FLASH CARDS Para obtener más ayuda con el vocabulario, visita *Vocab Flash Cards* y escribe *Elements and the Periodic Table.*

Introducción a los átomos

DESCUBRE LA PREGUNTA PRINCIPAL

🔑 ¿Cómo se desarrolló la teoría atómica?

🔑 ¿Cuál es el modelo atómico moderno?

mi DiaRio DeL planeta

DESCUBRIMIENTO

Nanofibras

¿Qué cosa es más de 16,000 veces más fina que un cabello humano y, cuando se agrega a una tela, es capaz de repeler derrames, manchas y el olor del más sucio de los calcetines? ¡Una nanofibra!

Las nanofibras son hilitos que miden alrededor de 10 nanómetros (nm) de largo y 1.5 nanómetros de diámetro (1 nm es igual a 0.000000001 m). Por lo general, están hechas de átomos de carbono o plata. Los científicos descubrieron una manera de enlazar nanofibras a cada hilo de tela. Las nanofibras son tan pequeñas y están tan juntas unas con otras que forman una barrera que impide que las sustancias toquen la tela. Las nanofibras de plata hasta pueden matar las bacterias de tus pies, ¡y evitar que tus calcetines huelan mal!

Comunica ideas Escribe tus respuestas a las preguntas siguientes. Luego, comenta tus respuestas con un compañero.

1. ¿Por qué se usan nanofibras para evitar que las telas se manchen?

_____

2. ¿Qué usos crees que podrían tener las nanofibras?

_____

▶ PLANET DIARY Consulta *Planet Diary* para aprender más en inglés sobre la estructura atómica.

Zona de laboratorio Haz la Indagación preliminar ¿Qué hay en la caja?

Vocabulario

- átomo • electrón • núcleo • protón • nivel de energía
- neutrón • número atómico • isótopo • número de masa

Destrezas

🔄 Lectura: Compara y contrasta

△ Indagación: Haz modelos

¿Cómo se desarrolló la teoría atómica?

Si pudieras ver un solo átomo, ¿qué apariencia tendría? Estudiar los átomos es una tarea difícil porque son muy pequeños. ¡La más pequeña mota de polvo visible puede contener 10 mil billones de átomos! Dado que los átomos son tan pequeños, los científicos han creado modelos para describirlos. Los modelos del átomo han cambiado muchas veces.

En el año 430 a. C., aproximadamente, el filósofo griego Demócrito postuló que la materia estaba formada por trocitos que no podían cortarse en partes más pequeñas. Usó la palabra griega *atomos*, que significa "que no se puede cortar", para denominar a esos trozos del tamaño más pequeño posible. En términos modernos, un **átomo** es la partícula más pequeña que puede ser considerada como elemento.

El concepto de átomo empezó a desarrollarse nuevamente a principios del siglo XVII. A medida que se hacían experimentos, la teoría atómica comenzaba a tomar forma. 🔑 **La teoría atómica creció como modelos basados en la evidencia experimental. A medida que se recopilaba más evidencia, se revisaban la teoría y los modelos.**

La teoría atómica de Dalton

Sobre la base de la evidencia obtenida en muchos experimentos, John Dalton, un químico inglés, dedujo que los átomos tenían determinadas características. Dalton pensaba que los átomos eran como pelotas lisas y duras que no podían descomponerse en partes más pequeñas. La **ilustración 1** resume las ideas principales de la teoría de Dalton.

ILUSTRACIÓN 1 ·······················

El modelo de Dalton

Dalton pensaba que los átomos eran pelotas lisas y duras.

✏️ **Predice** Lee el resumen de la teoría de Dalton. Si te basas en esa teoría, ¿esperarías que un átomo de carbono tuviese la misma masa que un átomo de oxígeno? Explica tu respuesta.

_____

_____

_____

La teoría atómica de Dalton

- Todos los elementos están formados por átomos que no se pueden dividir.

- Todos los átomos del mismo elemento son exactamente iguales y tienen la misma masa. Los átomos de elementos diferentes son diferentes y tienen distinta masa.

- Un átomo de un elemento no se puede convertir en un átomo de otro elemento por medio de una reacción química.

- Los compuestos se forman cuando los átomos de más de un elemento se combinan en una razón específica.

El modelo de Thomson

La teoría atómica de Dalton tiene algunas semejanzas con los modelos actuales pero también tiene muchas diferencias. Un cambio importante, es que ahora se sabe que los átomos están formados por partes aún más pequeñas. En 1897, J. J. Thomson descubrió que los átomos contenían partículas con carga negativa denominadas **electrones.** Sin embargo, los científicos sabían que los átomos en sí mismos no tenían carga eléctrica. Por lo tanto, Thomson razonó que los átomos debían tener también algún tipo de carga positiva. Esta carga positiva debía equilibrar la carga negativa de los electrones.

Thompson propuso un modelo como el de la **ilustración 2.** Describió un átomo que tenía electrones esparcidos por una pelota con carga positiva, algo así como las semillas de una sandía. .

El modelo de Rutherford

En 1911, Ernest Rutherford, un estudiante de Thomson, halló evidencia que contradecía el modelo de Thomson. El equipo de investigación de Rutherford dirigió un haz de partículas con carga positiva hacia una lámina fina de oro. La **ilustración 3** muestra un diagrama del experimento. Rutherford y su equipo predijeron que, si el modelo de Thomson era correcto, las partículas con carga atravesarían la lámina. También predijeron que las trayectorias de algunas partículas se desviarían levemente. Las partículas se desviarían sólo levemente porque se creía que la carga positiva se esparciría en los átomos de oro.

Rutherford observó que la mayoría de las partículas atravesaban la lámina con muy poca o ninguna desviación. Pero, para sorpresa de todos, la lámina de oro desviaba algunas partículas en ángulos muy grandes. Sobre la base de los resultados de su experimento, Rutherford sugirió que el átomo consiste principalmente en espacio vacío, pero tiene una carga positiva en el centro.

ILUSTRACIÓN 2 ••••••••••••••••••••••••••

El modelo de Thomson

Thomson sugirió que los átomos tenían electrones con carga negativa dispuestos en una esfera positiva. Los electrones de la ilustración de arriba están representados con el símbolo e⁻.

ILUSTRACIÓN 3 ••••••••••••••••••••••••

Experimento de la lámina de oro de Rutherford

Rutherford se sorprendió al descubrir que algunas partículas se desviaban con mucha fuerza.

✎ **Interpreta diagramas Escribe una marca de verificación (✔) para mostrar las trayectorias de las partículas que no predijo el modelo atómico de Thomson.**

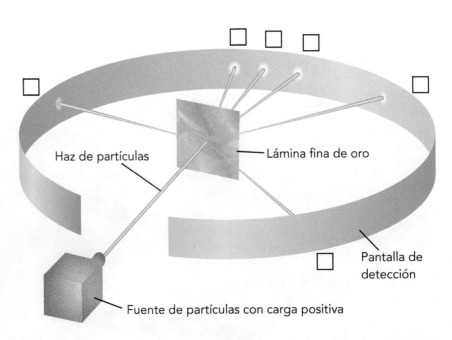

Haz de partículas

Lámina fina de oro

Pantalla de detección

Fuente de partículas con carga positiva

Las cargas semejantes se rechazan. Por lo tanto, Rutherford infirió que la carga positiva de un átomo debía estar densamente agrupada dentro de una pequeña región en su centro, denominada **núcleo**. Todas las partículas que se desviaban fuertemente habían sido rechazadas por el núcleo de los átomos de oro. El nuevo modelo atómico de Rutherford, que muestra la **ilustración 4**, es como una cereza. El carozo representa el núcleo del átomo. El resto de la fruta es el espacio que ocupan los electrones. Otras investigaciones posteriores sugirieron que el núcleo estaba compuesto de una o más partículas con carga positiva. Rutherford denominó **protones** a las partículas con carga positiva del núcleo atómico.

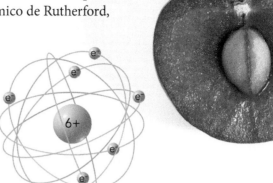

ILUSTRACIÓN 4 ·······················
El modelo de Rutherford
Según el modelo de Rutherford, un átomo era principalmente espacio vacío. El "6+" del modelo significa que hay seis protones en el núcleo.

¡aplícalo!

Usa los diagramas para comparar los resultados esperados con los observados en el experimento de la lámina de oro de Rutherford. La parte **a** muestra las trayectorias esperadas de las partículas con carga a través de los átomos de la lámina. En la parte **b**, debes dibujar las trayectorias observadas de las partículas con carga. Muestra al menos una partícula que se desvíe fuertemente.

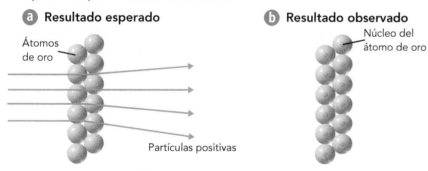

a Resultado esperado

Átomos de oro

Partículas positivas

b Resultado observado

Núcleo del átomo de oro

El modelo de Bohr Uno de los estudiantes de Rutherford fue el científico danés Niels Bohr. En 1913, Bohr volvió a revisar el modelo atómico y propuso la idea de que los electrones se encuentran sólo en órbitas específicas alrededor del núcleo. Las órbitas del modelo de Bohr se parecen a planetas que orbitan alrededor del Sol o a los anillos del tronco de un árbol, como muestra la **ilustración 5.** Cada órbita de electrones posible del modelo de Bohr tiene una energía fija.

ILUSTRACIÓN 5 ·······················
El modelo de Bohr
Niels Bohr sugirió que los electrones giran en órbitas específicas alrededor del núcleo de un átomo.

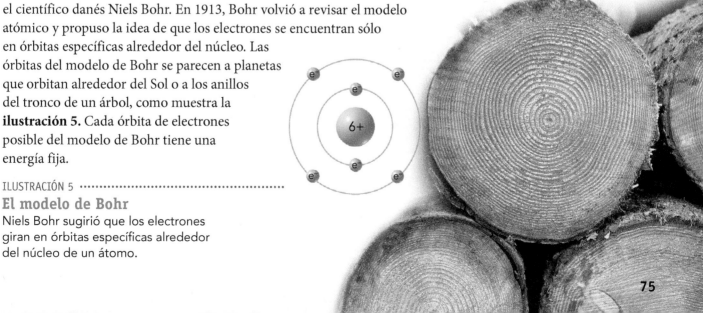

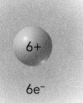

6+

6e⁻

El modelo de la nube En la década de 1920, el modelo atómico volvió a cambiar. Los científicos determinaron que los electrones no orbitaban alrededor del núcleo igual que los planetas, como sugería Bohr. En cambio, los electrones se mueven rápidamente dentro de una región que parece una nube y está alrededor del núcleo. Observa la **ilustración 6.** La "nube" anaranjada es un modelo visual. Representa el lugar donde es probable encontrar electrones. El movimiento de un electrón está relacionado con su **nivel de energía,** o la cantidad específica de energía que tiene. Es probable que los electrones que tienen niveles de energía diferentes se encuentren en lugares diferentes.

ILUSTRACIÓN 6 ·······························

El modelo de la nube
Los electrones se mueven rápidamente en diferentes direcciones alrededor del núcleo.

¡aplícalo!

Los científicos usaron modelos como ayuda para comprender los átomos. ¡Tú también los puedes usar!

❶ **Haz modelos** Une cada modelo atómico con el objeto que mejor lo representa.

❷ **DESAFÍO** Falta un objeto para uno de los modelos atómicos enumerados. En el espacio en blanco, dibuja un objeto que represente ese modelo.

Modelo de Dalton

Modelo de Thomson

Modelo de Bohr

Modelo de la nube

Zona de laboratorio Haz la Actividad rápida de laboratorio *Visualizar una nube de electrones.*

Evalúa tu comprensión

1a. Define Un átomo es _____ _____ .

b. Describe El modelo atómico de Bohr

tenía un _____ central rodeado de electrones que se mueven en

_____ específicas.

c. Compara y contrasta ¿Qué diferencia hay entre el modelo atómico de la nube y el modelo de Bohr?

_____
_____
_____
_____
_____
_____

¿comprendiste? ···

○ **¡Comprendí!** Ahora sé que la teoría atómica cambió con el tiempo porque _____
_____

○ Necesito más ayuda con _____

Consulta MY SCIENCE COACH en línea para obtener ayuda en inglés sobre este tema.

my science online .com | Atomic Particles | > INTERACTIVE ART | > MY SCIENCE COACH

¿Cuál es el modelo atómico moderno?

En 1932, el científico inglés James Chadwick demostró que existe otra partícula en el núcleo de los átomos. Fue difícil encontrar esta partícula, denominada **neutrón,** porque no tiene carga eléctrica.

Los científicos han aprendido más sobre los átomos desde entonces. La **ilustración 7** muestra un modelo moderno del átomo. 🔑 **En el centro del átomo hay un núcleo diminuto y denso que contiene protones y neutrones. Alrededor del núcleo, hay una región que parece una nube con electrones en movimiento.**

La mayor parte del volumen de un átomo consiste en el espacio donde se mueven los electrones. Ese espacio es enorme comparado con el espacio que ocupa el núcleo. Imagínate que estás en el centro de un estadio sosteniendo un lápiz. Si el núcleo tuviera el tamaño de la goma del lápiz, ¡los electrones llegarían hasta las filas de asientos más altas!

Las nuevas investigaciones apoyan el modelo moderno del átomo. No obstante, los científicos todavía no conocen los detalles de las escalas más pequeñas de la materia. ¿Quién desarrollará el próximo modelo atómico? ¡Quizá seas tú!

ILUSTRACIÓN 7 ·····················

Modelo moderno de un átomo

Un átomo de carbono tiene un núcleo formado por protones con carga positiva y neutrones con carga neutra. El núcleo está rodeado por una nube de electrones con carga negativa.

✏️ Identifica **¿Cuántos protones hay en un átomo de carbono?**

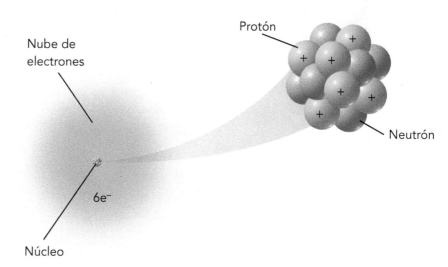

Protón

Neutrón

Nube de electrones

6e⁻

Núcleo

Las cargas de las partículas

En la **ilustración 7,** los protones están identificados con un signo más (+). Los electrones están identificados con el símbolo e⁻. Según la escala utilizada para medir la carga de los átomos, los protones tienen una carga de +1. Los electrones tienen exactamente la misma carga, pero opuesta. Por lo tanto, los electrones tienen una carga de −1. Si cuentas el número de protones en la **ilustración 7,** verás que hay seis. El número de protones es igual al número de electrones. Como resultado, la carga positiva de los protones es equivalente a la carga negativa de los electrones. Las cargas se equilibran y por eso el átomo es neutro. Los neutrones no afectan la carga de los átomos porque tienen una carga igual a cero.

✏️
🔁 **Compara y contrasta**

Un protón tiene una carga igual

a _____.

Un electrón tiene una carga igual

a _____.

Un neutrón tiene una carga igual

a _____.

77

Comparar masas de partículas Aunque los electrones pueden equilibrar a los protones carga por carga, no se pueden comparar cuando de masa se trata. Se necesitan 1,840 electrones para igualar la masa de un protón. Un protón y un neutrón tienen aproximadamente la misma masa. Los protones y los neutrones juntos componen casi toda la masa de un átomo.

La **ilustración 8** compara las cargas y las masas de las tres partículas atómicas. Los átomos son demasiado pequeños para describirlos mediante las unidades de masa que usamos a diario, como los gramos o los kilogramos. A veces, los científicos usan unidades denominadas unidades de masa atómica (uma). La masa de un protón o de un neutrón equivale aproximadamente a 1 uma.

Número atómico Todos los átomos de un elemento tienen el mismo número de protones. Por ejemplo, todos los átomos de carbono tienen 6 protones y todos los átomos de hierro tienen 26 protones. El número de protones que hay en el núcleo de un átomo es el **número atómico** del elemento de ese átomo. La definición de un elemento se basa en su número atómico. El número atómico del carbono es 6 y el del hierro es 26.

Oye, mequetrefe... Tú pesas sólo 4 kg. ¡Y yo, 8,000 kg! ¡Ja ja!

En relación con un elefante, yo tengo la misma masa que tiene un electrón en relación con un protón. ¡Miau!

ILUSTRACIÓN 8 ·······

> **INTERACTIVE ART** **Las partículas del átomo**
Un átomo está formado por protones, neutrones y electrones.

✎ Repasa **Completa la tabla con la carga correcta de cada partícula atómica.**

Partículas del átomo

Partícula	Símbolo	Carga	Masa (uma)	Modelo
Protón	p$^+$	_____	1	
Neutrón	n	_____	1	
Electrón	e$^-$	_____	$\frac{1}{1,840}$	

Isótopos Todos los átomos de un elemento tienen el mismo número de protones. El número de neutrones puede variar. Los átomos con el mismo número de protones y un número diferente de neutrones se denominan **isótopos.** La **ilustración 9** muestra tres isótopos de carbono.

Un isótopo se identifica por su **número de masa,** que es la suma de los protones y neutrones de un átomo. El isótopo de carbono más común tiene un número de masa de 12 (6 protones + 6 neutrones) y se puede escribir como "carbono-12". Aproximadamente el 99 por ciento del carbono que existe naturalmente es carbono-12. Otros dos isótopos son el carbono-13 y el carbono-14. A pesar de sus diferentes números de masa, los tres isótopos de carbono reaccionan químicamente de la misma manera.

ILUSTRACIÓN 9 ·······························

Isótopos de carbono

Todos los isótopos de carbono contienen 6 protones, pero su número de neutrones varía.

Relaciona el texto y los elementos visuales **Completa la información que falta en cada isótopo.**

Carbono-12

☐ Protones

6 Neutrones

Carbono-13

6 Protones

☐ Neutrones

Carbono-☐

6 Protones

8 Neutrones

Zona de laboratorio Haz la Actividad rápida de laboratorio
¿Qué tan lejos está el electrón?

🔖 **Evalúa tu comprensión**

2a. Explica ¿Qué es el número atómico? ¿Cómo se usa el número atómico para distinguir un elemento de otro?

_____

_____

_____

_____

b. Aplica conceptos El número atómico del nitrógeno es 7. ¿Cuántos protones, neutrones y electrones forman un átomo de nitrógeno-15?

_____

_____

_____

_____

¿comprendiste? ···

○ **¡Comprendí!** Ahora sé que el modelo moderno del átomo se puede describir así: _____

_____

○ Necesito más ayuda con _____

Consulta MY SCIENCE 💬 COACH *en línea para obtener ayuda en inglés sobre este tema.*

Organización de los elementos

DESCUBRE LA PREGUNTA PRINCIPAL ?

🔑 ¿Qué descubrió Mendeleiev?

🔑 ¿Qué información contiene la tabla periódica?

🔑 ¿Para qué sirve la tabla periódica?

mi DiaRio DeL planeta

VOCES DE LA HISTORIA

Dimitri Mendeleiev

Al químico ruso Dimitri Mendeleiev se le atribuye la creación de la primera versión de la tabla periódica en 1869. Mendeleiev organizó los elementos según su masa atómica y predijo que se descubrirían elementos nuevos:

> Debemos esperar el descubrimiento de muchos elementos aún desconocidos —por ejemplo, elementos análogos [similares] al aluminio y al silicio— cuyo peso [masa] atómico sería de entre 65 y 75.

Al cabo de 17 años, los químicos habían descubierto estos elementos que faltaban.

Comunica ideas Comenta estas preguntas en grupo. Luego, escribe tu respuesta en el espacio que sigue.

1. ¿Qué predijo Mendeleiev?

_____
_____
_____
_____

2. Haz una predicción basada en una observación o un patrón que reconozcas.

_____
_____
_____
_____

> PLANET DIARY Consulta *Planet Diary* para aprender más en inglés sobre la tabla periódica.

Zona de laboratorio ® Haz la Indagación preliminar *¿Cuál es más fácil?*

¿Qué descubrió Mendeleiev?

Para el año 1869, ya se habían descubierto un total de 63 elementos. Algunos eran gases. Dos eran líquidos. La mayoría eran metales sólidos. Algunos reaccionaban con una explosión al formar compuestos. Otros reaccionaban lentamente. Los científicos se preguntaron si las propiedades de los elementos seguían un patrón. Dimitri Mendeleiev descubrió un conjunto de patrones que se aplicaba a todos los elementos.

Vocabulario

- masa atómica
- símbolo químico
- grupo
- tabla periódica
- período

Destrezas

 Lectura: Relaciona el texto y los elementos visuales

△ Indagación: Predice

La obra de Mendeleiev Mendeleiev sabía que algunos elementos tienen propiedades químicas y físicas similares. Por ejemplo, la plata y el cobre son metales que brillan. Mendeleiev pensaba que esas semejanzas eran pistas importantes de un patrón oculto.

Para hallar ese patrón, Mendeleiev escribió el punto de fusión, la densidad y el color de cada elemento en tarjetas individuales. Incluyó también la masa atómica del elemento. La **masa atómica** de un elemento es el promedio de la masa de todos los isótopos de ese elemento. Mendeleiev trató de organizar las tarjetas de diferentes maneras.

🔑 **Mendeleiev descubrió un patrón de propiedades al organizar los elementos en orden ascendente según su masa atómica. Observó que las propiedades de los elementos se repetían de manera regular.** Por ejemplo, el litio, el sodio y el potasio mostraban varias propiedades en común. Como puedes ver en la **ilustración 1,** cada uno de esos elementos reacciona con el agua de forma similar. (Las letras *uma* significan "unidades de masa atómica"). Por lo tanto, Mendeleiev alineó las tarjetas de esos elementos y los colocó en un mismo grupo. Hizo lo mismo con otros elementos cuyas propiedades eran similares.

ILUSTRACIÓN 1 ··························
Metales que reaccionan con el agua
El litio, el sodio y el potasio reaccionan con el agua.
✏ **Observa Escribe tus observaciones de cada reacción.**

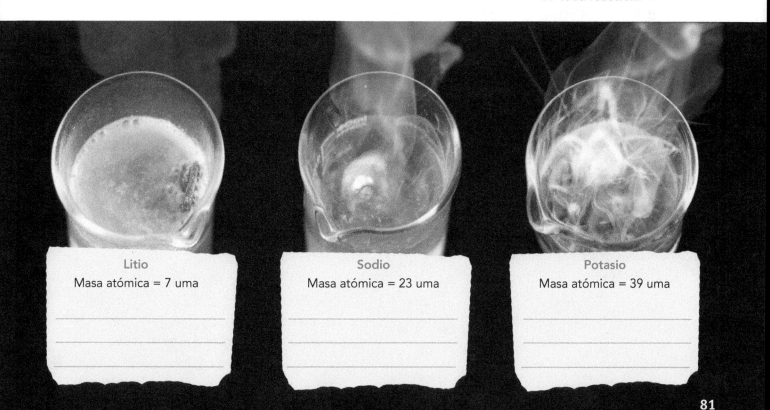

Litio
Masa atómica = 7 uma

Sodio
Masa atómica = 23 uma

Potasio
Masa atómica = 39 uma

Relaciona el texto y los elementos visuales

Usa la ilustración 2 para predecir qué elemento reaccionaría con el agua, como lo hacen el litio (Li), el sodio (Na) y el potasio (K). Explica tu respuesta.

_____

_____

_____

_____

_____

_____

La tabla periódica Mendeleiev creó la primera tabla periódica en 1969. Una **tabla periódica** es una configuración de los elementos que muestra el patrón repetido de sus propiedades. (La palabra *periódica* significa "con un patrón regular, repetido"). La tabla periódica de la **ilustración 2** es una versión mejorada que se publicó en 1871.

A medida que se descubrían nuevos elementos y se aprendía más sobre la estructura atómica, la tabla periódica iba cambiando. Ahora se sabe que el número de protones que hay en el núcleo, que está dado por el número atómico, determina las propiedades químicas de un elemento. Las tablas periódicas modernas están organizadas en orden ascendente según el número atómico.

Grupo I	Grupo II	Grupo III	Grupo IV	Grupo V	Grupo VI	Grupo VII	Grupo VIII
H = 1							
Li = 7	Be = 9.4	B = 11	C = 12	N = 14	O = 16	F = 19	
Na = 23	Mg = 24	Al = 27.3	Si = 28	P = 31	S = 32	Cl = 35.5	
K = 39	Ca = 40	— = 44	Ti = 48	V = 51	Cr = 52	Mn = 55	Fe = 56, Co = 59, Ni = 59, Cu = 63.
(Cu = 63)	Zn = 65	— = 68	— = 72	As = 75	Se = 78	Br = 80	
Rb = 85	Sr = 87	Yt = 88	Zr = 90	Nb = 94	Mo = 96	— = 100	Ru = 104, Rh = 104, Pd = 106, Ag = 108.
(Ag = 108)	Cd = 112	In = 113	Sn = 118	Sb = 122	Te = 125	I = 127	
Cs = 133	Ba = 137	Di = 138	Ce = 140	—	—	—	— — —
(—)	—	Er = 178	La = 180	Ta = 182	W = 184	—	
—	—						Os = 195, Ir = 197, Pt = 198, Au = 199.
(Au = 199)	Hg = 200	Tl = 204	Pb = 207	Bi = 208		—	
—	—	—	Th = 231	—	U = 240		

ILUSTRACIÓN 2 ············
La tabla periódica de Mendeleiev
En su tabla periódica, Mendeleiev dejó espacios en blanco y predijo que se completarían con los elementos que todavía no habían sido descubiertos. Incluso predijo correctamente las propiedades de esos nuevos elementos.

Zona de laboratorio
Haz la Actividad rápida de laboratorio *Clasificación*.

Evalúa tu comprensión

1a. Repasa ¿En qué orden organizó Mendeleiev los elementos de su tabla periódica?

_____

_____

b. Predice ¿Cómo pudo predecir Mendeleiev las propiedades de los elementos que todavía no se habían descubierto?

_____

_____

_____

¿comprendiste?............................

○ **¡Comprendí!** Ahora sé que cuando Mendeleiev organizó los elementos en orden ascendente según su masa atómica, _____

_____

_____

○ Necesito más ayuda con _____

Consulta MY SCIENCE COACH *en línea para obtener ayuda en inglés sobre este tema.*

¿Qué información contiene la tabla periódica?

La tabla periódica contiene información sobre cada uno de los elementos conocidos. 🔑 **En este libro, la tabla periódica incluye el número atómico, el símbolo químico, el nombre y la masa atómica de cada elemento.** La **ilustración 3** muestra la información que se brinda sobre el potasio en la tabla periódica.

❶ Número atómico El primer dato es el número 19, el número atómico del potasio. Cada átomo de potasio tiene 19 protones en el núcleo.

❷ Símbolo químico Justo debajo del número atómico está la letra K, el **símbolo químico** del potasio. Los símbolos químicos están formados por una o dos letras. Por lo general, el símbolo de un elemento es una abreviatura del nombre del elemento en inglés. Otros elementos tienen símbolos que son abreviaturas de su nombre en latín.

❸ Masa atómica El último dato es la masa atómica promedio. En el potasio, ese valor es 39.098 uma (unidades de masa atómica). La masa atómica es un promedio porque la mayoría de los elementos están formados por una mezcla de isótopos.

La **ilustración 4** que está en las dos páginas siguientes muestra la tabla periódica moderna. ¿Puedes hallar el potasio?

ILUSTRACIÓN 3 ·······························
Potasio
El potasio tiene un número atómico de 19 y una masa atómica de 39.098 uma. Los plátanos son ricos en potasio.

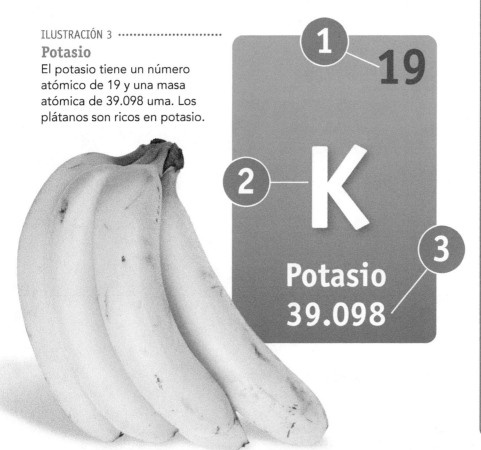

❶ 19

❷ K

❸ Potasio 39.098

¡aplícalo!

La entrada del silicio (Si) en la tabla periódica aparece así: →

14
Si
Silicio
28.086

❶ El número atómico del silicio es_____.

❷ ⚠ **Predice** Sin mirar la tabla periódica, ¿crees que algún otro elemento tiene el mismo número atómico que el silicio? Explica tu respuesta.

_____
_____
_____
_____
_____
_____
_____

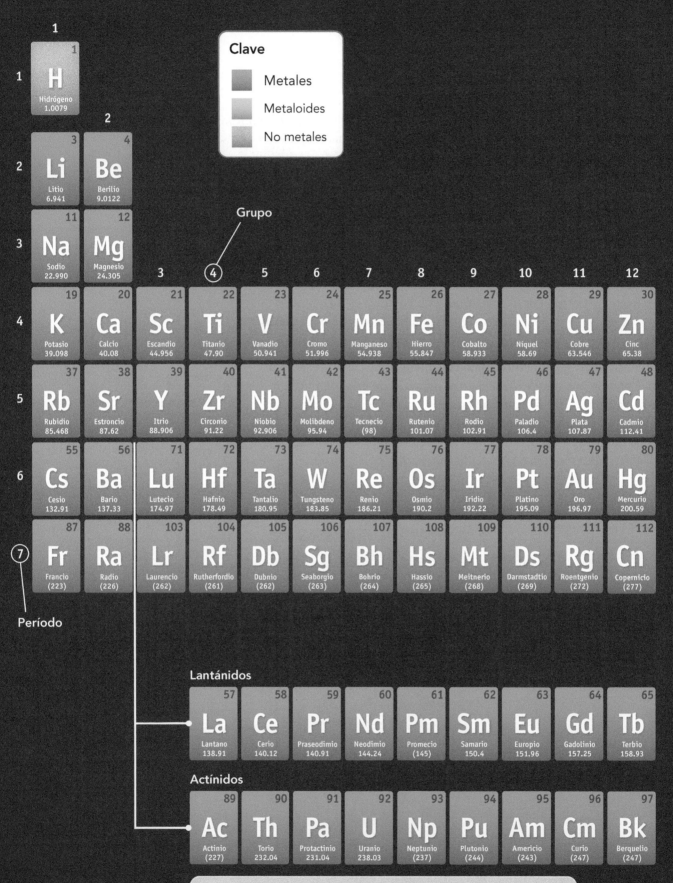

Clave

Metales

Metaloides

No metales

Grupo

Período

Lantánidos

Actínidos

Los lantánidos y los actínidos están ubicados fuera de la tabla para ahorrar espacio y para que el resto de la tabla sea más fácil de leer. Sigue la línea para ver cómo encajan en la tabla.

Muchas tablas periódicas incluyen una línea en zigzag que separa los metales de los no metales. Los metaloides, que se encuentran a ambos lados de la línea, comparten propiedades tanto con los metales como con los no metales.

18
2
He
Helio
4.0026

13	14	15	16	17	
5 **B** Boro 10.81	6 **C** Carbono 12.011	7 **N** Nitrógeno 14.007	8 **O** Oxígeno 15.999	9 **F** Flúor 18.998	10 **Ne** Neón 20.179
13 **Al** Aluminio 26.982	14 **Si** Silicio 28.086	15 **P** Fósforo 30.974	16 **S** Azufre 32.06	17 **Cl** Cloro 35.453	18 **Ar** Argón 39.948
31 **Ga** Galio 69.72	32 **Ge** Germanio 72.59	33 **As** Arsénico 74.922	34 **Se** Selenio 78.96	35 **Br** Bromo 79.904	36 **Kr** Criptón 83.80
49 **In** Indio 114.82	50 **Sn** Estaño 118.69	51 **Sb** Antimonio 121.75	52 **Te** Telurio 127.60	53 **I** Yodo 126.90	54 **Xe** Xenón 131.30
81 **Tl** Talio 204.37	82 **Pb** Plomo 207.2	83 **Bi** Bismuto 208.98	84 **Po** Polonio (209)	85 **At** Astato (210)	86 **Rn** Radón (222)
113 (284)	114 (289)	115 (288)	116 (292)		118 (294)

Los descubrimientos de los elementos 112 en adelante todavía no están oficialmente confirmados. Las masas atómicas que figuran entre paréntesis son las de los isótopos más estables.

66	67	68	69	70
Dy Disprosio 162.50	**Ho** Holmio 164.93	**Er** Erbio 167.26	**Tm** Tulio 168.93	**Yb** Iterbio 173.04

98	99	100	101	102
Cf Californio (251)	**Es** Einstenio (252)	**Fm** Fermio (257)	**Md** Mendelevio (258)	**No** Nobelio (259)

ILUSTRACIÓN 4 ·······················

> INTERACTIVE ART La tabla periódica

La tabla periódica es una de las herramientas más valiosas para un químico.

✎ **Interpreta tablas** Busca el elemento identificado con el número atómico 25 en la tabla periódica. Usa la información para completar los espacios que siguen.

Nombre del elemento:

Símbolo químico:

Masa atómica:

Zona de laboratorio Haz la Actividad rápida de laboratorio *Usar la tabla periódica*.

🔑 **Evalúa tu comprensión**

2a. Compara y contrasta Describe dos diferencias entre la tabla periódica de Mendeleiev y la tabla periódica moderna.

_____
_____
_____
_____
_____
_____

b. Interpreta tablas ¿Un átomo de qué elemento tiene 47 protones en el núcleo?

_____

¿comprendiste?·····················

○ **¡Comprendí!** Ahora sé que la información que se encuentra en la tabla periódica sobre cada elemento incluye _____

_____
_____

○ Necesito más ayuda con _____

Consulta **MY SCIENCE COACH** en línea para obtener ayuda en inglés sobre este tema.

¿Para qué sirve la tabla periódica?

Observa la tabla periódica de las dos páginas anteriores. Fíjate que los números atómicos aumentan de izquierda a derecha. También observa que cada región tiene una clave de color que corresponde a una clase diferente de elementos: metales, no metales y metaloides.

A medida que avanzas por una fila, las propiedades de los elementos cambian de una manera predecible. 🔑 **Las propiedades de un elemento se pueden predecir por su ubicación en la tabla periódica.** Esa facilidad para predecir las propiedades es la razón por la cual la tabla periódica es tan útil para los químicos.

Períodos La tabla periódica está organizada en filas denominadas **períodos.** Un período contiene una serie de elementos diferentes. De izquierda a derecha, las propiedades de los elementos cambian siguiendo un patrón. Los metales están ubicados a la izquierda de la tabla y los no metales están ubicados a la derecha. Los metaloides se encuentran entre los metales y los no metales. Este patrón se repite en todos los períodos. La **ilustración 5** muestra los elementos del Período 3.

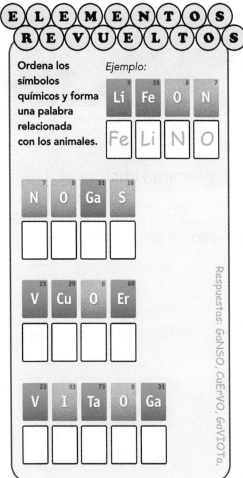

ILUSTRACIÓN 5 ···

Elementos del Período 3

Las propiedades de los elementos del Período 3 cambian a medida que avanzas por el período.

✏️ **Clasifica** Completa la clave siguiente con tres colores diferentes. Luego, colorea cada elemento del Período 3 según tu clave.

11	12	13	14	15	16	17	18
Na	**Mg**	**Al**	**Si**	**P**	**S**	**Cl**	**Ar**
Sodio	Magnesio	Aluminio	Silicio	Fósforo	Azufre	Cloro	Argón
22.990	24.305	26.982	28.086	30.974	32.06	35.453	39.948

Clave

☐ Metales

☐ Metaloides

☐ No metales

Grupos

La tabla periódica moderna tiene 7 períodos que forman 18 columnas. Los elementos de una columna forman un **grupo.** Los grupos también se conocen como familias. Los grupos están numerados del Grupo 1 a la izquierda de la tabla al Grupo 18 a la derecha.

El patrón de las propiedades se repite en todos los períodos; por lo tanto, los elementos de cada grupo tienen características similares. Por ejemplo, los elementos del Grupo 1, excepto el hidrógeno, son todos metales que reaccionan violentamente con el agua. Los elementos del Grupo 17 son muy reactivos pero los del Grupo 18 en general son no reactivos. La **ilustración 6** múestra los elementos del Grupo 10.

28
Ni
Níquel
58.69

46
Pd
Paladio
106.4

78
Pt
Platino
195.09

110
Ds
Darmstadtio
(269)

ILUSTRACIÓN 6 ·····················

Elementos del Grupo 10
Los elementos del Grupo 10 incluyen el níquel (Ni), el paladio (Pd), el platino (Pt) y el darmstadtio (Ds). El darmstadtio no se encuentra en la naturaleza, pero los científicos piensan que presenta propiedades similares a las de otros metales del Grupo 10.

✎ [DESAFÍO] Observa las fotografías del níquel, del paladio y del platino. ¿Qué propiedades del darmstadtio podrías predecir?

_____

_____

Zona de laboratorio Haz la Actividad rápida de laboratorio *Ampliación de la tabla periódica.*

🔑 Evalúa tu comprensión

3a. Nombra Las filas de una tabla periódica se denominan _____. Las columnas de una tabla periódica se denominan _____.

b. Describe ¿Qué tienen en común los elementos de un mismo grupo de la tabla periódica?

_____

_____

c. Predice Usa la tabla periódica para nombrar dos elementos que crees que podrían tener propiedades muy parecidas a las del calcio (Ca).

_____

_____

_____

_____

¿comprendiste?···

O **¡Comprendí!** Ahora sé que la tabla periódica es útil porque _____

_____

O Necesito más ayuda con _____

Consulta my science COACH en línea para obtener ayuda en inglés sobre este tema.

LECCIÓN

3 Metales

🔑 ¿Cuáles son las propiedades de los metales?

🔑 ¿Cómo se clasifican los metales?

mi Diario Del planeta ESTADÍSTICAS CIENTÍFICAS

Reciclaje de metales

Puedes encontrar metales en muchos objetos que usas a diario, como los teléfonos celulares, las computadoras, los electrodomésticos y el dinero. En 2006, el consumo de metales en los Estados Unidos superó los 150 millones de toneladas métricas. (Una tonelada métrica es igual a 1,000 kilogramos). Muchos de esos metales se pueden reciclar. El reciclaje ayuda a conservar la energía y reduce la cantidad de residuos que van a parar a los rellenos sanitarios.

Metal	Porcentaje de consumo en los EE. UU. proveniente del reciclaje
Aluminio	43
Cobre	32.3
Hierro y acero	48
Níquel	43
Cinc	24.5

Comunica ideas Responde la pregunta siguiente. Comenta tu respuesta con un compañero.

Las latas de bebida son principalmente de aluminio. Estima el porcentaje de latas de bebida que reciclas. ¿Qué otros objetos que contienen metal crees que se pueden reciclar?

_____

_____

_____

_____

_____

> PLANET DIARY Consulta *Planet Diary* para aprender más en inglés sobre el reciclaje.

Zona de laboratorio Haz la Indagación preliminar *¿Por qué hay que usar el aluminio?*

Vocabulario

- metal • lustre • maleable • dúctil • conductividad térmica
- conductividad eléctrica • reactividad • corrosión • metal alcalino
- metal alcalinotérreo • metal de transición

Destrezas

🔄 Lectura: Pregunta
△ Indagación: Infiere

¿Cuáles son las propiedades de los metales?

Es difícil imaginarse la vida moderna sin metales. Los automóviles y los autobuses en los que viajas están hechos de acero, que consiste principalmente en hierro (Fe). Los aviones están cubiertos de aluminio (Al). Los cables de cobre (Cu) conducen la corriente eléctrica a las lámparas, los equipos de música y las computadoras. ¿Puedes identificar los objetos que contienen metales en la **ilustración 1**?

Los elementos se pueden clasificar según sus propiedades, incluidas la temperatura de fusión, la densidad, la dureza y la conductividad térmica y eléctrica. Los **metales** son buenos conductores de la corriente eléctrica y del calor. Por lo general, también tienen brillo y pueden doblarse como, por ejemplo, el cable de cobre. La mayoría de los elementos de la tabla periódica son metales. Los metales comienzan en el lado izquierdo y se extienden hacia la derecha y hacia abajo de la tabla periódica.

ILUSTRACIÓN 1 ···
Metales
Muchos de los objetos que están a tu alrededor contienen metales.

✏️ **Comunica ideas** Encierra en un círculo los objetos que harían sonar el detector de metales. Luego, con un compañero, haz una lista de los objetos del salón de clases que contengan metales.

_____

_____

_____

Esta piedra, llamada magnetita, está formada por un compuesto de hierro.

_____

_____

El oro se puede convertir en monedas.

_____

_____

El cobre se usa mucho para cables eléctricos.

_____

_____

ILUSTRACIÓN 2 ···

Propiedades físicas de los metales

Los metales tienen determinadas propiedades físicas.

✎ **Interpreta fotos Después de leer acerca de las propiedades físicas de los metales, identifica la propiedad o las propiedades de los metales que presenta cada uno de los objetos de arriba.**

¿sabías que...? ·········

¡No todo lo que brilla es oro! El centavo estadounidense, hecho de cinc enchapado en cobre, tiene sólo 2.5% de cobre por masa. La moneda de cinco centavos estadounidense tiene, en realidad, 75% de cobre y las monedas de diez y de veinticinco centavos contienen alrededor de 92% de cobre.

Propiedades físicas La **ilustración 2** muestra algunos objetos comunes de metal. 🔑 **Las propiedades físicas de los metales son el lustre, la maleabilidad, la ductilidad y la conductividad.** Un material tiene mucho **lustre** cuando es brillante y reflectante. Un material **maleable** es aquél que se puede convertir en láminas planas u otras formas. Un material **dúctil** es aquél que se puede estirar hasta crear un alambre largo. El cobre es maleable y dúctil. Se puede convertir en láminas finas y se puede estirar para hacer alambres. La **conductividad térmica** es la capacidad de un objeto para transferir calor. La capacidad de un objeto para transmitir corriente eléctrica se denomina **conductividad eléctrica.** La mayoría de los metales son buenos conductores térmicos y eléctricos. Por lo general, los metales tienen calor específico bajo. Recuerda que el calor específico es la cantidad de energía que se requiere para elevar la temperatura de 1 gramo de materia en 1 kelvin. Eso significa que se requiere sólo una pequeña cantidad de energía térmica para elevar la temperatura de un metal.

Algunos metales son magnéticos. El hierro, el cobalto (Co) y el níquel (Ni) son atraídos por imanes y pueden convertirse en imanes. La mayoría de los metales son sólidos a temperatura ambiente. Sólo el mercurio (Hg) es líquido a temperatura ambiente.

Propiedades químicas La facilidad y rapidez con que un elemento se combina, o reacciona, con otras sustancias se denomina **reactividad.** Por lo general, los metales reaccionan perdiendo electrones que se van a otros átomos. Algunos metales son muy reactivos. Por ejemplo, el sodio (Na) reacciona fuertemente con el agua. En cambio, el oro (Au) y el platino (Pt) no reaccionan fácilmente con otras sustancias.

La reactividad de los demás metales oscila entre la del sodio y la del oro. El hierro, por ejemplo, reacciona lentamente con el oxígeno del aire y produce óxido de hierro, llamado simplemente "óxido". La cadena de hierro de la **ilustración 3** está cubierta de óxido marrón rojizo. El deterioro de un metal debido a una reacción química en el medio ambiente se denomina **corrosión.**

ILUSTRACIÓN 3 ··················
Reactividad de los metales
Esta cadena de hierro está cubierta de óxido después de haber estado expuesta al aire y al agua.

¡aplícalo!

Los tenedores que aparecen aquí son de plata (Ag).

❶ Algunos de los tenedores de plata han perdido su lustre; se mancharon con óxido. Éste es un ejemplo de _____.

❷ △Infiere ¿Qué propiedades del oro y del platino hacen que estos metales sean ideales para la joyería?

_____
_____
_____

Zona de laboratorio Haz la Investigación de laboratorio ¿Cobre o carbono? Ésa es la cuestión.

 Evalúa tu comprensión

1a. Explica ¿Qué significa el término *conductividad térmica*?

_____
_____
_____

b. △Infiere ¿Qué propiedad de los metales condujo al uso de mangos de plástico o de madera en muchos utensilios de cocina? Explica tu respuesta.

_____
_____
_____
_____

¿comprendiste?···

○ **¡Comprendí!** Ahora sé que las propiedades físicas de los metales son _____
_____

○ Necesito más ayuda con _____

Consulta MY SCIENCE 🔵 COACH en línea para obtener ayuda en inglés sobre este tema.

19
K
Potasio
39.098

¿Cómo se clasifican los metales?

Los metales de un mismo grupo tienen propiedades similares. Las propiedades dentro de un grupo van cambiando a medida que avanzas en la tabla periódica. Por ejemplo, la reactividad de los metales tiende a disminuir de izquierda a derecha en la tabla. **En la tabla periódica, los metales se clasifican en metales alcalinos, metales alcalinotérreos, metales de transición, metales de grupos mixtos, lantánidos y actínidos.**

Metales alcalinos

Los metales del Grupo 1, desde el litio (Li) hasta el francio (Fr), se denominan **metales alcalinos**. Estos metales son los metales más reactivos de la tabla periódica. Son tan reactivos que nunca se encuentran puros o sin combinarse en la naturaleza. Sólo se encuentran en compuestos. Los compuestos que contienen potasio (K) se usan en los fuegos artificiales como los de la **ilustración 4**.

 Colorea los metales alcalinos en la tabla periódica.

En el laboratorio, los químicos aíslan los metales alcalinos de sus compuestos. Como elementos puros, no combinados, algunos de los metales alcalinos son brillantes y tan blandos que se pueden cortar con un cuchillo de plástico. Esos elementos tienen densidades y puntos de fusión bajos. Por ejemplo, el sodio se funde a 98 °C y tiene una densidad de 0.97 g/cm^3 (menos que el agua).

Metales alcalinotérreos

Los metales del Grupo 2 se denominan **metales alcalinotérreos.** Estos metales son más duros y más densos, y se funden a temperaturas más altas que los metales alcalinos. Por ejemplo, el magnesio (Mg) es un metal duro que se funde a 648.8 °C.

Colorea los metales alcalinotérreos en la tabla periódica.

Los metales alcalinotérreos son muy reactivos, aunque no tan reactivos como los metales alcalinos. Estos metales tampoco se encuentran nunca puros o no combinados en la naturaleza. El calcio (Ca) es uno de los metales alcalinotérreos más comunes. Los compuestos que contienen calcio son fundamentales para la salud de los huesos. La **ilustración 5** muestra una radiografía de huesos sanos.

ILUSTRACIÓN 4 ·······························
Fuegos artificiales
Los compuestos que contienen potasio se usan para los fuegos artificiales.

ILUSTRACIÓN 5 ·······························
Radiografía de huesos sanos
Los compuestos que contienen calcio son fundamentales para los dientes y los huesos.

20
Ca
Calcio
40.08

¡Usa las matemáticas! Analizar datos

Puntos de fusión de un grupo de elementos

Las propiedades de los elementos de un mismo grupo de la tabla periódica por lo general cambian siguiendo un patrón determinado. La gráfica muestra los puntos de fusión de los elementos del Grupo 1, o metales alcalinos.

1 **Lee gráficas** El punto de fusión de los metales alcalinos (aumenta/disminuye) del litio al francio.

2 **Interpreta datos** ¿Qué metales alcalinos son líquidos a 50 °C?

3 **DESAFÍO** Si se descubriera el elemento 119, estaría por debajo del francio en el Grupo 1. Predice el punto de fusión aproximado del elemento 119.

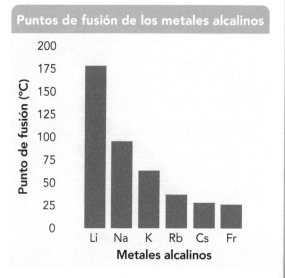

Puntos de fusión de los metales alcalinos

Eje Y: Punto de fusión (°C): 0, 25, 50, 75, 100, 125, 150, 175, 200

Eje X: Metales alcalinos: Li, Na, K, Rb, Cs, Fr

Metales de transición

Los elementos de los Grupos 3 a 12 se denominan **metales de transición.** Algunos ejemplos de metales de transición son el hierro, el cobre, el níquel, el oro y la plata. La mayoría de estos metales son sólidos duros y brillantes. No obstante, el mercurio es líquido a temperatura ambiente. Excepto el mercurio, los metales de transición por lo general tienen puntos de fusión altos y densidades altas. Son buenos conductores del calor y de la corriente eléctrica, y son muy maleables. Como muestra la **ilustración 6**, a veces se usa oro para revestir el visor del casco de los astronautas.

Los metales de transición son menos reactivos que los metales de los Grupos 1 y 2. Cuando el hierro reacciona con el aire y forma óxido, puede tardar muchos años en reaccionar por completo.

> ✏ Colorea los metales de transición en la tabla periódica.

79
Au
Oro
196.97

ILUSTRACIÓN 6 ·················
Visor del casco de los astronautas
La película de oro del visor del casco de los astronautas protege los ojos y el rostro de los rayos del sol sin interferir con la visión.

Cuadro de aluminio de la bicicleta
El cuadro y las llantas de las bicicletas por lo general contienen aluminio.

Colorea los metales de grupos mixtos en la tabla periódica.

Metales de grupos mixtos

Los cuadros de las bicicletas, como el de la **ilustración 7**, por lo general contienen aluminio porque es duradero, pero liviano. El aluminio está en el Grupo 13 de la tabla periódica. Sólo algunos de los elementos de los Grupos 13 a 16 son metales. Otros metales de estos grupos que probablemente conozcas son el estaño (Sn) y el plomo (Pb). Una capa delgada de estaño protege al acero de la corrosión en algunas latas de alimentos. El plomo solía usarse en pinturas y caños de agua, pero ya no se usa para esos fines porque se descubrió que es sumamente tóxico. Hoy en día, generalmente se usa en las baterías de los automóviles.

Lantánidos y actínidos Hay dos filas de elementos ubicadas debajo de la parte principal de la tabla periódica. Los elementos de la fila superior son los lantánidos. Los compuestos que contienen neodimio (Nd), que es un lantánido, se usan para hacer luz láser. Ese láser se usa para cirugías, para cortar metales y para telémetros láser, como el de la **ilustración 8**.

Los elementos que están debajo de los lantánidos son los actínidos. Muchos de estos elementos no se encuentran en la naturaleza sino que se crean artificialmente en laboratorios.

Colorea los lantánidos y actínidos en la tabla periódica.

Telémetro láser
Un compuesto que contiene neodimio se usa para producir luz láser en telémetros. El telémetro usa el rayo láser para determinar a qué distancia se halla un objeto.

Los elementos de transuranio Los elementos que le siguen al uranio (U) en la tabla periódica son los elementos de transuranio. Estos elementos se forman, o se sintetizan, cuando las partículas nucleares son forzadas a chocar entre ellas. A veces se denominan elementos sintéticos. Por ejemplo, el plutonio (Pu) se sintetiza bombardeando los núcleos del uranio-238 con neutrones en un reactor nuclear.

Para formar elementos con números atómicos mayores que 95, los científicos usan dispositivos llamados aceleradores de partículas, que mueven los núcleos atómicos a velocidades extremadamente altas. Si los núcleos chocan con los núcleos de otros elementos con la energía suficiente, las partículas pueden llegar a combinarse y formar un solo núcleo. La **ilustración 9** muestra un acelerador de partículas.

En general, la dificultad para sintetizar elementos nuevos aumenta con el número atómico. Por lo tanto, se fueron sintetizando elementos nuevos sólo a medida que se iban construyendo aceleradores de partículas más potentes. Los elementos de la tabla periódica con números atómicos mayores que 111 todavía no tienen nombre ni símbolo definitivo. En el futuro, los científicos de todo el mundo definirán los nombres y símbolos de esos elementos.

Pregunta Antes de leer sobre los elementos de transuranio, haz una pregunta que empiece con *Qué* o *Cómo*. Mientras lees, escribe la respuesta a tu pregunta.

ILUSTRACIÓN 9 ·······
Acelerador de partículas
Los elementos sintéticos más pesados se sintetizan por medio de aceleradores de partículas.

Zona de laboratorio
Haz la Actividad rápida de laboratorio *Búsqueda de metales.*

Evalúa tu comprensión

2a. Identifica ¿Qué familia de elementos de la tabla periódica contiene los metales más reactivos?

_____

b. Infiere El Período 4 de la tabla periódica contiene los elementos potasio, calcio y cobre. ¿Cuál es el menos reactivo?

_____

c. Aplica conceptos ¿Cómo se hace el plutonio?

_____
_____

¿comprendiste?·····················

O **¡Comprendí!** Ahora sé que los metales de la tabla periódica se clasifican en _____
_____
_____
_____

O **Necesito más ayuda con** _____

Consulta MY SCIENCE COACH *en línea para obtener ayuda en inglés sobre este tema.*

No metales y metaloides

DESCUBRE LA PREGUNTA PRINCIPAL

🔑 **¿Cuáles son las propiedades de los no metales?**

🔑 **¿Cuáles son las familias que contienen no metales?**

mi DiaRio DeL planeta

CONCEPTO ERRÓNEO

Hay algo en el aire

Un concepto erróneo común es que el aire de la atmósfera consiste principalmente en oxígeno.

Hecho: En realidad, a nivel del mar, el aire sólo contiene aproximadamente 21% de oxígeno por volumen. El nitrógeno constituye aproximadamente el 78% de la atmósfera. El 1% restante está formado por diversos gases, como el argón y el dióxido de carbono.

Evidencia: En realidad, el oxígeno es tóxico en concentraciones altas. Si inhalaras oxígeno puro, con el tiempo, te enfermarías.

Comunica ideas Escribe tus respuestas a las preguntas siguientes. Luego, comenta tus respuestas con un compañero.

1. ¿Por qué los buzos no llenan sus tanques con oxígeno puro?

_____

_____

_____

_____

2. ¿Puedes pensar en alguna otra cosa que sea buena para ti en pequeñas cantidades, pero mala en grandes cantidades?

_____

_____

_____

_____

> PLANET DIARY Consulta *Planet Diary* para aprender más en inglés sobre los no metales.

Zona de laboratorio Haz la Indagación preliminar ¿Cuáles son las propiedades del carbón?

Vocabulario
- no metal
- molécula diatómica
- halógeno
- gas noble
- metaloide
- semiconductor

Destrezas
- Lectura: Resume
- Indagación: Clasifica

¿Cuáles son las propiedades de los no metales?

La vida en la Tierra depende de muchos no metales. Por ejemplo, el carbono (C), el nitrógeno (N), el fósforo (P), el hidrógeno (H) y el oxígeno (O) son elementos no metales que se encuentran en el ADN de tu cuerpo. La **ilustración 1** muestra un modelo de ADN. Mientras que muchos compuestos formados por no metales son esenciales para la vida, algunos no metales son tóxicos y altamente reactivos. Y hay otros que son no reactivos. Comparados con los metales, los no metales tienen una variedad de propiedades mucho más amplia. Sin embargo, los no metales tienen varias propiedades en común.

Propiedades físicas Un **no metal** es un elemento que carece de la mayoría de las propiedades de un metal. Excepto el hidrógeno, los no metales se encuentran en el lado derecho de la tabla periódica. **En general, la mayoría de los no metales son malos conductores de la corriente eléctrica y del calor. Los no metales sólidos tienden a ser opacos y quebradizos.** Si martillaras la mayoría de los no metales sólidos, se romperían o se harían polvo. Además, los no metales por lo general tienen menor densidad que los metales.

Muchos no metales son gases a temperatura ambiente. El aire que respiras contiene principalmente nitrógeno y oxígeno. Algunos no metales, como el carbono, el azufre (S) y el yodo (I), son sólidos a temperatura ambiente. El bromo (Br) es el único no metal que es líquido a temperatura ambiente.

Clave
- Hidrógeno
- Carbono
- Nitrógeno
- Oxígeno
- Fósforo

ILUSTRACIÓN 1 ·····································
ADN
El ADN, que está formado por átomos de no metales, es esencial para la vida.

Identifica **¿Puedes pensar en otras sustancias esenciales para la vida que contengan no metales?**

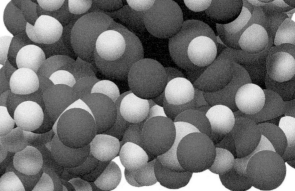

Propiedades químicas Por lo general, los átomos de los no metales obtienen o comparten electrones cuando reaccionan con otros átomos. Cuando los no metales y los metales reaccionan, los electrones pasan de los átomos de los metales a los átomos de los no metales. Por ejemplo, cuando el sodio y el cloro reaccionan y forman la sal de mesa (NaCl), un electrón pasa del átomo del sodio al átomo del cloro.

Muchos no metales pueden formar compuestos con otros no metales. En estos tipos de compuestos, los átomos comparten sus electrones y forman enlaces. Cuando dos o más átomos se enlazan de ese modo, forman una molécula. Una molécula de agua (H_2O) está formada por dos átomos de hidrógeno y un átomo de oxígeno.

¡aplícalo!

La mayoría de las propiedades de los no metales son opuestas a las propiedades de los metales.

1 Compara y contrasta Completa la tabla sobre las propiedades de los metales y los no metales.

2 Observa El azufre, que se muestra a la derecha, es un no metal. ¿Qué propiedades puedes observar en la foto? ¿Qué otras propiedades puedes predecir?

_____

_____

_____

_____

Propiedades de los metales	Propiedades de los no metales
Brillosos	Opacos
Maleables	_____
Buenos conductores de la corriente eléctrica	_____
	_____
_____	Malos conductores del calor

Zona de laboratorio Haz la Actividad rápida de laboratorio *Carbono: un no metal.*

Evalúa tu comprensión

1a. Identifica ¿Qué propiedad de los no metales es la opuesta de *maleable* y *dúctil*?

_____

b. Haz generalizaciones ¿Qué sucede con los átomos de la mayoría de los no metales cuando reaccionan con otros elementos?

_____

_____

_____

¿comprendiste?...................

O **¡Comprendí!** Ahora sé que las propiedades físicas de los no metales son _____

_____

_____

O Necesito más ayuda con _____

Consulta MY SCIENCE COACH *en línea para obtener ayuda en inglés sobre este tema.*

¿Cuáles son las familias que contienen no metales?

Vuelve a mirar la tabla periódica. Hay no metales en el Grupo 1 y en los Grupos 14 a 18. **Las familias que contienen no metales son la familia del carbono, la familia del nitrógeno, la familia del oxígeno, la familia de los halógenos, los gases nobles y el hidrógeno.**

Antes de leer sobre las familias que contienen no metales, consulta la tabla periódica para completar la tabla que sigue.

Familia	Grupo	No metales de la familia
Familia del carbono	14	
Familia del nitrógeno	15	
Familia del oxígeno	16	
Familia de los halógenos	17	
Gases nobles	18	
Hidrógeno	1	

La familia del carbono En el Grupo 14, sólo el carbono es un no metal. El carbono es especialmente importante por el papel que cumple en la química de la vida. Las proteínas, el ADN y las grasas contienen carbono.

La mayoría de los combustibles que se queman para producir energía contienen carbono. El carbón contiene grandes cantidades de carbono. La gasolina está compuesta por petróleo crudo, que es una mezcla de compuestos de carbono con un solo átomo de carbono enlazado a cadenas de varios cientos de átomos de carbono. El diamante de la **ilustración 2** es de carbono puro.

Colorea el no metal del Grupo 14 en la tabla periódica.

6
C
Carbono
12.011

ILUSTRACIÓN 2
Diamante
Los diamantes son de carbono puro.

99

La familia del nitrógeno

El Grupo 15, la familia del nitrógeno, contiene dos no metales: nitrógeno y fósforo. El nitrógeno constituye aproximadamente el 78% de la atmósfera de la Tierra por volumen. En la naturaleza, el nitrógeno existe en forma de dos átomos de nitrógeno enlazados que forman una molécula diatómica, N_2. Una **molécula diatómica** está compuesta por dos átomos. En esta forma, el nitrógeno no es muy reactivo.

Aunque los seres vivos necesitan nitrógeno, la mayoría de ellos no puede aprovechar el nitrógeno del aire. No obstante, ciertos tipos de bacterias sí aprovechan el nitrógeno del aire y forman compuestos con él. Ese proceso se denomina fijación del nitrógeno. Gracias a este proceso, las plantas pueden absorber los compuestos de nitrógeno formados por las bacterias del suelo. Los agricultores también agregan compuestos de nitrógeno al suelo en forma de fertilizantes. Los rayos, como los de la **ilustración 3**, también convierten el nitrógeno de la atmósfera de forma tal que las plantas pueden aprovecharlo.

El fósforo es el otro no metal de la familia del nitrógeno. Es mucho más reactivo que el nitrógeno y en la naturaleza siempre se encuentra en compuestos.

 Colorea los no metales del Grupo 15 en la tabla periódica.

ILUSTRACIÓN 3 ·······································

Rayos

La energía liberada en la atmósfera en forma de rayos es capaz de descomponer los enlaces existentes entre los átomos de nitrógeno y hacerlos reaccionar con el oxígeno. Las plantas pueden aprovechar el nitrógeno en esa forma.

 [DESAFÍO] **¿Cómo obtenemos el nitrógeno que necesitamos?**

7
N
Nitrógeno
14.007

La familia del oxígeno

El Grupo 16, la familia del oxígeno, contiene tres no metales: el oxígeno, el azufre y el selenio (Se). El oxígeno es un gas a temperatura ambiente, mientras que el azufre y el selenio son sólidos.

En este momento, estás usando oxígeno. Cada vez que respiras, llevas oxígeno a tus pulmones. Una vez allí, el oxígeno es absorbido e incorporado al torrente sanguíneo, que lo distribuye a todo el cuerpo. Al igual que el nitrógeno, el oxígeno (O_2) es una molécula diatómica. El oxígeno es relativamente reactivo; por lo tanto, se puede combinar con casi todos los elementos.

Si alguna vez has sentido el olor de un huevo podrido, entonces conoces el olor de algunos compuestos que contienen azufre. El azufre se usa en la fabricación de productos de caucho; por ejemplo, las bandas elásticas y los neumáticos de los automóviles, como el de la **ilustración 4.**

Colorea los no metales del Grupo 16 en la tabla periódica.

16
S
Azufre
32.06

ILUSTRACIÓN 4
Neumáticos de caucho
Los neumáticos de los automóviles son de caucho con compuestos de azufre.

La familia de los halógenos

El Grupo 17 contiene los no metales flúor (F), cloro (Cl), bromo y yodo. Esos elementos también se conocen con el nombre de **halógenos,** que significa "que forman sales". Las propiedades del astato (At) son desconocidas porque es muy raro.

Todos los halógenos son muy reactivos. El flúor es el más reactivo de todos los elementos. Es tan reactivo que reacciona con casi todas las sustancias conocidas, incluida el agua. El gas cloro es extremadamente peligroso, pero se usa en pequeñas cantidades para matar bacterias en el suministro de agua.

Aunque los elementos halógenos son peligrosos, muchos de los compuestos que forman los halógenos son muy útiles. Los compuestos de flúor están presentes en el revestimiento antiadherente de ollas y sartenes. También se encuentran en la pasta de dientes, como la de la **ilustración 5**, porque previenen las caries.

Colorea los no metales del Grupo 17 en la tabla periódica.

9
F
Flúor
18.998

Vocabulario Si la palabra *halógeno* significa "que forma sales", ¿qué crees que significa la palabra griega *halo*?

_____
_____
_____

ILUSTRACIÓN 5
Pasta de dientes
Las pastas de dientes generalmente contienen compuestos de flúor.

He Ne Ar Kr Xe

ILUSTRACIÓN 6

Luces de neón

A las luces de los carteles luminosos muchas veces se las llama "luces de neón", aunque generalmente contienen otros gases nobles o mezclas de gases. En las luces que aparecen arriba, se muestran los símbolos del helio (He), del neón (Ne), del argón (Ar), del criptón (Kr) y del xenón (Xe).

Los gases nobles

Los elementos del Grupo 18 se conocen como gases nobles. Por lo general, no forman compuestos porque los átomos de los gases nobles no suelen obtener, perder ni compartir electrones. Como resultado, los gases nobles por lo general son no reactivos. Aun así, los científicos han logrado sintetizar algunos compuestos de gases nobles en el laboratorio.

Es probable que hayas visto un globo inflado con helio (He). Los gases nobles también se usan para los carteles luminosos, como los de la ilustración 6.

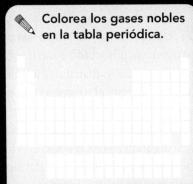

Colorea los gases nobles en la tabla periódica.

Hidrógeno

Solitario, en la esquina superior izquierda de la tabla periódica, está el hidrógeno: el elemento con los átomos más simples. Las propiedades químicas del hidrógeno son muy diferentes de las de otros elementos; por lo tanto, no se puede agrupar dentro de una familia.

El hidrógeno constituye más del 90% de los átomos del universo. Las estrellas, como el Sol de la ilustración 7, contienen enormes cantidades de hidrógeno. Pero el hidrógeno constituye sólo el 1% de la masa de la corteza terrestre, los océanos y la atmósfera. Es raro encontrar hidrógeno en la Tierra en estado puro. La mayor parte del hidrógeno está combinada con oxígeno en el agua.

Colorea el hidrógeno en la tabla periódica.

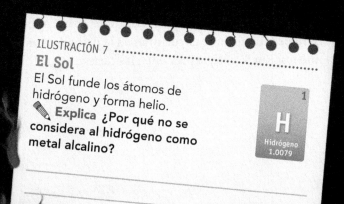

ILUSTRACIÓN 7

El Sol

El Sol funde los átomos de hidrógeno y forma helio.

Explica ¿Por qué no se considera al hidrógeno como metal alcalino?

1
H
Hidrógeno
1.0079

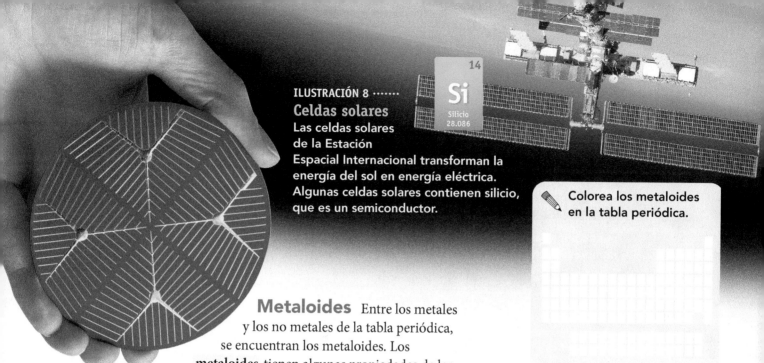

ILUSTRACIÓN 8 ······
Celdas solares
Las celdas solares
de la Estación
Espacial Internacional transforman la
energía del sol en energía eléctrica.
Algunas celdas solares contienen silicio,
que es un semiconductor.

Colorea los metaloides en la tabla periódica.

Metaloides Entre los metales
y los no metales de la tabla periódica,
se encuentran los metaloides. Los
metaloides tienen algunas propiedades de los
metales y algunas propiedades de los no metales. Todos
los metaloides son sólidos a temperatura ambiente. Los metaloides son
quebradizos, duros y algo reactivos.

El metaloide más común es el silicio (Si). La arena común, que es
mayormente dióxido de silicio (SiO_2), es el componente principal del
vidrio. Durante el proceso de fabricación del vidrio, se agrega un
compuesto de boro (B) y oxígeno para fabricar vidrio resistente al calor.

La propiedad más útil de los metaloides es su capacidad de conducir
corriente eléctrica. La conductividad de un metaloide puede depender de
la temperatura, la exposición a la luz o la presencia de impurezas.
Por esa razón, los metaloides, como el silicio y el germanio (Ge), se usan
para hacer semiconductores. Los **semiconductores** son sustancias que
pueden conducir una corriente eléctrica bajo ciertas condiciones, pero
no bajo otras condiciones. Los semiconductores se usan para hacer chips
para computadoras, transistores y láseres. También se usan en las celdas
solares, como las de la **ilustración 8.**

Resume Resume las
propiedades de los metaloides.

_____
_____
_____
_____
_____
_____
_____

¡aplícalo!

Usa esta parte de la tabla periódica para responder las preguntas.

1 ◢ **Clasifica** Enumera los símbolos químicos de los no metales:
_____. Los elementos restantes se clasifican
como _____.

2 El selenio tiene propiedades similares al (azufre/bromo) porque
están ubicados en el mismo (período/grupo).

14	15	16	17
Si	**P**	**S**	**Cl**
Silicio 28.086	Fósforo 30.974	Azufre 32.06	Cloro 35.453
32	33	34	35
Ge	**As**	**Se**	**Br**
Germanio 72.59	Arsénico 74.922	Selenio 78.96	Bromo 79.904

La tabla periódica extraterrestre

¿Cómo está organizada la tabla periódica?

ILUSTRACIÓN 9 ....

> VIRTUAL LAB   Imagínate que los habitantes de otro planeta envían un mensaje a la Tierra con información sobre 30 elementos. Sin embargo, el mensaje contiene nombres y símbolos para estos elementos diferentes de aquéllos que se usan en la Tierra. ✎ Infiere Usa las pistas para completar la tabla periódica con estos nombres "extraterrestres".

Elementos extraterrestres

Los gases nobles son el **bombal** (Bo), el **wobble** (Wo), el **jeptum** (J) y el **logón** (L). De estos gases, el wobble tiene la masa atómica mayor y el bombal, la menor. El logón es más liviano que el jeptum.

El grupo de metales más reactivos está formado por el **xtalt** (X), el **biyú** (By), el **chow** (Ch) y el **quackzil** (Q). De esos metales, el chow tiene la masa atómica menor. El quackzil está ubicado en el mismo período que el wobble.

El **apstrom** (A), el **vulcanio** (Vc) y el **kratt** (Kt) son no metales del Grupo 17. El vulcanio está ubicado en el mismo período que el quackzil y el wobble.

Los metaloides son el **ernst** (E), el **higrón** (Hi), el **terriblum** (T) y el **sississ** (Ss). El sississ es el metaloide con la masa atómica mayor. El ernst es el metaloide con la masa atómica menor. El higrón y el terriblum están en el Grupo 14. El terriblum tiene más protones que el higrón. El **yazzer** (Yz) hace contacto con la línea en zigzag, pero es un metal, no un metaloide.

El elemento más liviano de todos se llama **pfsst** (Pf). El elemento más pesado del grupo de 30 elementos es el **eldorado** (El). El no metal químicamente más activo es el apstrom. El kratt reacciona con el biyú y forma sal de mesa.

18

13 14 15 16 17

El elemento **doggone** (D)
tiene sólo 4 protones en sus átomos.

El **floxxitio** (Fx) es importante en la química de la vida.
Forma compuestos de cadenas largas de átomos. El
rhaatrapio (R) y el **dodiro** (Do) son metales del cuarto
período, pero el rhaatrapio es menos reactivo que
el dodiro.

El **magnificón** (M), el **golodio** (G) y el sississ son todos
miembros del Grupo 15. El golodio tiene menos
electrones que el magnificón.

El **urrpio** (Up), el **ozio** (Oz) y el **nuutye** (Nu) están en
el Grupo 16. El nuutye se encuentra como molécula
diatómica y tiene las mismas propiedades que un gas
de la atmósfera terrestre. El ozio tiene un número
atómico menor que el urrpio.

El elemento **anatomio** (An) tiene átomos con un total
de 49 electrones. El **zapperio** (Z) y el **pie** (Pi) son
miembros del Grupo 2. El zapperio tiene menos
protones que el pie.

Zonade **laboratorio**® Haz la Actividad rápida de laboratorio *Búsqueda de no metales*.

Evalúa tu comprensión

2a. Haz una lista ¿Cuáles son los no metales del Grupo 16 de la tabla periódica?

_____
_____
_____

b. Compara y contrasta ¿En qué se parecen o diferencian las propiedades químicas de los halógenos y las de los gases nobles?

_____
_____
_____
_____

c. RESPONDE LA PREGUNTA PRINCIPAL ¿Cómo está organizada la tabla periódica?

_____
_____
_____
_____
_____
_____
_____
_____
_____

¿comprendiste?...................................

○ **¡Comprendí!** Ahora sé que las familias que
contienen no metales son _____
_____
_____

○ Necesito más ayuda con _____

Consulta MY SCIENCE COACH en línea
para obtener ayuda en inglés sobre este tema.

105

LECCIÓN

5 Elementos radiactivos

DESCUBRE LA PREGUNTA PRINCIPAL

🔑 **¿Qué le ocurre a un átomo durante la desintegración radiactiva?**

🔑 **¿Qué produce la desintegración radiactiva?**

🔑 **¿Para qué sirven los isótopos radiactivos?**

mi Diario del planeta

DATOS CURIOSOS

¿Funciona con isótopos radiactivos?

¿Sabías que la nave espacial *Cassini*, que se usa para explorar Saturno, funciona con baterías? Las baterías se denominan generadores termoeléctricos de radioisótopos (RTG, por sus siglas en inglés).

En las baterías que compras en las tiendas, se usan reacciones químicas para generar energía eléctrica. Sin embargo, los RTG producen energía eléctrica por medio de la desintegración radiactiva. Los RTG contienen isótopos inestables, que se denominan isótopos radiactivos. A medida que los isótopos radiactivos pierden partículas de sus átomos, se va liberando calor. Luego, el calor se convierte en energía eléctrica. Un solo RTG contiene varias libras de material radiactivo. ¡Ese combustible alcanza para suministrar energía durante 23 años!

Comunica ideas Escribe tus respuestas a las preguntas siguientes. Luego, comenta tus respuestas con un compañero.

1. ¿En qué se diferencian los RTG de las baterías que compras en la tienda?

_____

_____

_____

_____

2. Imagínate que estás viajando en una nave espacial a planetas lejanos. ¿Qué cosas podrías ver?

_____

_____

_____

> PLANET DIARY Consulta *Planet Diary* para aprender más en inglés sobre la desintegración radiactiva.

Zona de **laboratorio** Haz la Indagación preliminar *¿Cuánto se pierde?*

Vocabulario

- desintegración radiactiva • reacción nuclear • radiactividad
- partícula alfa • partícula beta • rayo gamma
- vida media • datación radiactiva • trazador

Destrezas

↻ Lectura: Relaciona causa y efecto

△ Indagación: Calcula

¿Qué le ocurre a un átomo durante la desintegración radiactiva?

Imagínate que pudieras hallar una forma de convertir el plomo, sin brillo y barato, en valioso oro. Hace más de mil años, mucha gente intentó hacerlo, pero nada funcionó. Tal como lo explicará la joven científica de la **ilustración 1**, no hay reacción química que convierta un elemento en otro. Aun así, los elementos a veces sí se convierten en otros elementos. Por ejemplo, los átomos de carbono pueden convertirse en átomos de nitrógeno. ¿Cómo es posible que ocurran esos cambios?

Desintegración radiactiva Recuerda que los átomos con igual número de protones y números diferentes de neutrones se denominan isótopos. Algunos isótopos son inestables; por lo tanto, sus núcleos no se mantienen bien unidos. Esos isótopos inestables también se denominan isótopos radiactivos. Durante el proceso conocido como **desintegración radiactiva,** los núcleos atómicos de los isótopos radiactivos liberan partículas de movimiento rápido y energía. 🔑 **Durante la desintegración radiactiva, la identidad de los átomos cambia.**

La desintegración radiactiva es un ejemplo de reacción nuclear. En las **reacciones nucleares,** intervienen las partículas del núcleo de un átomo. Tanto la fisión nuclear, el proceso mediante el cual los núcleos de un átomo se separan, como la fusión nuclear, el proceso mediante el cual los núcleos atómicos se unen, son reacciones nucleares. Esos procesos físicos hacen posible que los científicos conviertan un elemento en otro.

Goldy, esto no va a funcionar porque

_____

_____

_____

_____

_____

ILUSTRACIÓN 1 ·······················

Intentos de convertir plomo en oro

Goldy trata furiosamente de convertir plomo en oro en el laboratorio de química. Mientras tanto, su compañera Lucy trata de convencerla de que eso no se puede hacer por medio de una reacción química.

✏ **Comunica ideas Usa lo que sabes sobre reacciones nucleares y químicas para completar el argumento de Lucy.**

Descubrimiento de la desintegración radiactiva

En 1896, el científico francés Henri Becquerel accidentalmente descubrió los efectos de la desintegración radiactiva. Observó que cuando un mineral que contenía uranio quedaba expuesto a la luz solar, desprendía una energía que podía velar las placas fotográficas. Becquerel pensaba que la luz solar era necesaria para la liberación de energía. Por lo tanto, un día nublado, guardó el mineral en el cajón de un escritorio envuelto con un papel al lado de una placa fotográfica. Más tarde, cuando Becquerel abrió su escritorio para sacar sus materiales, halló una imagen del mineral en la placa fotográfica. Después de todo, la luz del sol no era necesaria. Becquerel planteó la hipótesis de que el uranio todo el tiempo desprendía una energía, denominada radiación.

Becquerel presentó sus hallazgos a una joven investigadora polaca, Marie Curie, y a su esposo, el químico francés Pierre Curie.

Los Curie demostraron que dentro de los núcleos del uranio estaba teniendo lugar una reacción. El uranio podía emitir radiación espontáneamente. Marie Curie llamó a esa propiedad **radiactividad.** Los Curie, junto con Becquerel, ganaron el Premio Nobel de física por su trabajo sobre la radiactividad. Marie Curie, a quien podemos ver en la **ilustración 2**, fue más tarde galardonada con el Premio Nobel de química por su investigación sobre elementos radiactivos. Finalmente, murió de cáncer como resultado de los años de exposición al radio.

ILUSTRACIÓN 2 ···
Marie Curie
Marie Curie fue la primera científica en ganar el Premio Nobel en dos áreas diferentes (física y química). Además, fue la primera mujer en recibir un Premio Nobel.

Zona de laboratorio Haz la Actividad rápida de laboratorio *¿Qué ocurre cuando se desintegra un átomo?*

🔑 Evalúa tu comprensión

1a. Define La emisión espontánea de radiación por parte de un núcleo atómico inestable se denomina

_____

_____

b. Aplica conceptos ¿Qué causó que se velaran las placas fotográficas que observó Becquerel en 1896?

_____

_____

_____

_____

¿comprendiste?

○ **¡Comprendí!** Ahora sé que durante la desintegración radiactiva,_____

_____

_____

○ Necesito más ayuda con _____

_____

Consulta my science COACH *en línea para obtener ayuda en inglés sobre este tema.*

¿Qué produce la desintegración radiactiva?

La **ilustración 3** muestra las tres formas más importantes de radiación producidas durante la desintegración de un núcleo inestable.

🔑 **La desintegración radiactiva produce partículas alfa, partículas beta y rayos gamma.**

ILUSTRACIÓN 3 ···

> **ART IN MOTION** **Desintegración radiactiva**

Los elementos radiactivos despiden partículas y energía durante la desintegración radiactiva.

✏ **Compara y contrasta Identifica el cambio (si lo hay) que ocurre en un núcleo inestable durante cada forma de desintegración radiactiva.**

Desintegración alfa

Una **partícula alfa** tiene dos protones y dos neutrones. Tiene carga positiva. La liberación de una partícula alfa desde un átomo durante la desintegración alfa disminuye el número atómico en 2 y el número de masa en 4. Por ejemplo, un núcleo de torio-232 se desintegra y produce una partícula alfa y un núcleo de radio-228.

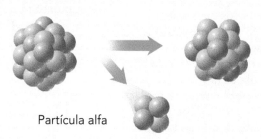

Núcleo radiactivo

Partícula alfa

2 protones perdidos
2 neutrones perdidos

Desintegración beta

Durante la desintegración beta, un neutrón de un núcleo inestable se convierte en una partícula beta con carga negativa y un protón. Una **partícula beta** es un electrón de movimiento rápido liberado por un núcleo durante la desintegración radiactiva. El protón nuevo permanece dentro del núcleo. El núcleo queda entonces con un neutrón menos y un protón más. Su número de masa es el mismo, pero su número atómico aumenta en uno. Por ejemplo, un núcleo de carbono-14 se desintegra y produce una partícula beta y un núcleo de nitrógeno-14.

Núcleo radiactivo

Partícula beta

☐ protón/protones (perdidos/ganados)

☐ neutrón/neutrones (perdidos/ganados)

Radiación gamma

Las desintegraciones alfa y beta casi siempre están acompañadas por la radiación gamma. Los **rayos gamma** son ondas de alta energía similares a los rayos X. Los rayos gamma (también denominados radiación gamma) no tienen carga y no provocan cambios ni en la masa atómica ni en el número atómico.

Núcleo radiactivo

Rayos gamma

☐ protón/protones (perdidos/ganados)

☐ neutrón/neutrones (perdidos/ganados)

109

Efectos de la radiación nuclear

La ilustración 4 representa una fuente radiactiva que emite partículas alfa, partículas beta y rayos gamma. Las partículas alfa se mueven muy rápido, pero se pueden bloquear simplemente con una hoja de papel. La radiación alfa puede causar lesiones similares a una quemadura grave en la piel humana.

Las partículas beta son mucho más rápidas y más penetrantes que las partículas alfa. Pueden atravesar el papel, pero se pueden bloquear con una lámina de aluminio de 5 milímetros de espesor. Las partículas beta también pueden ingresar en el cuerpo humano y dañar sus células.

La radiación gamma es la más penetrante. Necesitarías un trozo de plomo de varios centímetros de espesor o una pared de concreto de aproximadamente un metro de espesor para detener los rayos gamma. Estos rayos pueden atravesar el cuerpo humano. Los rayos gamma emiten una energía intensa que llega a las células y puede causar daños graves.

ILUSTRACIÓN 4 ·······················

Los efectos de la radiación nuclear

Los tres tipos principales de radiación nuclear varían en su capacidad para penetrar en los materiales.

✏️ **Aplica conceptos** Usa la clave para completar las trayectorias de la partícula alfa, la partícula beta y el rayo gamma emitidos por la muestra radiactiva. Cada trayectoria debe terminar en el punto donde se bloquea la radiación.

Clave

—— Partícula alfa

----- Partícula beta

〰〰 Rayo gamma

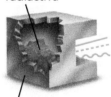

Muestra radiactiva

Caja de plomo

Papel

Lámina de aluminio

Concreto

Zona de laboratorio Haz la Actividad rápida de laboratorio *Modelo de desintegración beta.*

🔑 Evalúa tu comprensión

2a. Identifica ¿Cuál es el nombre de la partícula producida por la desintegración radiactiva que tiene 2 protones y 2 neutrones?

_____

b. Compara y contrasta Clasifica los tres tipos más importantes de radiación nuclear del 1 (el más penetrante) al 3 (el menos penetrante).

_____ Alfa   _____ Beta   _____ Gamma

c. Predice ¿Cuáles son los números de identidad y de masa del núcleo del magnesio-28 formado durante la desintegración beta?

_____

¿comprendiste?

○ **¡Comprendí!** Ahora sé que los tres tipos más importantes de radiación producidos durante la desintegración radiactiva son _____

_____

_____

_____

○ Necesito más ayuda con _____

_____

Consulta MY SCIENCE 🅢 COACH *en línea para obtener ayuda en inglés sobre este tema.*

¿Para qué sirven los isótopos radiactivos?

Los isótopos radiactivos tienen muchos usos en la ciencia y la industria. En algunos casos, la energía liberada por los isótopos radiactivos es útil en sí misma. En otros casos, la radiación es útil porque puede ser detectada fácilmente. **Los isótopos radiactivos se usan para determinar la edad de fósiles, para analizar los pasos de reacciones químicas y procesos industriales, para diagnosticar y tratar enfermedades y para proporcionar fuentes de energía.**

Datación radiactiva Los isótopos radiactivos se desintegran a diferentes velocidades. La **vida media** de un isótopo radiactivo es el tiempo que tardan en desintegrarse la mitad de los átomos de una muestra. La vida media es diferente en cada isótopo radiactivo. ¡La vida media puede oscilar entre menos de un segundo y miles de millones de años!

Los fósiles son restos o vestigios de organismos que se han preservado. La edad de los fósiles que tienen millones o miles de millones de años se averigua mediante isótopos radiactivos con una vida media muy larga, como el uranio. Para fósiles mucho más recientes, por lo general se usa el carbono-14. Cuando las plantas crecen, utilizan el dióxido de carbono (CO_2) del aire. Una fracción del total del dióxido de carbono contiene el isótopo radiactivo carbono-14. Éste pasa a ser parte de la estructura de la planta. Cuando la planta muere, deja de absorber dióxido de carbono. Si se preservan los restos de la planta, se puede medir la cantidad de carbono-14 que tiene. Los científicos calculan cuántas vidas medias han pasado desde que la planta murió y estiman la edad del fósil. Ese proceso se denomina **datación radiactiva**.

¡Usa las matemáticas!

Los datos del fósil del diente de un mamut indican que el carbono-14 se ha estado desintegrando en el diente durante cinco vidas medias.

1 ⚠ **Calcula** Calcula la edad del diente.

_____ vidas medias × _____ años/vida media = _____ años.

2 [DESAFÍO] ¿Qué fracción de la cantidad de carbono-14 que había en el diente de mamut cuando murió queda después de cinco vidas medias?

$$\left(\frac{1}{2}\right)^5 = \underline{\quad} \times \underline{\quad} \times \underline{\quad} \times \underline{\quad} \times \underline{\quad} = \underline{\quad}$$

Vida media de algunos isótopos radiactivos

Elemento	Vida media
Polonio-216	0.16 segundo
Sodio-24	15 horas
Yodo-131	8.07 días
Fósforo-32	14.3 días
Cobalto-60	5.26 años
Radio-226	1,600 años
Carbono-14	5,730 años
Cloro-36	310,000 años
Uranio-235	710 millones de años
Uranio-238	4,500 millones de años

Relaciona causa y efecto

¿Por qué son útiles los isótopos radiactivos para analizar los pasos de una reacción química?

_____

_____

_____

_____

_____

_____

Usos en la ciencia y la industria

Un isótopo radiactivo, como la luz de un faro en la noche, "señala" el lugar donde está y emite una radiación detectable. Los **trazadores** son isótopos radiactivos que se pueden seguir a través de los pasos de una reacción química o un proceso industrial. Los trazadores se comportan químicamente como formas no radiactivas de un elemento. Por ejemplo, las plantas usan fósforo en pequeñas cantidades para tener un crecimiento sano. La planta de la **ilustración 5** absorberá el fósforo radiactivo-32 igual que la forma no radiactiva. La radiación estará presente en todas las partes de la planta que contengan el isótopo. De ese modo, los biólogos pueden aprender dónde y cómo usan el fósforo las plantas.

Los trazadores se usan para detectar puntos débiles en caños de metal, especialmente en oleoductos. Cuando se agregan a un líquido, los trazadores se pueden detectar fácilmente si es que hay una fuga en los caños. Los rayos gamma pueden atravesar el metal y se pueden detectar por medio de una placa fotográfica. Las imágenes de rayos gamma permiten a los ingenieros de estructuras detectar grietas pequeñas en el metal de puentes y estructuras de edificios antes de que ocurra un desastre.

Trazadores radiactivos

Las raíces de una planta absorben el fósforo-32 agregado al suelo. El trazador se puede detectar en todas las estructuras vegetales en las que hay fósforo. Explica **Escribe una leyenda breve debajo de cada ilustración para explicar lo que está pasando.**

Radiación gamma

Usos en la medicina

Los médicos usan isótopos radiactivos para detectar problemas de salud y para tratar algunas enfermedades. Los trazadores se inyectan en el cuerpo y llegan hasta los órganos y otras estructuras en las que el producto químico se usa normalmente. Los técnicos toman imágenes del hueso, la sangre, el vaso o el órgano afectado por medio de equipos que detectan la radiación.

A veces, los tumores cancerosos se tratan desde fuera del cuerpo con rayos gamma de alta energía. La radiación gamma dirigida hacia un tumor canceroso daña las células cancerosas de manera tal que no pueden desarrollarse más.

Energía nuclear

En muchas centrales eléctricas nucleares, como la de la **ilustración 6**, se usan isótopos radiactivos como combustible. Tanto la fisión nuclear como la fusión nuclear liberan enormes cantidades de energía cuando reaccionan. En un reactor nuclear, los átomos de uranio-235 se dividen bajo condiciones controladas. La energía producida calienta agua y genera vapor. El vapor hace girar una turbina. Eso genera electricidad. Las centrales eléctricas nucleares suministran energía eléctrica en muchas partes del mundo. Las reacciones nucleares también suministran la energía para los submarinos grandes y otros tipos de embarcaciones marítimas.

ILUSTRACIÓN 6 ·······
Central eléctrica nuclear
La torre de enfriamiento de una central eléctrica nuclear ayuda a controlar la temperatura en el interior del reactor. La central eléctrica convierte la energía térmica en energía eléctrica.

Zona de laboratorio Haz la Actividad rápida de laboratorio
Diseñar experimentos con trazadores radiactivos.

🖳 Evalúa tu comprensión

3a. Explica ¿Por qué la vida media es útil para los arqueólogos?

_____

_____

_____

b. 🔁 **Relaciona causa y efecto** ¿Por qué los isótopos radiactivos que emiten rayos gamma son útiles para tratar algunos tipos de cáncer?

_____

_____

_____

¿comprendiste?·······

○ **¡Comprendí!** Ahora sé que cuatro usos de los isótopos radiactivos son _____

_____

_____

○ **Necesito más ayuda con** _____

Consulta my science 🔵 coach *en línea para obtener ayuda en inglés sobre este tema.*

3 Guía de estudio

En la tabla periódica, los elementos están organizados en orden _____ según su número atómico. Las propiedades de los elementos se repiten en cada _____.

LECCIÓN 1 Introducción a los átomos

🔑 La teoría atómica creció como una serie de modelos que se desarrollaron a partir de la evidencia experimental.

🔑 En el centro del átomo hay un núcleo diminuto y denso que contiene protones y neutrones. Alrededor del núcleo, hay una región que parece una nube con electrones en movimiento.

Vocabulario
• átomo • electrón • núcleo • protón
• nivel de energía • neutrón • número atómico
• isótopo • número de masa

LECCIÓN 2 Organización de los elementos

🔑 Mendeleiev descubrió un patrón de propiedades al organizar los elementos en orden ascendente según su masa atómica.

🔑 La tabla periódica incluye el número atómico, símbolo, nombre y masa atómica de cada elemento.

🔑 Las propiedades de un elemento se pueden predecir por su ubicación en la tabla periódica.

Vocabulario
• masa atómica • tabla periódica
• símbolo químico • período • grupo

LECCIÓN 3 Metales

🔑 Las propiedades físicas de los metales son el lustre, la maleabilidad, la ductilidad y la conductividad.

🔑 Los metales se clasifican en metales alcalinos, metales alcalinotérreos, metales de transición, metales de grupos mixtos, lantánidos y actínidos.

Vocabulario
• metal • lustre • maleable • dúctil
• conductividad térmica • conductividad eléctrica
• reactividad • corrosión • metal alcalino
• metal alcalinotérreo • metal de transición

LECCIÓN 4 No metales y metaloides

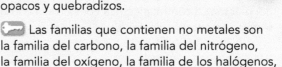

🔑 En general, la mayoría de los no metales son malos conductores. Los no metales sólidos tienden a ser opacos y quebradizos.

🔑 Las familias que contienen no metales son la familia del carbono, la familia del nitrógeno, la familia del oxígeno, la familia de los halógenos, los gases nobles y el hidrógeno.

Vocabulario
• no metal • molécula diatómica • halógeno
• gas noble • metaloide • semiconductor

LECCIÓN 5 Elementos radiactivos

🔑 Durante la desintegración radiactiva, la identidad de los átomos cambia.

🔑 La desintegración radiactiva produce partículas alfa, partículas beta y rayos gamma.

🔑 Los isótopos radiactivos se usan para determinar la edad de fósiles, para analizar los pasos de reacciones químicas y procesos industriales, para diagnosticar y tratar enfermedades y para proporcionar fuentes de energía.

Vocabulario
• desintegración radiactiva • reacción nuclear • radiactividad • partícula alfa
• partícula beta • rayo gamma • vida media • datación radiactiva • trazador

Repaso y evaluación

LECCIÓN 1 Introducción a los átomos

1. El número atómico de un elemento está determinado por el número de

a. protones. **b.** electrones.

c. neutrones. **d.** isótopos.

2. Dos isótopos de un elemento tienen el mismo

número de _____ pero números

diferentes de _____ .

3. Relaciona causa y efecto ¿Cómo es posible que un átomo sea eléctricamente neutro si contiene partículas con carga?

_____

_____

_____

4. Relaciona la evidencia con la explicación ¿Cómo llevó la evidencia experimental de Rutherford a desarrollar un modelo atómico nuevo?

_____

_____

_____

_____

_____

_____

_____

5. Escríbelo Escribe una carta que Thomson podría haber enviado a otro científico donde explicara por qué un átomo contiene tanto cargas positivas como negativas. La carta también debería explicar por qué Thomson propuso el modelo atómico que planteó.

LECCIÓN 2 Organización de los elementos

6. Las filas de la tabla periódica se denominan

a. grupos. **b.** períodos.

c. no metales. **d.** metales.

7. Dimitri Mendeleiev diseñó la primera tabla

periódica, que es _____

_____

_____

8. Aplica conceptos La entrada siguiente está tomada de la tabla periódica. Identifica el tipo de información dada por cada ítem rotulado.

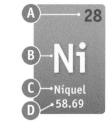

_____

_____

_____

_____

9. Haz generalizaciones ¿Por qué la masa atómica de la mayoría de los elementos no es un número entero?

_____

_____

_____

_____

10. Escríbelo Escribe un anuncio publicitario que podrías usar para vender copias de la tabla periódica de Mendeleiev a los químicos en 1869. Asegúrate de destacar los beneficios de la tabla para esos profesionales. Recuerda: los químicos nunca han visto una de esas tablas.

Metales

11. De estas opciones, el grupo que contiene los elementos más reactivos es el de

    a. los metales alcalinos.   **b.** los metales alcalinotérreos.

    c. la familia del carbono.   **d.** los gases nobles.

12. Una propiedad de los metales es su alta conductividad térmica, que es_____

_____.

13. Predice Usa la tabla periódica para predecir qué elemento es más reactivo: el potasio, el aluminio o el hierro. Explica tu respuesta.

_____

_____

_____

_____

No metales y metaloides

14. A diferencia de los metales, los no metales sólidos son

    a. buenos conductores del calor y de la corriente eléctrica.

    b. maleables.

    c. opacos y quebradizos.

    d. dúctiles.

15. Dos elementos que tienen propiedades similares a las del cloro son _____

_____.

16. Infiere ¿Qué propiedad de los materiales usados en los chips de las computadoras los hace útiles como interruptores para conectar y desconectar la electricidad?

_____

_____

_____

_____

_____

Elementos radiactivos

17. Los núcleos atómicos inestables que liberan partículas de movimiento rápido y energía son

    a. radiactivos.   **b.** aleaciones.

    c. isótopos.   **d.** partículas alfa.

18. Un isótopo radiactivo que se puede seguir a través de una reacción química o un proceso industrial se denomina _____.

19. Clasifica ¿Qué tipo de desintegración radiactiva convierte al uranio-238 en torio-234?

_____

_____

20. **Escríbelo** Imagínate que pudieras volver atrás en el tiempo para entrevistar a Henri Becquerel el día que descubrió la radiactividad. Desde su perspectiva, escribe un informe sobre el descubrimiento.

 ¿Cómo está organizada la tabla periódica?

5	6	7	8
B Boro 10.81	**C** Carbono 12.011	**N** Nitrógeno 14.007	**O** Oxígeno 15.999

13	14	15	16
Al Aluminio 26.982	**Si** Silicio 28.086	**P** Fósforo 30.974	**S** Azufre 32.06

21. Arriba se muestra una parte de la tabla periódica. ¿Qué elemento de la tabla periódica tiene propiedades muy similares a las del nitrógeno (N)? Explica tu respuesta.

_____

_____

_____

_____

Preparación para exámenes estandarizados

Selección múltiple

Encierra en un círculo la letra de la mejor respuesta.

1. A continuación, se muestra una parte de la tabla periódica.

¿Qué elementos son gases nobles?

A oxígeno, flúor y neón

B azufre, cloro y argón

C flúor y cloro

D neón y argón

2. ¿Por qué la masa del átomo de carbono es mayor que la masa total de sus protones y electrones?

A La masa de un protón es mayor que la masa de un electrón.

B Un protón tiene carga positiva y un electrón tiene carga negativa.

C La mayor parte del volumen de un átomo es la nube de electrones con forma de esfera.

D Los neutrones del núcleo suman masa al átomo.

3. ¿Cómo cuál de las opciones siguientes es probable que se clasifiquen los elementos que son gases a temperatura ambiente?

A metales

B no metales

C metaloides

D semiconductores

4. ¿Qué propiedad del aluminio lo hace un metal apropiado para las latas de refrescos?

A Tiene buena conductividad eléctrica.

B Se puede martillar y formar una lámina delgada (maleabilidad).

C Se puede estirar para crear alambres largos (ductilidad).

D Refleja la luz (lustre).

5. Los isótopos radiactivos emiten radiación que puede ser detectada. ¿Esa propiedad los hace útiles en cuál de las formas siguientes?

A como trazadores en reacciones químicas

B para detectar fugas en oleoductos

C para diagnosticar ciertos problemas médicos

D todas las opciones anteriores

Respuesta elaborada

Usa la tabla que sigue para responder la pregunta 6. Escribe tu respuesta en una hoja aparte.

Elemento	Aspecto	Reactividad	Conduce electricidad
A	gas amarillo verdoso	alta	no
B	sólido rojo brillante	moderada	sí
C	gas incoloro	ninguna	no
D	sólido blanco plateado	alta	sí

6. Identifica cada elemento como metal alcalino, metal de transición, halógeno o gas noble. Explica tus respuestas.

¿QUÉ CRECE EN ESTA CUEVA?

¿De qué manera los enlaces determinan las propiedades de las sustancias?

La Cueva de los cristales, en México, contiene los cristales naturales más grandes del mundo. Estas rocas son de yeso mineral. Se formaron bajo el agua durante nada menos que 500,000 años. Cuando se empezó a bombear agua de las cuevas, también salían miles de cristales gigantescos de hasta 11 metros de longitud y 50,000 kilogramos de masa. A simple vista, las cuevas parecen lugares divertidos para ir a escalar, pero en el interior las temperaturas pueden llegar a los 65 °C (más calor del que hace en un desierto por la tarde). Sin el equipo especializado, cualquier persona que quisiera explorar la cueva podría morir.

Formula definiciones prácticas Basándote en la fotografía de la Cueva de los cristales, ¿cómo definirías un cristal?

_____

_____

_____

> UNTAMED SCIENCE Mira el video de **Untamed Science** para aprender más sobre los enlaces químicos.

Átomos y enlaces

4 Para comenzar

Verifica tu comprensión

1. Preparación Lee el párrafo siguiente y luego responde la pregunta.

Marcy llena una cubitera y la pone en el congelador. El congelador mantiene una temperatura de –18 °C, que es más baja que el **punto de fusión** del agua (0 °C). A las pocas horas, cuando Marcy abre el congelador, descubre que el agua se ha congelado y se han formado unos cubitos de hielo **sólido.**

> El **punto de fusión** de una sustancia es la temperatura a la que la sustancia cambia de estado sólido a líquido.
>
> Un **sólido** tiene forma y volumen definidos.

- ¿Qué ocurrirá si dejas un cubo de hielo afuera un día caluroso y soleado? Explica tu respuesta.

_____

_____

_____

MY READING WEB Si tuviste dificultades para responder la pregunta anterior, visita *My Reading Web* y escribe *Atoms and Bonding.*

Destreza de vocabulario

Palabras académicas de uso frecuente Las palabras académicas de uso frecuente son palabras que probablemente encuentres en los libros de texto. Mientras lees este capítulo, busca las palabras siguientes en su contexto.

Palabra	Definición	Ejemplo de oración
estable	(*adj.*) que no cambia fácil o rápidamente de un estado a otro	El oro es un metal *estable* que no se oxida ni se deslustra.
símbolo	(*s.*) signo escrito que representa otra cosa	El *símbolo* del elemento oxígeno es O.

2. Verificación rápida **Elige la palabra que mejor completa la oración.**

- La letra H es el _____ del hidrógeno.
- Las joyas de platino duran mucho tiempo porque el platino es un metal

  muy _____

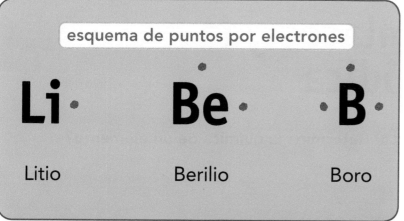
esquema de puntos por electrones

Li· · Be · · B ·

Litio   Berilio   Boro

compuesto iónico

$CaCO_3$

cristal

¡Yo lo quiero!
¡Yo lo quiero más!
enlace polar

Vistazo al capítulo

LECCIÓN 1
- electrón de valencia
- esquema de puntos por electrones
- enlace químico
- 🔄 Relaciona causa y efecto
- △ Predice

LECCIÓN 2
- ión
- ión poliatómico
- enlace iónico
- compuesto iónico
- fórmula química
- subíndice
- cristal
- 🔄 Relaciona el texto y los elementos visuales
- △ Interpreta datos

LECCIÓN 3
- enlace covalente
- molécula
- enlace doble
- enlace triple
- compuesto molecular
- enlace no polar
- enlace polar
- 🔄 Compara y contrasta
- △ Haz una gráfica

LECCIÓN 4
- enlace metálico
- aleación
- 🔄 Identifica la idea principal
- △ Clasifica

> VOCAB FLASH CARDS Para obtener más ayuda con el vocabulario, visita *Vocab Flash Cards* y escribe *Atoms and Bonding.*

Átomos, enlaces y la tabla periódica

DESCUBRE LA PREGUNTA PRINCIPAL

¿Qué factor determina la química de un elemento?

mi Diario del planeta

Efectos elementales

A muchas personas les gusta mirar los fuegos artificiales. ¿Sabías que la química tiene mucho que ver con la belleza y el ruido de los fuegos artificiales? Los diferentes colores y efectos que se producen dependen de las propiedades de los elementos de los compuestos químicos que se usan en cada cohete. Cuando estallan, estos compuestos producen humo, estallidos de colores, ruidos estrepitosos o una combinación de todos esos efectos.

En la tabla siguiente encontrarás algunos elementos que forman los compuestos de los fuegos artificiales y los efectos que producen.

Usa tus conocimientos sobre la tabla periódica y responde las preguntas siguientes. Cuando termines la lección, comprueba tus respuestas.

¿Qué elementos crees que se usaron para fabricar los fuegos artificiales de la foto? ¿A qué grupos de la tabla periódica pertenecen estos elementos?

_____

_____

_____

Elemento	Efecto
Estroncio	Color rojo
Bario	Color verde
Cobre	Color azul
Sodio	Color amarillo
Magnesio o aluminio	Color blanco
Potasio o sodio	Silbido
Potasio y azufre	Humo blanco

PLANET DIARY   Consulta **Planet Diary** para aprender más en inglés sobre los elementos.

Zona de laboratorio   Haz la Indagación preliminar ¿Cuáles son las tendencias de la tabla periódica?

Vocabulario

* electrón de valencia
* esquema de puntos por electrones
* enlace químico

Destrezas

↻ Lectura: Relaciona causa y efecto
△ Indagación: Predice

¿Qué factor determina la química de un elemento?

¿Cómo se combinan los átomos para formar compuestos? La respuesta tiene que ver con los electrones y sus niveles de energía.

Los electrones de valencia En todo átomo neutro, el número de protones es igual al número de electrones. Los electrones de un átomo se encuentran en diferentes niveles de energía. Los electrones que se encuentran en niveles de energía más altos tienen más energía. Los **electrones de valencia** de un átomo son los electrones que tienen mayor cantidad de energía. Los electrones de valencia intervienen en los enlaces químicos. **El número de electrones de valencia de cada átomo ayuda a determinar las propiedades químicas de ese elemento.**

Esquemas de puntos por electrones Cada átomo de un elemento tiene un cierto número de electrones de valencia. El número de electrones de valencia es diferente para cada elemento. Los elementos pueden tener de 1 a 8 electrones de valencia. La **ilustración 1** muestra una forma de representar el número de electrones de valencia de un elemento. En un **esquema de puntos por electrones** se escribe el símbolo de un elemento rodeado de puntos. Cada punto representa un electrón de valencia.

Enlaces Los átomos tienden a ser más estables si tienen 8 electrones de valencia. Los átomos de neón (Ne), argón (Ar), criptón (Kr) y xenón (Xe) tienen 8 electrones de valencia. Estos elementos son no reactivos, o estables. El helio (He) es estable con 2 electrones.

Los átomos tienden a formar enlaces hasta reunir 8 electrones de valencia y estabilizarse. El hidrógeno sólo necesita 2 para ser estable. Cuando los átomos forman enlaces, los electrones de valencia se pueden transferir de un átomo a otro o se pueden compartir entre los átomos. Un **enlace químico** es la fuerza de atracción que mantiene dos átomos juntos como resultado del movimiento de electrones entre ambos.

Hidrógeno   Carbono   Oxígeno

Neón

ILUSTRACIÓN 1 ·······················

Los esquemas de puntos por electrones

Los electrones de valencia de un átomo se muestran como puntos alrededor del símbolo del elemento.

✎ **Interpreta diagramas**

Completa el esquema de puntos por electrones del neón con el número correcto de puntos.

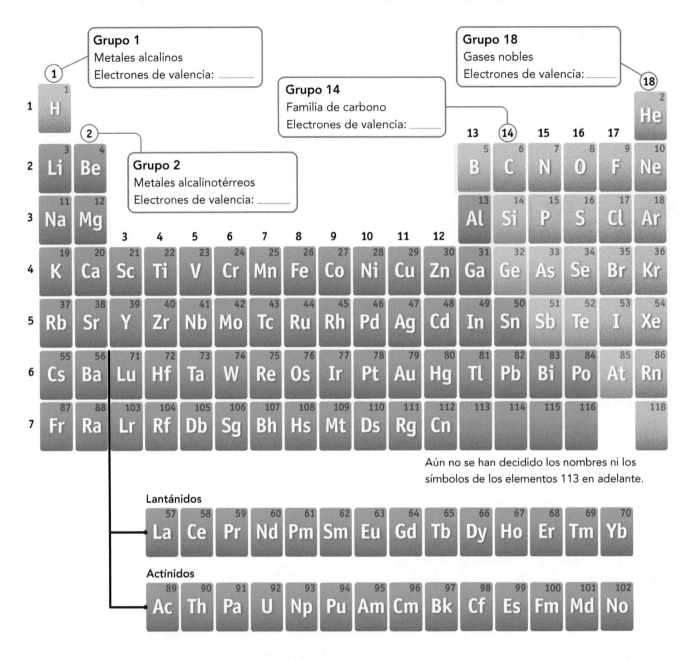

Grupo 1
Metales alcalinos
Electrones de valencia: _____

Grupo 14
Familia de carbono
Electrones de valencia: _____

Grupo 18
Gases nobles
Electrones de valencia: _____

Grupo 2
Metales alcalinotérreos
Electrones de valencia: _____

Aún no se han decidido los nombres ni los símbolos de los elementos 113 en adelante.

Lantánidos

Actínidos

ILUSTRACIÓN 2 ·····························

> INTERACTIVE ART **La tabla periódica de los elementos**
La tabla periódica está ordenada de menor a mayor según el número atómico. El número de electrones de valencia también aumenta de izquierda a derecha en cada período.

✎ **Interpreta tablas** Mientras lees la lección, completa el número de electrones de valencia para cada uno de los grupos encerrados en un círculo en la tabla de arriba.

Cómo aplicar la tabla periódica

La **ilustración 2** muestra la tabla periódica. La tabla da información sobre los electrones de valencia de los átomos. Está organizada en filas, denominadas períodos, y columnas, denominadas grupos. El número atómico de un elemento es el número de protones que tiene cada uno de sus átomos.

Los elementos de la tabla periódica están ordenados de menor a mayor según su número atómico. El número de electrones de valencia aumenta de izquierda a derecha en cada período. Cada período comienza con un elemento que tiene 1 electrón de valencia. Excepto el Período 1, todos los períodos terminan con un elemento que tiene 8 electrones de valencia. Este patrón repetitivo significa que todos los elementos de un grupo (salvo en el caso del Período 1) tienen siempre el mismo número de electrones de valencia. Como resultado, los elementos de un mismo grupo tienen propiedades semejantes.

En los Períodos 2 y 3, cada elemento tiene un electrón de valencia más que el elemento de la izquierda. Los elementos del Grupo 1 tienen 1 electrón de valencia. Los elementos del Grupo 2 tienen 2. Los elementos del Grupo 13 tienen 3 electrones de valencia. Los elementos del Grupo 14 tienen 4 y así sucesivamente. (Los elementos de los Grupos 3 a 12 siguen un patrón un poco diferente).

¡aplícalo!

A continuación se muestran los símbolos de los elementos de los Períodos 2 y 3. Sólo se muestran los esquemas de puntos por electrones para la mitad de los elementos.

1 Completa los esquemas de puntos por electrones del nitrógeno, el oxígeno, el flúor, el sodio, el magnesio, el aluminio, el silicio y el argón.

2 El flúor (F) y el cloro (Cl) están en el Grupo _____.
Un átomo de flúor tiene _____ electrones de valencia.
Un átomo de cloro tiene _____ electrones de valencia.

3 Predice ¿Cuántos electrones de valencia tiene un átomo de bromo (Br)? _____

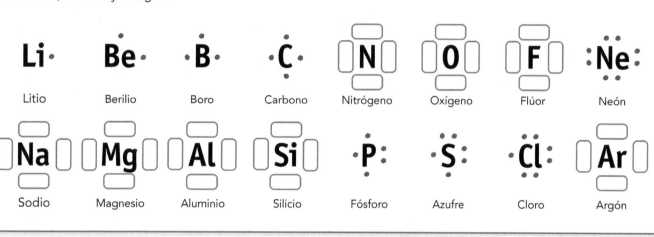

Los gases nobles Los elementos del Grupo 18 son los gases nobles. Todos los átomos de los gases nobles tienen 8 electrones de valencia, excepto el helio, que tiene 2. Los átomos con 8 electrones de valencia (o 2, en el caso del helio) son estables. Es poco probable que ganen o pierdan electrones, o que los compartan con otros átomos. Los gases nobles no reaccionan fácilmente con otros elementos. Algunos directamente no reaccionan. Sin embargo, los químicos han logrado formar compuestos con gases nobles y algunos otros pocos elementos.

ILUSTRACIÓN 3 ·······················
El flash de las cámaras
Para hacer el flash de las cámaras, se usa argón, que es un gas noble.

Vocabulario Usa la palabra
estable para explicar por qué
los metales alcalinos tienden a
perder 1 electrón de valencia.

_____

_____

_____

_____

_____

_____

Los metales Los metales son los elementos que están en la sección azul dentro de la tabla periódica de la **ilustración 2.** Los átomos de los metales reaccionan perdiendo sus electrones de valencia. En general, la reactividad de los metales depende de la facilidad con que sus átomos pierden electrones de valencia. La reactividad de los metales disminuye de izquierda a derecha en la tabla periódica.

En el extremo izquierdo de la tabla periódica está el Grupo 1: los metales alcalinos. Cada metal alcalino es el elemento más reactivo de su período. Los átomos de los metales alcalinos tienen 1 electrón de valencia. Excepto el litio (Li), cuando un átomo del Grupo 1 pierde un electrón, se queda con una configuración estable de 8 electrones del mayor nivel energético. Estos electrones están en un nivel de energía menor que el electrón de valencia perdido. (Los átomos de litio se quedan con una configuración estable de 2 electrones). Los metales alcalinos son tan reactivos que, si se unen al agua, ¡pueden provocar una explosión!

Los no metales Los elementos que están en la sección anaranjada de la tabla periódica de la **ilustración 2** son los no metales. Los átomos de los no metales se estabilizan cuando ganan o comparten el número necesario de electrones de manera que resten 8 electrones de valencia. (Los átomos de hidrógeno se quedan con una configuración estable de 2 electrones).

Los no metales suelen ganar electrones cuando se combinan con metales. Además, los no metales pueden combinarse con otros no metales y metaloides compartiendo electrones.

Los átomos del Grupo 17, los halógenos, tienen 7 electrones de valencia. Si ganan un electrón más, se quedan con una configuración estable de 8 electrones. Reaccionan fácilmente con otros elementos. La **ilustración 4** muestra la reacción del bromo (Br), un halógeno, con el aluminio (Al).

🔁 **Relaciona causa y efecto**
En el párrafo de la derecha, subraya
la causa y encierra en un círculo
el efecto.

ILUSTRACIÓN 4
▶ VIRTUAL LAB La reactividad del bromo
El aluminio reacciona violentamente con el bromo y forma bromuro de aluminio.

✎ **DESAFÍO** ¿Qué ocurriría si se combinara un metal alcalino con un halógeno? Explica tu respuesta.

_____

_____

Completa la tabla sobre los grupos de elementos de la tabla periódica.

Número de grupo	Nombre del grupo	Número de electrones de valencia	Reactividad (alta/baja)
1	Metales alcalinos		
17	Halógenos		
18	Gases nobles		

Los metaloides Los metaloides están en la línea zigzagueante de la tabla periódica, entre los metales y los no metales. Los átomos de los metaloides pierden o comparten electrones cuando se combinan con otros elementos. Los metaloides tienen algunas propiedades de los metales y algunas de los no metales.

El hidrógeno El hidrógeno (H) está en el Grupo 1 de la tabla periódica porque tiene 1 electrón de valencia, pero se lo considera un no metal. Las propiedades del hidrógeno son muy distintas de las propiedades de los metales alcalinos. El hidrógeno comparte su electrón al formar compuestos con otros no metales y obtiene una configuración estable de 2 electrones.

ILUSTRACIÓN 5 ⋯⋯⋯⋯⋯⋯⋯⋯⋯

Los chips de las computadoras
El silicio, un metaloide, es uno de los elementos más abundantes de la Tierra. Con él se hacen los chips de los procesadores informáticos.

Zonade **laboratorio** Haz la Actividad rápida de laboratorio *La química de los elementos.*

🔑 Evalúa tu comprensión

1a. Define ¿Qué son los electrones de valencia?

_____

_____

b. Explica ¿Por qué las propiedades de los elementos cambian de manera regular a lo largo de un período?

_____

_____

_____

c. 🔄 **Relaciona causa y efecto** Explica la reactividad de los gases nobles en función de los electrones de valencia.

_____

_____

_____

_____

_____

_____

¿comprendiste? ⋯⋯⋯⋯⋯⋯⋯⋯⋯⋯⋯⋯⋯⋯⋯⋯⋯⋯⋯⋯⋯⋯⋯⋯⋯⋯⋯

○ **¡Comprendí!** Ahora sé que las propiedades químicas de un elemento dependen del _____

_____

○ Necesito más ayuda con _____

Consulta MY SCIENCE 🐛 COACH en línea para obtener ayuda en inglés sobre este tema.

Enlaces iónicos

🗝️ **¿Cómo se forman los iones?**

🗝️ **¿Cómo se escriben las fórmulas y los nombres de los compuestos iónicos?**

🗝️ **¿Cuáles son las propiedades de los compuestos iónicos?**

mi Diario Del planeta

La paleta periódica

Imagínate que los colores del arco iris se llamaran cadmio, cromo, cobalto y manganeso. Quizás no te suenen como los típicos colores del arco iris... ¡pero a muchos artistas y pintores sí!

Los "colores" de arriba son elementos metales de transición. Estos metales forman compuestos conocidos como compuestos iónicos. Muchos compuestos de metales de transición tienen colores vivos. Se suelen usar para hacer los pigmentos del óleo, el acrílico y las acuarelas. Por ejemplo, los compuestos de cadmio y cromo sirven para hacer pinturas rojas, anaranjadas, amarillas y verdes. Los compuestos de cobalto y manganeso sirven para hacer las pinturas azules y moradas.

DATOS CURIOSOS

Comunica ideas Escribe tu respuesta a las preguntas siguientes. Luego, comenta las respuestas con un compañero.

1. ¿Por qué los compuestos de metales de transición suelen usarse en los pigmentos de las pinturas?

_____

_____

_____

2. Algunos de los compuestos que se usan en los pigmentos de las pinturas pueden causar graves problemas de salud. ¿Crees que vale la pena usar este tipo de pinturas y afrontar los posibles riesgos de salud? ¿Por qué?

_____

_____

_____

▷ PLANET DIARY Consulta *Planet Diary* para aprender más en inglés sobre los compuestos iónicos.

Zona de laboratorio ® Haz la Indagación preliminar *¿Cómo se forman los iones?*

Vocabulario

- ión • ión poliatómico • enlace iónico • compuesto iónico
- fórmula química • subíndice • cristal

Destrezas

⟳ Lectura: Relaciona el texto y los elementos visuales

△ Indagación: Interpreta datos

¿Cómo se forman los iones?

Pasas con un amigo por una tienda donde se venden manzanas a 40 centavos y peras a 50 centavos. Tienes 45 centavos y quieres una manzana. Tu amigo también tiene 45 centavos, pero quiere una pera. Si le das a tu amigo una moneda de cinco centavos, él tendrá 50 centavos y podrá comprarse una pera. A ti te quedarán 40 centavos para tu manzana. Si le transfieres la moneda de cinco centavos, ambos tendrán lo que quieren. De modo sencillo, estas acciones representan lo que puede ocurrir entre los átomos.

Una conversación entre dos átomos

¡Estoy a punto de perder un electrón!

¿Crees que te hará bien?

¡Ahora me siento tan positivo!

K F

K⁺ F⁻

ILUSTRACIÓN 1 ·····················

Formación de los iones

Un átomo que pierde uno de sus electrones se convierte en un ión de carga positiva. El átomo que gana el electrón se convierte en un ión de carga negativa.

✏ **Interpreta diagramas**

Completa los esquemas de puntos por electrones del potasio (K) y el flúor (F) antes y después de que se transfiera el electrón.

·····················

✏

⟳ Relaciona el texto y los elementos visuales

A partir de la tira cómica de la ilustración 1, explica por qué el átomo de potasio adquiere carga positiva y el átomo de flúor adquiere carga negativa.

_____

_____

_____

_____

_____

_____

Los iones Un **ión** es un átomo o un grupo de átomos con carga eléctrica. 🖘 **Cuando un átomo neutro pierde un electrón de valencia, pierde una carga negativa. Se convierte en un ión positivo. Cuando un átomo neutro gana un electrón, obtiene una carga negativa. Se convierte en un ión negativo.** La **ilustración 1** muestra este proceso.

Los átomos de los metales son propensos a perder electrones. Estos átomos pierden el número suficiente de electrones de manera que tengan una configuración estable de 8 electrones de valencia en un nivel de energía más bajo. Los átomos de potasio (K) pierden su electrón de valencia con facilidad para estabilizarse. Los átomos de los no metales suelen ganar electrones. Estos átomos ganan un número suficiente de electrones de manera que tengan 8 electrones de valencia. Los átomos de flúor (F) ganan 1 electrón y se quedan con una configuración estable de 8 electrones de valencia.

INTERACTIVE ART

Los iones

Los iones tienen carga eléctrica.

Iones comunes y sus cargas

Nombre	Carga	Símbolo o fórmula
Litio	1+	Li^+
Sodio	1+	Na^+
Potasio	1+	K^+
Amonio	1+	NH_4^+
Calcio	2+	Ca^{2+}
Magnesio	2+	Mg^{2+}
Aluminio	3+	Al^{3+}
Fluoruro	1–	F^-
Cloruro	1–	Cl^-
Yoduro	1–	I^-
Bicarbonato	1–	HCO_3^-
Nitrato	1–	NO_3^-
Óxido	2–	O^{2-}
Sulfuro	2–	S^{2-}
Carbonato	2–	CO_3^{2-}
Sulfato	2–	SO_4^{2-}

Algunos iones comunes En la **ilustración 2** puedes ver los nombres de algunos iones comunes. Observa que algunos iones se componen de varios átomos. El ión de amonio está formado por 1 átomo de nitrógeno y 4 átomos de hidrógeno. Los iones formados por más de 1 átomo se denominan **iones poliatómicos.** El prefijo *poli-* significa "muchos", así que *poliatómico* significa "muchos átomos". Al igual que otros iones, los iones poliatómicos tienen una carga total positiva o negativa.

Los enlaces iónicos Cuando los átomos que pierden electrones fácilmente reaccionan con átomos que ganan electrones fácilmente, se transfieren electrones de valencia de un tipo de átomo al otro. La transferencia proporciona a cada átomo una configuración de electrones más estable. En la **ilustración 3** puedes ver cómo reaccionan los átomos de sodio y cloro para formar el cloruro de sodio (sal de mesa).

1 El átomo de sodio tiene 1 electrón de valencia. El átomo de cloro tiene 7 electrones de valencia.

2 El electrón de valencia del átomo de sodio se transfiere al átomo de cloro. Ambos átomos se convierten en iones. El átomo de sodio se convierte en un ión positivo (Na^+). El átomo de cloro se convierte en un ión negativo (Cl^-).

3 Las partículas con cargas opuestas se atraen, así que el ión positivo Na^+ y el ión negativo Cl^- se atraen. Un **enlace iónico** es la atracción entre dos iones con cargas opuestas. El compuesto resultante se denomina **compuesto iónico.** Los compuestos iónicos están formados por iones positivos y negativos. En los compuestos iónicos, la carga positiva total de todos los iones positivos es igual a la carga negativa total de todos los iones negativos.

Cómo se forma un enlace iónico

Sigue estos pasos para ver cómo se forma un enlace iónico entre un átomo de sodio y un átomo de cloro.

✏️ **Infiere** Completa los esquemas de puntos por electrones de los átomos de sodio y de cloro, y sus iones.

▲ Sodio metálico ▲ Gas cloro

Transferencia de un electrón

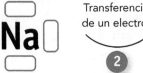

1 Na **2** Cl

3 Na^+ Cl^-

Ión de sodio Ión de cloruro

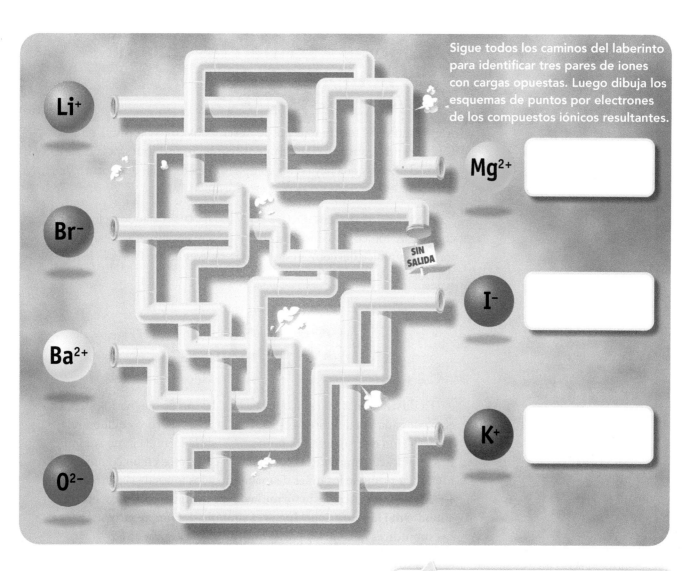

Sigue todos los caminos del laberinto para identificar tres pares de iones con cargas opuestas. Luego dibuja los esquemas de puntos por electrones de los compuestos iónicos resultantes.

Li⁺

Br⁻

Ba²⁺

O²⁻

Mg²⁺

SIN SALIDA

I⁻

K⁺

Zona de laboratorio®   Haz la Actividad rápida de laboratorio *Cómo se forman los iones.*

🔑 Evalúa tu comprensión

1a. Repasa Un átomo que pierde un electrón de valencia se convierte en un ión (positivo/negativo). Un átomo que gana un electrón de valencia se convierte en un ión (positivo/negativo).

b. Aplica conceptos Escribe los símbolos de los iones que se forman cuando el potasio y el yodo reaccionan y forman el compuesto iónico yoduro de potasio.

_____

c. Relaciona causa y efecto ¿Por qué el yoduro de potasio tiene una carga eléctrica neutra?

_____
_____
_____
_____
_____

¿comprendiste?..

○ **¡Comprendí!** Ahora sé que los iones se forman cuando _____
_____

○ Necesito más ayuda con _____

Consulta MY SCIENCE 💬 COACH *en línea para obtener ayuda en inglés sobre este tema.*

133

¿Cómo se escriben las fórmulas y los nombres de los compuestos iónicos?

A menudo verás los compuestos representados con su fórmula química. Una **fórmula química** es un grupo de símbolos que muestra la razón de los elementos que hay en un compuesto. La fórmula del cloruro de magnesio es $MgCl_2$. ¿Qué te dice esta fórmula?

Fórmulas de compuestos iónicos
Cuando se forma un compuesto iónico, los iones se combinan para equilibrar sus cargas. La fórmula química del compuesto refleja este equilibrio. Observa la fórmula del cloruro de magnesio.

Símbolos químicos

$MgCl_2$

Subíndice

La **ilustración 2** muestra que la carga del ión de magnesio es 2+. La carga de cada ión de cloruro es 1–. Dos iones de cloruro equilibran la carga del ión de magnesio. El número "2" de la fórmula es un subíndice. Los **subíndices** muestran la razón de los elementos en un compuesto. En $MgCl_2$, la razón de los iones de magnesio a los iones de cloruro es de 1 a 2. **Para escribir la fórmula de un compuesto iónico, escribe el símbolo del ión positivo y luego el símbolo del ión negativo. Agrega los subíndices necesarios para equilibrar las cargas.**

Si no escribes ningún subíndice, se entiende que el subíndice es 1. La fórmula NaCl indica que la razón de iones de sodio a iones de cloruro es de 1 a 1. Las fórmulas de compuestos de iones poliatómicos se escriben de manera similar. La fórmula del carbonato de calcio es $CaCO_3$. Hay un ión de calcio (Ca^{2+}) por cada ión de carbonato (CO_3^{2-}).

ILUSTRACIÓN 4 ·····························

Los arrecifes de coral
Los corales producen carbonato de calcio para protegerse. Cuando un coral muere, su concha de carbonato de calcio sigue en pie como parte de la estructura del arrecife.

Identifica Encierra en un círculo la parte de la fórmula que representa el ión de carbonato. Luego, identifica la carga de cada ión del compuesto.

$CaCO_3$

Cómo nombrar los compuestos iónicos

Cloruro de magnesio, bicarbonato de sodio, óxido de sodio... ¿De dónde vienen estos nombres? 🔑 **En un compuesto iónico, se pone primero el nombre del ión negativo, luego se dice "de" y después se agrega el nombre del ión positivo.** El nombre del ión positivo suele ser el nombre de un metal. Sin embargo, existen algunos pocos iones poliatómicos positivos, como el ión de amonio (NH_4^+). Si el ión negativo es un elemento simple, se cambia el final del nombre por *-ido* o *-uro*. Por ejemplo, MgO se denomina óxido de magnesio. Si el ión negativo es poliatómico, el nombre suele terminar en *-ato* o *-ito*. El nitrato de amonio (NH_4NO_3) es un fertilizante de plantas bastante usual.

¿sabías que...?

El óxido de calcio (CaO), también conocido como cal, emite una luz blanca al calentarse. En una época, en los teatros se usaban lámparas especiales de cal para enfocar a los actores.

¡aplícalo!

Los químicos se refieren a los compuestos por su nombre o su fórmula química.

⚠ **Interpreta datos** Usa la tabla periódica y la **ilustración 2** para completar la tabla.

Nombre	Ión positivo	Ión negativo	Fórmula
Cloruro de magnesio	Mg^{2+}	Cl^-	$MgCl_2$
Bromuro de sodio	___	___	___
___	___	___	Li_2O
___	Mg^{2+}	S^{2-}	___
Fluoruro de aluminio	___	___	___
___	___	___	KNO_3
___	NH_4^+	Cl^-	___

> **Zona de laboratorio** Haz la Actividad rápida de laboratorio ¿Cómo escribes los nombres y las fórmulas de los iones?

🔑 Evalúa tu comprensión

2a. Explica La fórmula del sulfuro de sodio es Na_2S. Explica qué significa esta fórmula.

_____

_____

_____

b. Aplica conceptos Escribe la fórmula del cloruro de calcio. Explica cómo determinaste esta fórmula.

_____

_____

_____

¿comprendiste?..

○ **¡Comprendí!** Ahora sé que para escribir la fórmula de un compuesto iónico, _____

_____

○ **Necesito más ayuda con** _____

Consulta **my science ⬤ coach** en línea para obtener ayuda en inglés sobre este tema.

¿Cuáles son las propiedades de los compuestos iónicos?

Los compuestos tienen algunas propiedades diferentes de las propiedades de los elementos que los componen. Ya has leído acerca de las propiedades de los metales y los no metales pero, ¿cuáles son las propiedades de los compuestos iónicos que se forman en una reacción entre metales y no metales? **En general, los compuestos iónicos forman unos cristales duros y quebradizos que tienen puntos de fusión altos. Cuando se disuelven en agua o se funden, conducen la corriente eléctrica.**

Los cristales iónicos Los compuestos iónicos forman cuerpos sólidos mediante la acumulación de patrones repetitivos de iones. La **ilustración 5** muestra un trozo de halita, o cloruro de sodio en su estado natural. Los trozos de halita tienen una forma cúbica. En la halita, números iguales de iones de Na⁺ y de Cl⁻ se atraen formando un patrón alternante, como muestra el diagrama. Los iones forman una estructura tridimensional ordenada denominada **cristal.**

En un compuesto iónico, cada ión atrae los iones de carga opuesta que lo rodean. El patrón que forman los iones es siempre el mismo, más allá del tamaño del cristal. En un simple grano de sal, el patrón del cristal se extiende por millones de iones en cada dirección. Muchos de los cristales formados por compuestos iónicos son duros y quebradizos. Esto se debe a la fuerza de los enlaces iónicos y a la atracción de los iones entre sí.

Puntos de fusión altos Los iones de un cristal deben separarse para que un compuesto iónico se funda. Se necesita una gran cantidad de energía para separar los iones de un cristal, porque la atracción entre los iones positivos y negativos es muy fuerte. Como resultado, los compuestos iónicos tienen puntos de fusión muy altos. El punto de fusión del cloruro de sodio es 801 °C.

ILUSTRACIÓN 5 ⋯⋯⋯⋯⋯⋯⋯⋯⋯

La halita

Los iones de los compuestos iónicos se organizan en figuras tridimensionales específicas denominadas cristales. Algunos cristales tienen forma cúbica, como estos cristales de halita, o cloruro de sodio.

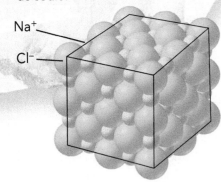

Na⁺

Cl⁻

¡aplícalo!

La galena, o sulfuro de plomo (PbS), tiene una estructura semejante a la de la sal de mesa.

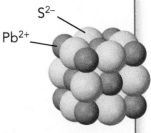

S²⁻

Pb²⁺

❶ **Infiere** La fórmula química del sulfuro de plomo indica que contiene _____ ión/iones de S²⁻ por cada ión de Pb²⁺.

❷ ¿Qué mantiene unidos los iones de la galena?

_____

_____

❸ **DESAFÍO** Si el patrón de iones de la galena que ves aquí se expandiera en todas las direcciones, ¿cuántos iones de sulfuro rodearían cada ión de plomo? _____ ¿Cuántos iones de plomo rodearían cada ión de sulfuro? _____

ILUSTRACIÓN 6 ···

Pepinillos incandescentes

La corriente eléctrica puede conducirse a través de un pepinillo en vinagre porque contiene agua salada. Después de un rato, el pepinillo se calienta y se vuelve incandescente. ✏ Comunica ideas **Comenta con un compañero qué iones creen que tendrá la solución que hay dentro del pepinillo.**

La corriente eléctrica es el flujo de partículas cargadas. Cuando se disuelven cristales iónicos en agua, los iones se mueven libremente y la solución conduce la corriente. Por eso la corriente eléctrica atraviesa el pepinillo de la **ilustración 6**. Asimismo, cuando se funde un compuesto iónico, los iones se mueven libremente y el líquido conduce la corriente. En cambio, los compuestos iónicos sólidos no son buenos conductores de la corriente. Los iones del cristal sólido están enlazados con mucha fuerza y no se mueven de un lugar a otro. Si las partículas cargadas no se mueven, no hay corriente.

Zona de **laboratorio** Haz la Investigación de laboratorio *Ilumínate sobre los iones.*

🔑 Evalúa tu comprensión

3a. Repasa Los enlaces iónicos son lo suficientemente fuertes como para que casi todos los compuestos iónicos sean _____ a temperatura ambiente.

b. Relaciona causa y efecto En estado sólido, la sal de mesa no conduce la corriente eléctrica. ¿Por qué la sal disuelta en agua sí conduce la corriente?

_____

_____

¿**comprendiste?** ···

○ **¡Comprendí!** Ahora sé que algunas propiedades de los compuestos iónicos son _____

_____

_____

○ Necesito más ayuda con _____

Consulta my science 🔊 coach *en línea para obtener ayuda en inglés sobre este tema.*

3 Enlaces covalentes

🔑 **¿Cómo se unen los átomos en un enlace covalente?**

🔑 **¿Cuáles son las propiedades de los compuestos moleculares?**

🔑 **¿Cómo adquieren carga parcial los átomos enlazados?**

mi Diario del planeta

Pies pegajosos

¿Has visto alguna vez un geco trepando una pared o corriendo por el cielorraso? Los gecos parecen desafiar la gravedad. Tienen unos pelos muy pequeños en la planta de las patas. Estos pelillos se ramifican en cientos de estructuras menores, denominadas espátulas. Cuando un geco trepa por una pared, los miles de millones de espátulas entran en contacto con la superficie. Los científicos consideran que los gecos pueden adherirse a las superficies gracias a estos miles de millones de pequeñas fuerzas de atracción, denominadas fuerzas de van der Waals, que se producen entre las moléculas de las espátulas y las moléculas de la superficie. Actualmente, los científicos están desarrollando adhesivos que reproducen las características de las espátulas.

DATOS CURIOSOS

Comunica ideas **Responde las preguntas siguientes. Luego, comenta las respuestas con un compañero.**

1. ¿Por qué es importante que los miles de millones de espátulas entren en contacto con la superficie por la que trepa el geco?

_____

_____

_____

_____

_____

2. ¿Qué usos crees que podrías darle a un adhesivo que funciona como la pata de un geco?

_____

_____

_____

_____

▶ PLANET DIARY Consulta *Planet Diary* para aprender más en inglés sobre las fuerzas de atracción entre las moléculas.

Zona de laboratorio Haz la Indagación preliminar *Enlaces covalentes.*

Vocabulario

- enlace covalente • molécula • enlace doble • enlace triple
- compuesto molecular • enlace no polar • enlace polar

Destrezas

- Lectura: Compara y contrasta
- Indagación: Haz una gráfica

¿Cómo se unen los átomos en un enlace covalente?

Pasas con un amigo por una panadería que vende unas galletas gigantes con trocitos de chocolate por un dólar. Sólo tienen 50 centavos cada uno. Si suman el dinero, pueden comprar una galleta y dividirla en dos. Por lo tanto, pueden comprar una galleta si comparten el dinero. De manera similar, 2 átomos pueden formar un enlace si comparten sus electrones. El enlace químico que se forma cuando 2 átomos comparten electrones se denomina **enlace covalente.** Los enlaces covalentes se forman generalmente entre átomos de no metales. Los enlaces iónicos se suelen formar cuando un metal se combina con un no metal.

Electrones compartidos Los no metales pueden enlazarse con otros no metales al compartir electrones. Los átomos de algunos no metales pueden enlazarse entre sí. La **ilustración 1** muestra cómo 2 átomos de flúor reaccionan compartiendo un par de electrones. Al compartir electrones, cada átomo de flúor tiene 8 electrones de valencia a su alrededor. 🔑 **Las atracciones entre los electrones compartidos y los protones del núcleo de cada átomo unen los átomos en un enlace covalente.** Los 2 átomos de flúor enlazados forman una **molécula.** Una molécula es un conjunto neutro de átomos unidos por enlaces covalentes.

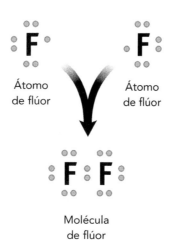

¡aplícalo!

Aplica conceptos Dibuja un esquema de puntos por electrones para mostrar cómo 2 átomos de yodo se enlazan y forman una molécula.

ILUSTRACIÓN 1 ·····················

Electrones compartidos
Al compartir 2 electrones en un enlace covalente, cada átomo de flúor gana un grupo estable de 8 electrones de valencia.

✏️ **Interpreta diagramas**
Encierra en un círculo los electrones compartidos que forman un enlace covalente entre los 2 átomos de flúor.

F   F
Átomo   Átomo
de flúor   de flúor

F F
Molécula
de flúor

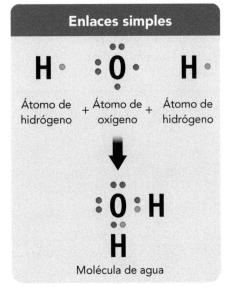

Enlaces simples

Átomo de hidrógeno + Átomo de oxígeno + Átomo de hidrógeno

↓

Molécula de agua

Enlace doble

Átomo de oxígeno + Átomo de oxígeno

↓

Molécula de oxígeno

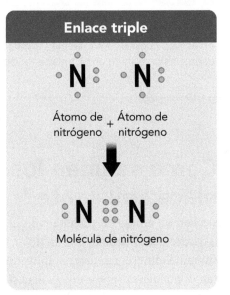

Enlace triple

Átomo de nitrógeno + Átomo de nitrógeno

↓

Molécula de nitrógeno

ILUSTRACIÓN 2 ••

Enlaces covalentes
Los átomos pueden formar enlaces covalentes simples, dobles y triples al compartir un par de electrones o más.

¿Cuántos enlaces hay? Observa el esquema de puntos por electrones de la **ilustración 2.** Cuenta cuántos electrones de valencia hay alrededor de cada átomo de hidrógeno y de oxígeno. El hidrógeno tiene 1 electrón de valencia. El oxígeno tiene 6 electrones de valencia. En una molécula de agua, el oxígeno forma un enlace covalente con cada uno de los 2 átomos de hidrógeno. Como consecuencia, el átomo de oxígeno tiene una configuración estable de 8 electrones de valencia. Cada átomo de hidrógeno forma un enlace porque necesita sólo 2 electrones para ser estable.

Observa el esquema de puntos por electrones de la molécula de oxígeno (O_2) de la **ilustración 2.** En este caso, los 2 átomos comparten 2 pares de electrones y forman un **enlace doble.** Los átomos de algunos elementos, como el nitrógeno, pueden compartir 3 pares de electrones y formar un **enlace triple.** La **ilustración 2** también muestra el esquema de puntos por electrones de la molécula de nitrógeno (N_2).

🖉 **DESAFÍO** En una molécula de dióxido de carbono (CO_2) el átomo de carbono forma un enlace doble con cada uno de los 2 átomos de oxígeno. Dibuja abajo el esquema de puntos por electrones del dióxido de carbono.

Zonade **laboratorio**® Haz la Actividad rápida de laboratorio *Electrones compartidos.*

🔑 **Evalúa tu comprensión**

¿comprendiste? ••

○ **¡Comprendí!** Ahora sé que, en un enlace covalente, los átomos están unidos por _____

_____

○ Necesito más ayuda con _____

Consulta MY SCIENCE 🌐 COACH en línea para obtener ayuda en inglés sobre este tema.

¿Cuáles son las propiedades de los compuestos moleculares?

El agua, el oxígeno y la sacarosa (azúcar de mesa, $C_{12}H_{22}O_{11}$) son ejemplos de compuestos moleculares. Un **compuesto molecular** es un compuesto formado por moléculas. Las moléculas de un compuesto molecular contienen átomos unidos por enlaces covalentes. Los compuestos iónicos están formados por iones y no forman moléculas.

🔑 **A diferencia de los compuestos iónicos, los compuestos moleculares no suelen conducir la corriente eléctrica cuando se funden o se disuelven en agua. Además, los compuestos moleculares generalmente tienen puntos de fusión y puntos de ebullición menores que los de los compuestos iónicos.**

Baja conductividad
La mayoría de los compuestos moleculares no conducen la corriente eléctrica. Los compuestos moleculares no contienen partículas cargadas que puedan moverse, por lo que no hay corriente. ¿Alguna vez notaste que algunos cables están aislados con plástico o goma? Esos materiales están hechos de compuestos moleculares. Ni siquiera en su forma líquida son buenos conductores. El agua pura no conduce la corriente eléctrica, como tampoco lo hace el azúcar de mesa cuando se funde o se disuelve en agua.

Puntos de fusión y ebullición bajos
En un sólido molecular, las moléculas se mantienen unidas entre sí por sus fuerzas. Pero las fuerzas que actúan entre las moléculas son mucho más débiles que las fuerzas que se ejercen entre los iones. Es necesario aplicar mucho menos calor a un sólido molecular, en comparación con un sólido iónico, para separar las moléculas y hacer que pase de estado sólido a líquido. Por ejemplo, la sal de mesa se funde a 801 °C, pero el azúcar se funde a aproximadamente 190 °C.

ILUSTRACIÓN 3
Auriculares
Los cables, como los de los auriculares, están aislados con plástico o goma para evitar que circule corriente eléctrica entre ellos. Además, gracias a este aislamiento, podemos tocarlos sin recibir descargas ni electrocutarnos.

✏️ **Observa** ¿Qué otros objetos tienen cables aislados?

_____

_____

_____

¡Usa las matemáticas!

Analizar datos

Compuestos moleculares e iónicos

En la tabla se muestran los puntos de fusión y ebullición de algunos compuestos moleculares y compuestos iónicos.

1 ⚠️ **Haz una gráfica** En el espacio de abajo, haz una gráfica de barras con los puntos de fusión de estos compuestos. Ordena las barras de menor a mayor según el punto de fusión. Rotula cada barra con la fórmula química del compuesto.

2 Los puntos de fusión de los compuestos moleculares son (menores/mayores) que los de los compuestos iónicos.

3 Los puntos de ebullición de los compuestos moleculares son (menores/mayores) que los de los compuestos iónicos.

Sustancia	Fórmula	Punto de fusión (°C)	Punto de ebullición (°C)
Cloruro de calcio	$CaCl_2$	775	1,935
Alcohol isopropílico	C_3H_8O	–87.9	82.3
Octano	C_8H_{18}	–56.8	125.6
Cloruro de sodio	NaCl	800.7	1,465
Agua	H_2O	0	100

▨ Compuesto molecular   ▨ Compuesto iónico

4 **Predice** El amoníaco (NH_3) tiene un punto de fusión de –78 °C y un punto de ebullición de –34 °C. Según estos datos, podemos suponer que el amoníaco es un compuesto (molecular/iónico).

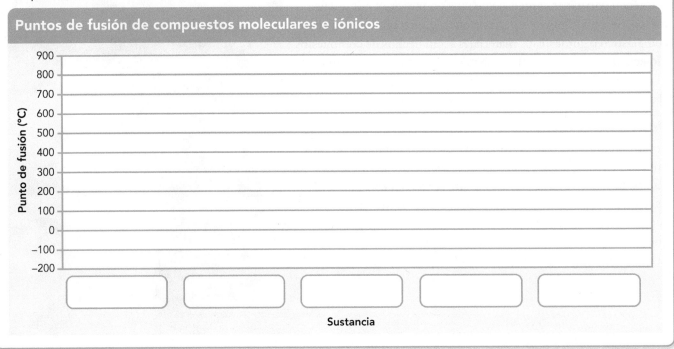

Puntos de fusión de compuestos moleculares e iónicos

Punto de fusión (°C): 900, 800, 700, 600, 500, 400, 300, 200, 100, 0, –100, –200

Sustancia

Zona de laboratorio: Haz la Actividad rápida de laboratorio *Las propiedades de los compuestos moleculares.*

🔑 Evalúa tu comprensión

¿comprendiste? ....

○ **¡Comprendí!** Ahora sé que los compuestos moleculares tienen, entre otras, estas propiedades: _____

_____

○ Necesito más ayuda con _____

Consulta MY SCIENCE ⓢ COACH *en línea para obtener ayuda en inglés sobre este tema.*

142 Átomos y enlaces

¿Cómo adquieren carga parcial los átomos enlazados?

¿Alguna vez has jugado a jalar la cuerda? Si lo hiciste, sabes que cuando un equipo jala más fuerte que el otro, la cuerda se mueve hacia el lado del equipo más fuerte. Lo mismo ocurre con los electrones de un enlace covalente. Los átomos de algunos elementos atraen los electrones compartidos en el enlace covalente con más fuerza que los otros átomos. Como resultado, los electrones no se comparten por igual. **Cuando los electrones se comparten de forma desigual, los átomos de un enlace covalente tienen pequeñas cargas eléctricas.**

Enlaces no polares y enlaces polares Si 2 átomos atraen los electrones de igual manera, ninguno de los átomos se carga. Esto sucede cuando se enlazan átomos idénticos. El enlace covalente en el que los electrones se comparten por igual se denomina **enlace no polar.** La molécula de hidrógeno (H_2) que puedes ver en la **ilustración 4** tiene un enlace no polar.

Cuando los electrones de un enlace covalente se comparten de manera desigual, el átomo más fuerte adquiere una carga ligeramente negativa. El átomo más débil adquiere una carga ligeramente positiva. El enlace covalente en el que los electrones se comparten de manera desigual se denomina **enlace polar.** El ácido fluorhídrico (HF), que también muestra la **ilustración 4,** tiene un enlace polar.

Compara y contrasta
En un enlace no polar, los electrones se comparten (por igual/de manera desigual). En un enlace polar, los electrones se comparten (por igual/de manera desigual).

ILUSTRACIÓN 4 ·······
> ART IN MOTION **Enlaces no polares y polares**
El hidrógeno forma un enlace no polar con otro átomo de hidrógeno. En el ácido fluorhídrico, el flúor atrae los electrones con más fuerza que el hidrógeno. El enlace que se forma es polar.

Comunica ideas Imagina que eres un comentador deportivo. En el espacio que sigue, escribe un comentario sobre cada vuelta del juego de jalar una cuerda entre los dos átomos.
Primera vuelta: Hidrógeno (H_2)

Segunda vuelta: Ácido fluorhídrico (HF)

Primera vuelta: H_2

Segunda vuelta: HF

143

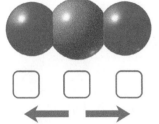

Molécula no polar
Dióxido de carbono

La atracción opuesta se cancela.

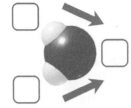

Molécula polar
Agua

Electrones atraídos
hacia el oxígeno

ILUSTRACIÓN 5 ·······················

Moléculas no polares y polares

Las moléculas de dióxido de carbono y de agua tienen enlaces polares. Sin embargo, sólo el agua es una molécula polar.

✎ **Interpreta diagramas** Escribe un signo positivo (+) al lado de los átomos que adquieren una pequeña carga positiva. Escribe un signo negativo (–) al lado de los átomos que adquieren una pequeña carga negativa.

Los enlaces polares de las moléculas

Una molécula es polar si tiene un extremo con carga positiva y el otro con carga negativa. Sin embargo, no todas las moléculas que tienen enlaces polares son polares en sí mismas. En una molécula de dióxido de carbono, los átomos de oxígeno atraen los electrones con más fuerza que el átomo de carbono. Los enlaces entre los átomos de oxígeno y de carbono son polares. Pero, como puedes ver en la **ilustración 5**, una molécula de dióxido de carbono tiene la forma de una línea recta. Los dos átomos de oxígeno jalan con igual fuerza en direcciones opuestas. Las atracciones se cancelan y, así, la molécula es no polar.

Una molécula de agua, con sus dos enlaces polares, es polar en sí misma. Como puedes ver en la **ilustración 5**, una molécula de agua tiene una forma curva. Los dos átomos de hidrógeno están en un extremo de la molécula. El átomo de oxígeno, que está en el otro extremo, atrae los electrones con más fuerza que los átomos de hidrógeno. Como resultado, el extremo de la molécula donde está el átomo de oxígeno tiene una pequeña carga negativa. El extremo donde están los átomos de hidrógeno tiene una pequeña carga positiva.

Un mar de enlaces

¿De qué manera los enlaces determinan las propiedades de las sustancias?

ILUSTRACIÓN 6 ·······················

▶ **INTERACTIVE ART** El mar Muerto es un lago de agua salada situado en el Medio Oriente. Es tan salado que ni los peces ni las plantas pueden sobrevivir allí. El agua contiene muchos compuestos disueltos, como cloruro de sodio, cloruro de magnesio y cloruro de potasio.

✎ **Repasa** Responde las preguntas sobre el agua y el cloruro de sodio.

Agua (H₂O)

El agua es un ejemplo de un compuesto (iónico/molecular).

Este tipo de enlace se forma cuando ____
_____
_____

Algunas de las propiedades de estos compuestos son ____
_____
_____

Primer plano de la sal

Atracciones entre moléculas

Las cargas opuestas se atraen. Las moléculas polares se conectan entre sí mediante atracciones leves de las pequeñas cargas negativas y positivas. Estas atracciones se denominan fuerzas de van der Waals. En las moléculas polares de agua, los extremos de oxígeno con carga negativa atraen los extremos de hidrógeno con carga positiva de las moléculas de agua cercanas. Las fuerzas de van der Waals atraen las moléculas de agua entre sí. Son las mismas fuerzas por las que las patas de los gecos pueden adherirse a superficies lisas, como el vidrio.

Las propiedades de los compuestos polares y no polares son diferentes debido a las distintas atracciones entre las moléculas. El punto de fusión y el punto de ebullición del agua son mucho más altos que el punto de fusión y el punto de ebullición del oxígeno. Para romper las atracciones entre las moléculas polares de agua se requiere más energía que la necesaria para romper las atracciones entre las moléculas no polares de oxígeno.

Cloruro de sodio (NaCl)

El cloruro de sodio es un ejemplo de un compuesto (iónico/molecular).

Este tipo de enlace se forma cuando _____

_____

_____

Algunas de las propiedades de estos compuestos

son _____

_____

_____

_____

 Zona de laboratorio Haz la Actividad rápida de laboratorio *Atracción entre las moléculas polares.*

Evalúa tu comprensión

1a. Repasa ¿Qué tipo de enlaces se forman cuando los átomos comparten los electrones de manera desigual?

_____

b. Predice ¿Qué compuesto tendría un punto de ebullición más alto: el dióxido de carbono o el agua? Explica tu respuesta.

_____

_____

_____

_____

_____

c. RESPONDE LA PREGUNTA PRINCIPAL ¿De qué manera los enlaces determinan las propiedades de las sustancias?

_____

_____

_____

_____

_____

_____

_____

_____

¿comprendiste? ....

○ **¡Comprendí!** Ahora sé que algunos átomos de los enlaces covalentes pueden adquirir una pequeña carga negativa o carga positiva cuando _____

_____

○ **Necesito más ayuda con** _____

_____

Consulta MY SCIENCE COACH *en línea para obtener ayuda en inglés sobre este tema.*

145

4 Enlaces en metales

🔑 ¿Cuál es la estructura de los cristales metálicos?

🔑 ¿Cuáles son las propiedades de los metales?

mi DiaRio DeL planeta

DESCUBRIMIENTO

Superconductores

En 1911, el físico Heike Kamerlingh Onnes hizo un descubrimiento sorprendente. Cuando enfriaba el mercurio a −269 °C (4 kelvins), ¡el mercurio ya no impedía el flujo de corriente eléctrica! El mercurio enfriado se convirtió en el primer superconductor del mundo. Un superconductor es un material que no tiene resistencia al flujo de corriente eléctrica.

Algunos metales y aleaciones se convierten en superconductores si se someten a temperaturas muy bajas. Eso significa que pueden conducir corrientes eléctricas durante largos períodos de tiempo sin perder energía en forma de calor. Los superconductores también pueden crear campos magnéticos muy poderosos, como los que hacen levitar e impulsan los trenes de alta velocidad.

Comunica ideas Escribe la respuesta a las preguntas siguientes. Luego, comenta las respuestas con un compañero.

1. ¿En qué se diferencian un superconductor y un conductor normal?

_____

_____

_____

_____

2. Los cables de alta tensión pierden en forma de calor entre un 10% y un 15% de la corriente eléctrica que transportan. ¿Por qué los científicos querrían fabricar cables de alta tensión con superconductores?

_____

_____

_____

_____

> PLANET DIARY Consulta *Planet Diary* para aprender más en inglés sobre los metales.

Zona de laboratorio

Haz la Indagación preliminar
¿Acero o no acero?

Vocabulario
- enlace metálico
- aleación

Destrezas
 Lectura: Identifica la idea principal

△ Indagación: Clasifica

¿Cuál es la estructura de los cristales metálicos?

Las propiedades de los metales sólidos se explican por la estructura de los átomos de metales y sus enlaces. Cuando los átomos de metales se combinan químicamente con los átomos de otros elementos, suelen perder electrones de valencia. Entonces se convierten en iones metálicos con carga positiva. Los átomos de metales pierden electrones con facilidad porque no están unidos con fuerza a sus electrones de valencia.

Esta debilidad en la unión de los electrones de valencia en los átomos de metales determina un tipo de enlace propio de los metales. La mayoría de los metales son sólidos cristalinos. **Un cristal metálico está formado por iones metálicos con carga positiva agrupados estrechamente. Los electrones de valencia se mueven libremente entre los iones.** Cada ión metálico está unido al cristal mediante un **enlace metálico:** una atracción entre un ión metálico positivo y los electrones que lo rodean. La **ilustración 1** muestra los enlaces metálicos que mantienen unido el papel de aluminio.

ILUSTRACIÓN 1 ···
Enlace metálico
Los iones metálicos con carga positiva están sumergidos en un "mar" de electrones de valencia.

✎ **Infiere ¿Por qué es improbable que los no metales tengan el tipo de enlace que se puede ver aquí?**

_____

_____

_____

Zona de laboratorio ® Haz la Actividad rápida de laboratorio *Cristales metálicos.*

🔑 Evalúa tu comprensión

¿comprendiste? ···

O **¡Comprendí!** Ahora sé que un cristal metálico está formado por _____

O Necesito más ayuda con _____

  Consulta my science 🔵 coach *en línea para obtener ayuda en inglés sobre este tema.*

¿Cuáles son las propiedades de los metales?

Reconoces un trozo de metal cuando lo ves. Por lo general, es duro, compacto y brillante. Casi todos los metales son sólidos a temperatura ambiente. Se pueden trabajar con un martillo para hacer láminas delgadas o convertir en alambres finos. Los productos electrónicos, como los equipos de audio, las computadoras y los reproductores de MP3 tienen partes metálicas porque los metales conducen la corriente eléctrica. Los enlaces metálicos explican muchas de las propiedades físicas frecuentes de los metales.

Algunas propiedades de los metales son el lustre brilloso y altos niveles de maleabilidad, ductilidad y conductividad eléctrica y térmica. Cada una de ellas está relacionada con el comportamiento de los electrones de valencia de los átomos de los metales.

Lustre Algunas partes de la motocicleta de la **ilustración 2** están recubiertas de cromo, un metal brillante. Los metales pulidos tienen un lustre reflectante y brilloso que se denomina lustre metálico. El lustre o brillo de un metal se debe a sus electrones de valencia. Cuando la luz enfoca los electrones, éstos absorben y reflejan la luz.

Identifica la idea principal
Subraya la idea principal de esta sección sobre las propiedades de los metales. Mientras lees, encierra en un círculo los detalles de apoyo.

El guardabarros protege al motociclista de la suciedad y los desechos. Los metales pueden usarse para producir guardabarros porque son

Los radiadores metálicos enfrían la motocicleta porque   el calor hacia el exterior.

Maleabilidad y ductilidad
Los metales son dúctiles. Pueden doblarse con facilidad o estirarse para hacer hilos o alambres delgados. Los metales también son maleables: se pueden aplanar para formar láminas, como el papel de aluminio, o para moldear formas complejas. Los metales se comportan de esta manera porque son los electrones sueltos, en lugar de otros iones metálicos, los que atraen a los iones metálicos positivos a su alrededor. Estos iones pueden cambiar de posición. Sin embargo, los enlaces metálicos entre el ión y los electrones que lo rodean evitan que los iones metálicos se separen unos de otros.

Conductividad térmica
La energía térmica es la energía total de movimiento de todas las partículas de un objeto. La energía térmica fluye de la materia más caliente a la materia más fría. La mayor energía de las partículas de las partes más calientes del material se transfiere a las partículas de las partes más frías. Esta transferencia de energía térmica se conoce como calor. Los metales son buenos conductores del calor porque los electrones de valencia que existen dentro de un metal pueden moverse libremente. Los electrones de la parte más caliente del metal pueden transferir energía a los electrones de la parte más fría.

ILUSTRACIÓN 2 ···

Las propiedades de los metales
Las propiedades únicas de los metales son el resultado del libre movimiento de sus electrones de valencia.
✎ **Interpreta fotos Completa cada oración con el término correcto.**

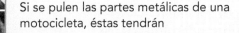
Si se pulen las partes metálicas de una motocicleta, éstas tendrán

Conductividad eléctrica Las partículas cargadas que se mueven libremente pueden conducir una corriente eléctrica. Los metales son buenos conductores de la corriente eléctrica porque los electrones de valencia en un metal se pueden mover con libertad entre los átomos. Los cables de electricidad se hacen con metales. Las placas base, como la de la **ilustración 3,** contienen tiras metálicas que conducen corriente eléctrica a través del circuito.

¡aplícalo!

Muchos objetos de metal aprovechan una o más propiedades típicas de los metales.

1 **Clasifica** Une con flechas cada propiedad física con el o los objetos que crees que mejor exponen esa propiedad.

Lustre

Maleabilidad

Ductilidad

Conductividad térmica

Conductividad eléctrica

ILUSTRACIÓN 3 ·······························
La conductividad eléctrica
Las tiras metálicas de la placa base de este reproductor de MP3 conducen la corriente eléctrica a través del circuito.

2 **Comunica ideas** Compara tus respuestas con las de un compañero. ¿Coincidieron las respuestas? De lo contrario, comenten las diferencias.

3 [DESAFÍO] Menciona un ejemplo de un objeto metálico que demuestre las propiedades del lustre y la maleabilidad.

_____

_____

_____

Aleaciones Muy pocos de los "metales" que usas todos los días están compuestos por un solo elemento. La mayoría de los objetos metálicos que ves y usas están hechos de aleaciones. Una **aleación** es una mezcla de dos o más elementos, de los cuales al menos uno es un metal. Generalmente, las aleaciones son más fuertes y menos reactivas que los metales puros que las forman.

El oro puro es brillante, pero es blando y se dobla con facilidad. Por eso, las joyas de oro se hacen con una aleación de oro mezclado con un elemento más fuerte, como el cobre o la plata. Las aleaciones de oro son mucho más fuertes que el oro puro y mantienen su belleza y brillo.

El hierro es un metal fuerte, pero los objetos de hierro se oxidan cuando se exponen al aire o al agua. Por esto, el hierro se suele alear con uno o más elementos para formar acero. Los objetos hechos con aleaciones de hierro, como el traje antitiburones que tiene el buceador de la **ilustración 4**, son mucho más fuertes que el hierro y no se oxidan tan fácilmente. Los tenedores y las cucharas de acero inoxidable pueden lavarse una y otra vez sin que se oxiden. Eso se debe a que el acero inoxidable (una aleación de hierro, carbono, níquel y cromo) no reacciona con el aire y el agua de la misma forma que el hierro.

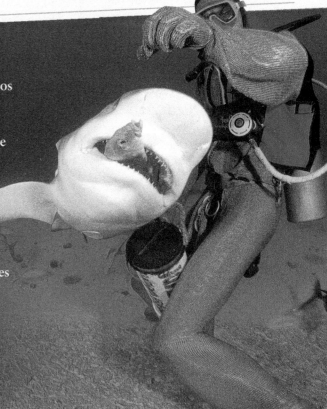

ILUSTRACIÓN 4
Las aleaciones
Un traje de acero protege al buzo de posibles mordeduras de tiburones. ✎ **Haz una lista** ¿Qué otros objetos crees que contienen acero?

_____

_____

Zona de **laboratorio** Haz la Actividad rápida de laboratorio *¿Qué hacen los metales?*

🔑 Evalúa tu comprensión

1a. Identifica ¿A qué se deben las propiedades de los metales?

_____

_____

b. Explica Explica por qué los metales son buenos conductores de la corriente eléctrica.

_____

_____

c. Aplica conceptos ¿Por qué es más seguro usar una cuchara que no sea de metal cuando cocinas en la hornilla?

_____

_____

_____

_____

_____

¿comprendiste? ....

⭕ **¡Comprendí!** Ahora sé que algunas de las propiedades de los metales son _____

_____

⭕ Necesito más ayuda con _____

Consulta MY SCIENCE 💬 COACH *en línea para obtener ayuda en inglés sobre este tema.*

151

Guía de estudio

Los compuestos iónicos tiene puntos de fusión más _____ que los compuestos moleculares. Los

compuestos iónicos conducen la corriente eléctrica cuando _____

LECCIÓN 1 Átomos, enlaces y la tabla periódica

🔑 El número de electrones de valencia de cada átomo ayuda a determinar las propiedades químicas de ese elemento.

Vocabulario
• electrón de valencia
• esquema de puntos por electrones
• enlace químico

Carbono

LECCIÓN 2 Enlaces iónicos

🔑 Cuando un átomo neutro pierde o gana un electrón de valencia, se convierte en un ión.

🔑 El nombre de un compuesto iónico se forma con el nombre del ión negativo seguido de "de" y el nombre del ión positivo.

🔑 Los compuestos iónicos tienen puntos de fusión altos.

Vocabulario

• ión • ión poliatómico • enlace iónico
• compuesto iónico • fórmula química
• subíndice • cristal

LECCIÓN 3 Enlaces covalentes

🔑 Las atracciones entre los electrones compartidos y los protones del núcleo de cada átomo unen los átomos en un enlace covalente.

🔑 Los compuestos moleculares tienen puntos de fusión bajos y no conducen la corriente eléctrica.

🔑 Cuando los electrones se comparten de forma desigual, los átomos enlazados adquieren pequeñas cargas eléctricas.

Vocabulario
• enlace covalente • molécula • enlace doble
• enlace triple • compuesto molecular
• enlace no polar • enlace polar

LECCIÓN 4 Enlaces en metales

🔑 Un cristal metálico está formado por iones metálicos con carga positiva agrupados estrechamente. Los electrones de valencia se mueven libremente entre los iones.

🔑 Algunas propiedades de los metales son el lustre brilloso y altos niveles de maleabilidad, ductilidad y conductividad eléctrica y térmica.

• **Vocabulario**
• enlace metálico
• aleación

Repaso y evaluación

Átomos, enlaces y la tabla periódica

1. Un esquema de puntos por electrones muestra, para un determinado átomo, su número de

a. protones.   **b.** electrones.

c. electrones de valencia.   **d.** enlaces químicos.

2. Cuando los átomos reaccionan, forman un enlace químico, que se define como _____

_____

_____

Usa los diagramas para responder las preguntas 3 y 4.

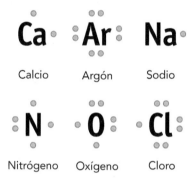

Calcio   Argón   Sodio

Nitrógeno   Oxígeno   Cloro

3. Infiere ¿Cuál de estos elementos puede estabilizarse mediante la pérdida de 1 electrón? Explica tu respuesta.

_____

_____

_____

4. Saca conclusiones ¿Cuál de estos elementos es menos probable que reaccione con otros elementos? Explica tu respuesta.

_____

5. **Escríbelo** Ve a la tienda de comestibles de tu vecindario y observa cómo están organizados los productos en los estantes. Escribe un párrafo en el que compares cómo están organizados los productos en la tienda y cómo están organizados los elementos en la tabla periódica.

Enlaces iónicos

6. Cuando un átomo pierde o gana electrones, se convierte en

a. un ión.   **b.** una fórmula.

c. un cristal.   **d.** un subíndice.

7. El cloruro de magnesio es un ejemplo de compuesto iónico, un compuesto formado por

_____

8. Clasifica Basándote en las fórmulas químicas, ¿cuál de estos compuestos difícilmente sea un compuesto iónico: KBr, SO_2, o $AlCl_3$? Explica tu respuesta.

_____

_____

9. Interpreta tablas Busca en la tabla periódica el número de electrones de valencia del calcio (Ca), el aluminio (Al), el rubidio (Rb), el oxígeno (O), el azufre (S) y el yodo (I). Luego usa esa información para predecir la fórmula de cada uno de los compuestos siguientes: óxido de calcio, yoduro de aluminio, sulfuro de rubidio y óxido de aluminio.

_____

_____

_____

_____

10. **Escríbelo** Imagínate que tienes el tamaño de un átomo y que estás observando una reacción entre un ión de potasio y un átomo de flúor. Describe cómo se forma un enlace iónico durante la reacción. Explica lo que sucede con los electrones de valencia de cada átomo y cómo cambia cada átomo al perder o ganar electrones.

LECCIÓN 3 **Enlaces covalentes**

11. Un enlace covalente, en el que los electrones se comparten por igual, se denomina

   a. enlace doble.　　**b.** enlace triple.

   c. enlace polar.　　**d.** enlace no polar.

12. Las fórmulas N_2, H_2O, y CO_2 representan moléculas, que se definen como _____

_____

_____

13. Infiere Un átomo de carbono puede formar cuatro enlaces covalentes. ¿Cuántos electrones de valencia tiene un átomo de carbono?

_____

14. Clasifica Identifica las moléculas siguientes como molécula polar o no polar. Explica tu razonamiento.

Oxígeno　　　　Dióxido de carbono

_____
_____
_____
_____
_____
_____
_____
_____
_____
_____

LECCIÓN 4 **Enlaces en metales**

15. Los átomos de metales que hay en el hierro se mantienen unidos por

   a. enlaces iónicos.　　**b.** enlaces polares.

   c. enlaces covalentes.　**d.** enlaces metálicos.

16. Los metales pulidos tienen un lustre metálico, lo que significa que _____

_____

17. Aplica conceptos ¿Por qué las herraduras de aluminio se doblan pero no se quiebran cuando el herrero las moldea con el martillo?

_____
_____
_____
_____
_____

 ¿De qué manera los enlaces determinan las propiedades de las sustancias?

18. Dejas un cubito de hielo y una cucharada de sal de mesa al aire libre un día soleado y caluroso. Explica por qué el cubo de hielo se derrite y la sal no.

_____
_____
_____
_____

Preparación para exámenes estandarizados

Selección múltiple

Encierra en un círculo la letra de la mejor respuesta.

1. La tabla siguiente muestra algunos iones y sus cargas.

Iones y sus cargas		
Nombre	**Carga**	**Símbolo/Fórmula**
Sodio	1+	Na^+
Calcio	2+	Ca^{2+}
Cloruro	1–	Cl^-
Fosfato	3–	PO_4^{3-}

   ¿Cuántos iones de sodio se necesitan para equilibrar la carga de un ión de fosfato?

   A 1

   B 2

   C 3

   D 4

2. La fórmula química de una molécula de glucosa es $C_6H_{12}O_6$. Los subíndices representan

   A la masa de cada elemento.

   B el número de átomos de cada elemento que hay en una molécula de glucosa.

   C el número total de enlaces que tiene cada átomo.

   D el número de electrones de valencia que hay en cada átomo.

3. Los elementos que tienen el mismo número de electrones de valencia

   A están dentro de un mismo grupo en la tabla periódica.

   B están dentro de un mismo período en la tabla periódica.

   C se denominan gases nobles.

   D se denominan metaloides.

4. Cuando un átomo pierde un electrón,

   A se convierte en un ión negativo.

   B se convierte en un ión positivo.

   C forma un enlace covalente.

   D gana un protón.

5. Todas estas características resultan de los enlaces metálicos, excepto

   A la tendencia a formar cristales duros y quebradizos.

   B la capacidad de conducir corriente eléctrica.

   C la capacidad de moldearse en láminas finas.

   D el lustre.

Respuesta elaborada

Usa los esquemas de puntos por electrones como ayuda para responder la pregunta 6. Escribe tu respuesta en una hoja aparte.

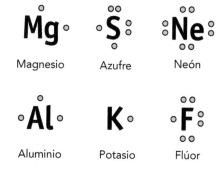

Magnesio   Azufre   Neón

Aluminio   Potasio   Flúor

6. Predice las fórmulas de los compuestos que, de ser posible, se formarían con cada una de las combinaciones siguientes de elementos: magnesio y flúor, aluminio y azufre, potasio y neón. Si es poco probable que se forme un compuesto, explica por qué.

Los farmacéuticos:
Químicos en acción

¿Te interesan las ciencias y, sobre todo, la química? El farmacéutico de tu vecindario es un químico muy bien preparado.

Los farmacéuticos trabajan con medicamentos. Todos los farmacéuticos tienen un título universitario en farmacia. Además, deben aprobar un examen en su estado para que les otorguen su licencia.

Los farmacéuticos que trabajan en farmacias venden medicamentos desde detrás de un mostrador. Trabajan con los clientes para comprobar que los medicamentos que están comprando no les harán mal. Para eso deben saber cómo interactúan los medicamentos entre sí y qué medicamentos se pueden tomar al mismo tiempo sin que impliquen riesgos para la salud.

Pero las farmacias no son el único lugar donde trabajan los farmacéuticos. Los farmacéuticos investigadores trabajan en laboratorios, donde desarrollan y evalúan nuevos medicamentos. Estos medicamentos pueden mejorar la calidad de vida de personas que quizás conozcas, e incluso salvarles la vida.

Investígalo Halla más información sobre las tareas de un farmacéutico investigador o un farmacéutico que trabaja en una farmacia. Haz un cartel informativo sobre su trabajo.

Los farmacéuticos estudian para ser expertos en el manejo de medicamentos. ▶

EL SUPERHÉROE ★ DE LOS PEGAMENTOS ★

Establece enlaces de inmediato y sirve para pegar un plato roto, para cerrar una herida en la piel de un pez o para pegar una tonelada de concreto a una viga de metal. ¿Magia? No, es cianoacrilato, un pegamento especial. Tan sólo tres centímetros cuadrados de cianoacrilato alcanzan para pegar más de una tonelada de prácticamente cualquier cosa a cualquier superficie.

El cianoacrilato ($C_5H_5NO_2$(l)) establece enlaces fuertes cuando entra en contacto con los iones de hidróxido (OH^-(g)) del agua. Casi en el mismo momento en que aprietas el pomo, el adhesivo entra en contacto con el vapor de agua que hay en el aire y se endurece, es decir, pasa de estado líquido a estado sólido.

Los grupos químicos del cianoacrilato atraen electrones fuertemente y forman cadenas de moléculas unidas entre sí. Estas cadenas forman una red plástica y rígida que se adhiere a cualquier otra molécula con la que entre en contacto. ¡Nadie escapa de su red!

Diséñalo Diseña una tira cómica en la que expliques cómo la molécula de cianoacrilato forma cadenas que producen súperenlaces.

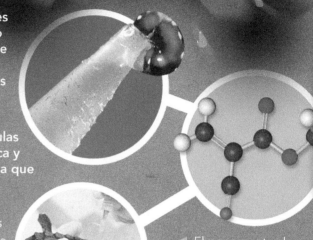

◄ El pegamento de cianoacrilato se usa para pegar las etiquetas de los investigadores a una tortuga caguama.

Metales de ciencia ficción

Los científicos de California han producido un metal amorfo, o vítreo, que se comporta como el plástico pero es más resistente que el titanio. Para producir este metal, se mezclan y funden algunos elementos y luego se enfrían muy rápido.

Los metales vítreos son más fuertes que los demás metales porque sus átomos no forman patrones cristalinos al enfriarse. Forman una estructura aleatoria de átomos, lo que les permite transferir energía más rápido y durar más que otros metales.

Investígalo Investiga las ventajas y desventajas de usar metales vítreos. ¿Qué impacto podrían tener los metales vítreos en la industria y la sociedad?

▲ La NASA ha usado el metal amorfo, cuya superficie es espejada, para fabricar mosaicos colectores de viento solar.

¿CÓMO HACEN LA MIEL LAS ABEJAS?

¿Cómo se conserva la materia en una reacción química?

Las abejas beben el néctar de las flores y lo almacenan en un saco de miel que tienen dentro del cuerpo. Allí el néctar comienza a convertirse en miel. El néctar se compone principalmente de agua, que se evapora durante el proceso de elaboración de la miel.

▷ **UNTAMED SCIENCE** Mira el video de *Untamed Science* para aprender más sobre las reacciones químicas.

Después de recolectar el néctar, las abejas regresan a la colmena y lo depositan en la boca de las abejas jóvenes. Las sustancias químicas de la boca de las abejas jóvenes modifican el néctar hasta convertirlo en miel. Cuando la miel está lista, las abejas la almacenan en el panal.

✎ **Saca conclusiones** Explica por qué la cantidad de néctar que recolectan las abejas es mayor que la cantidad de miel que producen.

_____

_____

_____

Reacciones químicas

5 | Para comenzar

Verifica tu comprensión

1. Preparación Lee el párrafo siguiente y luego responde la pregunta.

Alex está haciendo un experimento para ver cómo reacciona el vinagre con **compuestos iónicos**. Primero, mide la **masa** de una muestra de bicarbonato de sodio. Luego, registra las medidas en su cuaderno de laboratorio junto a la **fórmula química** del bicarbonato de sodio, $NaHCO_3$.

Un **compuesto iónico** tiene iones positivos y negativos.

La **masa** es la cantidad de materia que hay en un objeto.

Una **fórmula química** muestra la cantidad de elementos de un compuesto.

- ¿Qué sustancia es un compuesto iónico en el experimento que realiza Alex?

> **MY READING WEB** Si tuviste dificultades para responder la pregunta anterior, visita *My Reading Web* y escribe *Chemical Reactions*.

Destreza de vocabulario

Identificar significados múltiples Algunas palabras conocidas tienen varios significados. Las palabras que usas diariamente pueden tener otro significado cuando se usan en ciencias.

Palabra	Significado en la vida diaria	Significado científico
materia	(s.) asignatura, disciplina **Ejemplo:** Tengo que rendir examen de dos *materias*.	(s.) cualquier cosa que tiene masa y ocupa espacio **Ejemplo:** Los sólidos, los líquidos y los gases son estados de la *materia*.
producto	(s.) cualquier cosa que se hace o se crea **Ejemplo:** La leche y el queso son *productos* lácteos.	(s.) sustancia formada como resultado de una reacción química **Ejemplo:** En una reacción química, las sustancias se pueden combinar o separar y formar *productos*.

2. Verificación rápida Encierra en un círculo la oración en la que se usa el significado científico de la palabra *producto*.

- Ella llevó servilletas y otros **productos** de papel al picnic.
- La sal de mesa es el **producto** que resulta de la reacción entre el sodio y el cloro.

cambio químico

precipitado

sistema abierto

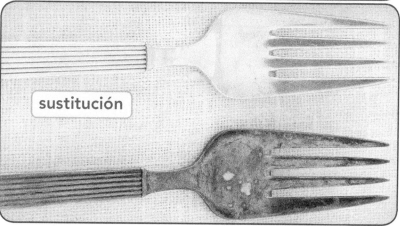

sustitución

Vistazo al capítulo

LECCIÓN 1

- cambio físico
- cambio químico
- reactante
- producto
- precipitado
- reacción exotérmica
- reacción endotérmica

↻ Relaciona causa y efecto

△ Haz una gráfica

LECCIÓN 2

- ecuación química
- ley de conservación de la masa
- sistema abierto
- sistema cerrado
- coeficiente
- síntesis
- descomposición
- sustitución

↻ Resume

△ Haz modelos

LECCIÓN 3

- energía de activación
- concentración
- catalizador
- enzima
- inhibidor

↻ Pregunta

△ Predice

 **VOCAB FLASH CARDS** Para obtener más ayuda con el vocabulario, visita **Vocab Flash Cards** y escribe **Chemical Reactions.**

161

1 Observar el cambio químico

🔑 ¿Cómo se pueden describir los cambios en la materia?

🔑 ¿Cómo identificas una reacción química?

mi DiaRio DeL planeta

PERFIL

Química en la cocina

La cocinera adolescente Fatoumata Dembele sabe que, para cocinar comida deliciosa, es importante tener en cuenta las reacciones químicas. De hecho, Fatoumata es tan buena aplicando la química en la cocina que ganó un premio por sus recetas.

Fatoumata sabe que, para preparar algunos alimentos, como los huevos, es necesario usar el calor. Con otros alimentos, como la gelatina, se debe quitar el calor para que tengan el mejor sabor. Fatoumata dice que es importante vigilar de cerca la comida mientras se está cocinando. Un buen cocinero siempre está atento a las señales de cambio. Por ejemplo, cuando cocinas carne, el color te indica cuando está lista. Un filete crudo es rojo; un filete que está a punto es marrón oscuro por fuera y rosado por dentro. A Fatoumata le gusta el filete bien cocido. Sabe que está listo cuando toda la carne está marrón. Para los cocineros como Fatoumata, hay una propiedad en particular que es más importante que el resto: ¡el sabor!

Escribe tus respuestas a las preguntas siguientes.

1. Para que ocurra una reacción química se necesita energía. ¿Qué forma de energía se usa para cocinar?

_____

2. Piensa en algo que hayas cocinado. ¿Qué cambios observaste en la comida?

_____

_____

_____

▶ PLANET DIARY Consulta *Planet Diary* para aprender más en inglés sobre los cambios químicos.

Zona de laboratorio
Haz la Indagación preliminar ¿Qué sucede cuando las sustancias químicas reaccionan?

Vocabulario

- cambio físico • cambio químico
- reactante • producto • precipitado
- reacción exotérmica • reacción endotérmica

Destrezas

🔄 Lectura: Relaciona causa y efecto

△ Indagación: Haz una gráfica

¿Cómo se pueden describir los cambios en la materia?

Imagínate que fríes un huevo. Rompes la cáscara, y la yema y la clara caen en la sartén. A medida que el huevo se calienta, la clara pasa de ser un líquido transparente a un sólido blanco. El huevo, la sartén y la estufa son ejemplos de materia. Recuerda que materia es cualquier cosa que tiene masa y ocupa un espacio. Describir la materia es una parte importante de la química.

Propiedades de la materia La materia se describe, normalmente, por sus características, o propiedades, y por cómo cambia. Existen dos tipos de propiedades de la materia: las propiedades físicas y las propiedades químicas.

¿Cómo describirías la moneda de un centavo de la **ilustración 1A**? La moneda es sólida, brillante y dura. Una propiedad física es una característica observable de una sustancia que puede cambiar sin que la sustancia se transforme en otra sustancia. La temperatura a la que un sólido se derrite es una propiedad física. El color, la textura, la densidad y la conductividad son otras propiedades físicas de la materia.

Una propiedad química es una característica de una sustancia que describe su capacidad para transformarse en otras sustancias. Para poder observar las propiedades químicas de una sustancia, debes intentar transformarla en otra sustancia. Por ejemplo, la **ilustración 1B** muestra una moneda de un centavo que se puso de color verde. El cambio de color demuestra una propiedad química de la capa de cobre que recubre la moneda. Al estar expuesto al aire durante un tiempo, el cobre reacciona y se transforma en un sólido áspero y sin brillo. Otra propiedad química es la capacidad de un material de quemarse en presencia de oxígeno. Esta propiedad se denomina combustibilidad.

ILUSTRACIÓN 1 ······
Propiedades del cobre
Las monedas de un centavo están recubiertas de cobre.

✏️ **Completa las actividades siguientes.**

1. **Clasifica** Marca las propiedades físicas y las propiedades químicas del cobre.

2. **Comunica ideas** Agrega a la lista dos propiedades y pide a un compañero que las clasifique como físicas o químicas.

Cobre

Propiedad	Física	Química
• Color rojizo	☐	☐
• Reacciona con el oxígeno	☐	☐
• Textura suave	☐	☐
• Conduce el calor	☐	☐
• No inflamable	☐	☐
• _____	☐	☐
• _____	☐	☐

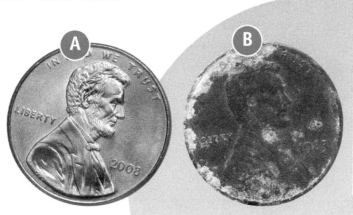

A

B

ILUSTRACIÓN 2 ·······················
> INTERACTIVE ART Cambios
en la materia
La materia puede experimentar
tanto cambios físicos como
cambios químicos.

✎ Identifica Rotula cada
manzana con el tipo de cambio
que ha experimentado.

Cambios en la materia

Así como hay dos tipos de propiedades de la materia, hay dos tipos de cambios en la materia. 🔑 **Los cambios en la materia se pueden describir como cambios físicos y cambios químicos.** Un **cambio físico** es un cambio que altera la forma o apariencia de una sustancia, pero no la convierte en otra sustancia. Cuando cortas una manzana por la mitad, como en la **ilustración 2A,** produces un cambio físico. Cuando se produce un cambio físico, algunas propiedades físicas del material se modifican, pero la composición química se mantiene igual. Doblar, aplastar y cortar son ejemplos de cambios físicos. Los cambios en el estado de la materia, como derretir, congelar y hervir, también son cambios físicos.

A veces, cuando la materia cambia, también cambia su composición química. Por ejemplo, si dejas una manzana cortada por la mitad expuesta al aire, se pone de color marrón, como muestra la **ilustración 2B.** Los compuestos de la manzana reaccionan con el oxígeno del aire y forman nuevos compuestos. Un cambio en la materia que produce una o más sustancias nuevas es un **cambio químico,** o una reacción química. En un cambio químico, los átomos se reordenan y forman nuevas sustancias. Si una sustancia pasa por un cambio químico, cambian también sus propiedades físicas. Cuando un material se quema o se oxida, se produce un cambio químico. Las sustancias que pasan por cambios químicos se denominan **reactantes.** Las sustancias nuevas que se forman son los **productos.**

¡aplícalo!

Los cambios en la materia ocurren a tu alrededor en la vida diaria.

1 **Aplica conceptos** Cuando (cortas/quemas) un papel, éste pasa por un cambio químico.

2 **Interpreta fotos** Rotula el cambio en cada par de fotos como físico o químico.

3 DESAFÍO En el recuadro que corresponda, dibuja o explica cómo se verá la hoja si pasa por un cambio físico y si pasa por un cambio químico.

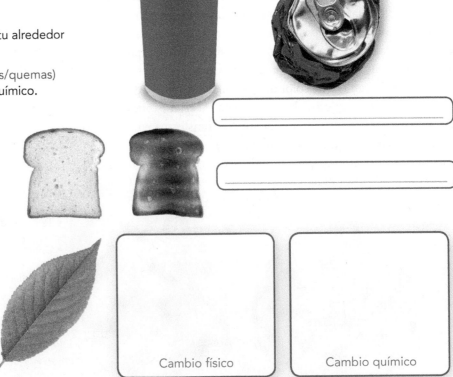

| Cambio físico | Cambio químico |

Enlaces y cambios químicos Los cambios químicos ocurren cuando se rompen los enlaces existentes y se forman enlaces nuevos. Como resultado, se producen sustancias nuevas. Los átomos forman enlaces cuando comparten o transfieren electrones. La **ilustración 3** muestra una reacción en la que hay ruptura de enlaces compartidos y transferencia de electrones.

El gas oxígeno (O_2) del aire consiste en moléculas formadas por dos átomos de oxígeno enlazados entre sí. Los enlaces se rompen cuando el oxígeno reacciona con el magnesio (Mg) y se forma un nuevo enlace iónico. Así se produce el compuesto óxido de magnesio (MgO). El óxido de magnesio es un polvo blanco que tiene propiedades diferentes a las del magnesio brillante o el gas oxígeno invisible. Por ejemplo, el magnesio se derrite a una temperatura de 650 °C, mientras que el óxido de magnesio se derrite a una temperatura de 2,800 °C.

✏️ **Relaciona causa y efecto**
Halla el efecto que se produce cuando se rompen y forman enlaces y subráyalo.

ILUSTRACIÓN 3 ·······························
Ruptura y formación de enlaces
✏️ **Resume** En el espacio debajo de los diagramas, describe qué sucede con los enlaces en cada etapa de la reacción del oxígeno con el magnesio.

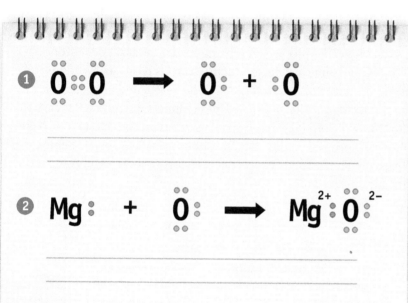

> **Zona de laboratorio** Haz la Actividad rápida de laboratorio *Observa los cambios.*

🔑 **Evalúa tu comprensión**

1a. Repasa El punto de congelación del agua es una propiedad (física/química). La capacidad que tiene el oxígeno de reaccionar con el hierro y producir óxido es una propiedad (física/química).

b. Plantea preguntas Las monedas de plata descubiertas en barcos hundidos están recubiertas de una corteza negra. Haz una pregunta que pueda servirte para determinar si la plata pasó por un cambio químico o físico. Explica tu respuesta.

_____

_____

_____

¿comprendiste?

○ **¡Comprendí!** Ahora sé que los cambios en la materia pueden describirse de dos maneras: _____

_____

_____

_____

○ **Necesito más ayuda con** _____

Consulta my science 🔵 coach *en línea para obtener ayuda en inglés sobre este tema.*

¿Cómo identificas una reacción química?

Observa las imágenes de la **ilustración 4**. Aun sin leer la leyenda, probablemente puedas darte cuenta de que cada imagen muestra una reacción química. ¿Cómo te das cuenta de cuándo ocurre una reacción química? 🔑 **Las reacciones químicas comprenden cambios en las propiedades y cambios en la energía que a menudo puedes observar.**

Cambios en las propiedades Una manera de detectar reacciones químicas es observar los cambios en las propiedades físicas de los materiales. Los cambios en las propiedades se producen cuando se forman nuevas sustancias. Por ejemplo, la formación de un precipitado, la producción de gas y un cambio de color son posibles evidencias de que ha ocurrido una reacción química. Muchas veces, propiedades físicas como la textura o la dureza también pueden cambiar en una reacción química.

Los cambios en las propiedades físicas pueden ser fáciles de reconocer en una reacción química, pero ¿qué ocurre con las propiedades químicas? Cuando se produce una reacción química, los reactantes interactúan y forman productos que tienen propiedades químicas diferentes. Por ejemplo, el sodio (Na) y el cloro (Cl_2) reaccionan y forman un compuesto iónico que se denomina cloruro de sodio (NaCl). Ambos reactantes son elementos muy reactivos. Sin embargo, el producto cloruro de sodio es un compuesto muy estable.

Vocabulario Identificar significados múltiples El término "precipitación" puede referirse a lluvia, nieve o granizo. En química, "precipitación" es la formación de un sólido a partir de

_____

_____

_____

---

❶ Formación de un precipitado

La mezcla de dos líquidos puede formar un precipitado. Un **precipitado** es un sólido que se forma a partir de líquidos durante una reacción química. Por ejemplo, el precipitado que se ve en esta botella de leche cuajada se forma a partir de los líquidos leche y jugo de limón.

ILUSTRACIÓN 4 ••••••••••••••••••••••••••••••••
Evidencia de reacciones químicas
Hay muchos tipos de cambios que demuestran que ha ocurrido una reacción química.

✎ **Diseña experimentos** Describe cómo probarías cuál es el mejor método para separar el precipitado del líquido en la leche cuajada.

_____

_____

_____

_____

_____

Si bien puedes observar un cambio en la materia, el cambio no siempre indica que ha ocurrido una reacción química. A veces, los cambios físicos tienen resultados semejantes. Por ejemplo, cuando el agua hierve, las burbujas de gas que se forman están hechas de moléculas de agua, al igual que el líquido. La ebullición es un cambio físico. La única evidencia certera de que se ha producido una reacción química es la formación de una o más sustancias nuevas.

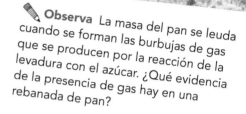

🖉 **Observa** La masa del pan se leuda cuando se forman las burbujas de gas que se producen por la reacción de la levadura con el azúcar. ¿Qué evidencia de la presencia de gas hay en una rebanada de pan?

_____
_____
_____
_____

❷ Producción de gas

Otro cambio observable es la formación de un gas a partir de reactantes sólidos o líquidos. A menudo, el gas que se forma se puede ver en forma de burbujas.

❸ Cambio de color

Un cambio de color puede indicar que se ha formado una nueva sustancia. Por ejemplo, los aguacates se ponen marrones cuando reaccionan con el oxígeno que hay en el aire.

🖉 **Aplica conceptos** Dibuja o describe evidencia de una reacción química que hayas observado en alimentos o en otro tipo de materia. Rotula la evidencia como cambio de color, formación de un precipitado o producción de gas.

🖉 **Relaciona la evidencia con la explicación**
Si agregas colorante para alimentos en el agua, se produce un cambio de color. ¿Esto es evidencia de una reacción química? Explica tu respuesta.

_____
_____
_____
_____
_____

167

Cambios en la energía

Recuerda que una reacción química ocurre cuando se rompen enlaces y se forman enlaces nuevos. Para que se rompan los enlaces entre átomos o iones, se necesita energía. En cambio, cuando se forman enlaces, se libera energía. En una **reacción exotérmica,** la energía liberada cuando se forman los productos es mayor que la energía necesaria para romper los enlaces de los reactantes. La energía generalmente se libera en forma de calor. Por ejemplo, algunas estufas funcionan con gas natural. Cuando el gas natural se quema, libera calor. Ese calor se usa para cocinar los alimentos. Del mismo modo, la reacción entre el oxígeno y otros combustibles que producen fuego, como la madera, el carbón, el petróleo o la cera de una vela, como la de la **ilustración 5,** libera energía en forma de luz y de calor.

En una **reacción endotérmica,** la energía necesaria para romper los enlaces de los reactantes es mayor que la energía liberada por la formación de los productos. La energía se puede absorber de la materia cercana. La absorción de energía hace que se enfríe lo que está alrededor. En la **ilustración 5,** el bicarbonato de sodio pasa por una reacción endotérmica cuando se mezcla con vinagre. La reacción absorbe calor del entorno, por lo que la reacción se siente fría. No todas las reacciones endotérmicas provocan un descenso de la temperatura. Muchas reacciones endotérmicas ocurren sólo cuando se agrega calor de manera constante, como cuando fríes un huevo. El calor debe aplicarse a lo largo de todo el proceso a fin de que continúen las reacciones que cocinan el huevo.

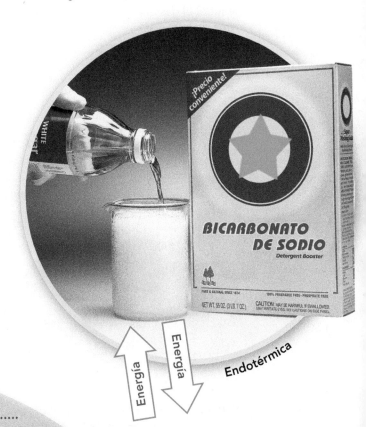

ILUSTRACIÓN 5 ···
▶▶ VIRTUAL LAB **Reacciones exotérmicas y endotérmicas**

Las reacciones químicas absorben o liberan energía.

✎ **Completa las actividades siguientes.**

1. **Interpreta fotos** Colorea la flecha que indica la dirección en la que se mueve la energía neta en cada reacción.

2. **Infiere** ¿Qué sentirías si acercaras tu mano a cada reacción?

_____

_____

¡Usa las matemáticas! Analizar datos

Una estudiante agrega óxido de magnesio al ácido clorhídrico y mide la temperatura de la reacción cada minuto. La tabla siguiente muestra los datos.

① Haz una gráfica
Usa los datos de la tabla para hacer la gráfica. Luego, pon un título a la gráfica.

② Interpreta datos ¿Es una reacción endotérmica o exotérmica? Explica tu respuesta.

_____

_____

_____

_____

_____

Tiempo (min.)	Temperatura (°C)
0	20
1	24
2	27
3	29
4	29

③ Lee gráficas ¿En qué intervalo de tiempo aumentó más la temperatura?

_____

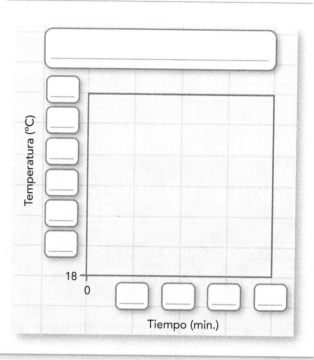

Temperatura (°C)

18

0

Tiempo (min.)

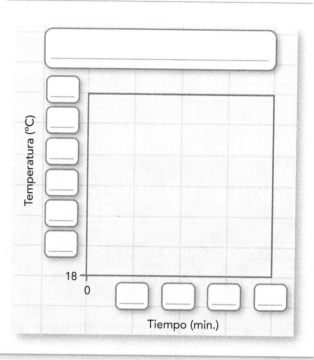
Zona de laboratorio Haz la Investigación de laboratorio *¿Dónde está la evidencia?*

Evalúa tu comprensión

2a. Haz una lista ¿Qué cambios en las propiedades físicas se pueden usar como evidencia de que ha ocurrido una reacción química?

_____

_____

b. Aplica conceptos ¿Qué evidencia de que ha ocurrido un cambio químico se observa cuando se forma óxido sobre el hierro?

_____

_____

c. Compara y contrasta ¿En qué se parecen las reacciones endotérmicas y exotérmicas? ¿En qué se diferencian?

_____

_____

_____

_____

_____

_____

¿comprendiste?...

○ **¡Comprendí!** Ahora sé que los dos tipos de cambios que puedes observar cuando ocurre una reacción química son

_____

○ Necesito más ayuda con _____

Consulta MY SCIENCE COACH *en línea para obtener ayuda en inglés sobre este tema.*

Describir las reacciones químicas

DESCUBRE LA PREGUNTA PRINCIPAL

🔑 **¿Qué información contiene una ecuación química?**

🔑 **¿Cómo se conserva la masa durante una reacción química?**

🔑 **¿Cuáles son algunos tipos de reacciones químicas?**

mi DiaRio DEL planeta

Reacciones que salvan vidas

Se mueve a más de 300 km/h, se infla en menos de un segundo y salva vidas. ¿Qué es? Una bolsa de aire, ¡por supuesto! ¿Sabías que el "aire" de la bolsa de aire se forma a partir de una reacción química?

Un compuesto denominado azida sódica (NaN_3) se descompone en sodio metálico (Na) y gas nitrógeno (N_2). El gas nitrógeno llena la bolsa de aire y protege a los pasajeros en un accidente.

Es importante que se use la cantidad correcta de azida sódica. La masa de azida sódica que hay en la bolsa de aire antes de la colisión debe ser igual a la masa de sodio y nitrógeno que se forma en la reacción. Si se forma demasiado gas nitrógeno, o si éste es insuficiente, la bolsa de aire no se inflará de manera adecuada.

DATOS CURIOSOS

Escribe tu respuesta a la pregunta siguiente.

¿Qué podría suceder si una bolsa de aire no contiene la cantidad adecuada de azida sódica?

_____

_____

_____

_____

▷ **PLANET DIARY** Consulta *Planet Diary* para aprender más en inglés sobre la ley de conservación de la masa.

Zona de laboratorio Haz la Indagación preliminar *¿Perdiste algo?*

¿Qué información contiene una ecuación química?

En los mensajes de texto de los teléfonos celulares, como el de la **ilustración 1,** se usan símbolos y abreviaturas para expresar ideas de forma más breve. En química también existe una forma abreviada de escribir. Una **ecuación química** es una forma de mostrar una reacción química mediante símbolos en lugar de palabras. Las ecuaciones químicas son más cortas que las oraciones, pero contienen mucha información. En las ecuaciones químicas, se usan fórmulas químicas y otros símbolos para resumir una reacción.

Vocabulario

- ecuación química   • ley de conservación de la masa
- sistema abierto   • sistema cerrado   • coeficiente
- síntesis   • descomposición   • sustitución

Destrezas

Lectura: Resume

Indagación: Haz modelos

ILUSTRACIÓN 1 ······································

Símbolos y abreviaturas

Los mensajes de texto, al igual que las ecuaciones químicas, te permiten expresar ideas en forma corta.

Interpreta fotos Traduce el **mensaje de texto usando palabras y oraciones completas.**

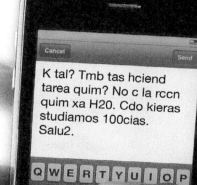

K tal? Tmb tas hciend tarea quim? No c la rccn quim xa H20. Cdo kieras studiamos 100cias. Salu2.

Fórmulas en una ecuación

Quizá recuerdes que una fórmula química es una combinación de símbolos que representa los elementos de un compuesto. Por ejemplo, CO_2 es la fórmula del dióxido de carbono. La fórmula te indica que la razón de átomos de carbono a átomos de oxígeno de este compuesto es 1 a 2. El dióxido de carbono es un compuesto molecular. Cada molécula de dióxido de carbono tiene 1 átomo de carbono y 2 átomos de oxígeno. La **ilustración 2** muestra una lista de fórmulas de otros compuestos comunes.

Fórmulas de compuestos comunes	
Compuesto	Fórmula
Propano	C_3H_8
Azúcar (sacarosa)	$C_{12}H_{22}O_{11}$
Alcohol isopropílico	C_3H_8O
Amoníaco	NH_3
Bicarbonato de sodio	$NaHCO_3$
Agua	
Dióxido de carbono	
Cloruro de sodio	

ILUSTRACIÓN 2 ··

Fórmulas químicas

La fórmula de un compuesto identifica los elementos del compuesto y la razón de átomos o iones presentes.

Interpreta tablas Completa la tabla con las **fórmulas químicas que faltan.**

171

Hacer un modelo de una ecuación química

Al igual que una patineta, una ecuación química tiene una estructura básica.

Haz modelos Completa la ecuación con el número de partes de las patinetas que se muestran a continuación. Determina el número de patinetas completas que se pueden hacer y dibújalas como el producto.

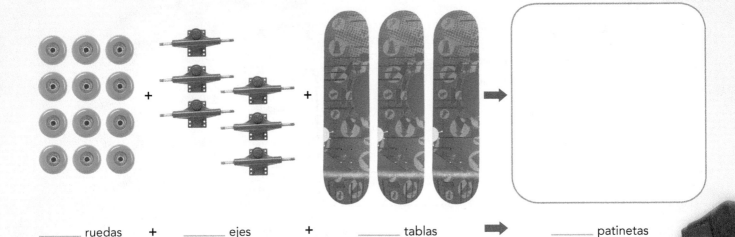

_____ ruedas   +   _____ ejes   +   _____ tablas   ➡   _____ patinetas

Estructura de una ecuación

Imagínate que construyes una patineta. ¿Qué partes necesitas? ¿Cuántas piezas individuales se necesitan para construir una patineta completa? La **ilustración 3** resume todo lo que necesitas para construir varias patinetas. Del mismo modo, una ecuación química resume todo lo que se necesita para producir una reacción química.

Todas las ecuaciones químicas siguen una estructura básica. 🔑 **Una ecuación química indica las sustancias con las que comienzas en una reacción y las sustancias que se forman al final.** Las sustancias que tienes al principio son los reactantes. Cuando la reacción se completa, tienes nuevas sustancias, que se denominan productos.

Las fórmulas de los reactantes se escriben a la izquierda, seguidas por una flecha. La flecha se lee como "producen" o "reaccionan y forman". Las fórmulas de los productos se escriben a la derecha de la flecha. Cuando hay dos o más reactantes, se separan por signos de suma. Del mismo modo, se usan signos de suma para separar dos o más productos. La estructura general de una ecuación química es la siguiente.

Reactante + Reactante → Producto + Producto

El número de reactantes y productos puede variar. Algunas reacciones tienen un único reactante o producto. Otros reacciones tienen dos, tres o más reactantes o productos. Por ejemplo, la reacción que ocurre cuando se calienta piedra caliza, o carbonato de calcio ($CaCO_3$), tiene un reactante y dos productos (CaO y CO_2).

$$CaCO_3 \rightarrow CaO + CO_2$$

¡aplícalo!

Las moléculas de nitrógeno (N_2) y las de hidrógeno (H_2) reaccionan y forman amoníaco (NH_3).

1 Identifica Indica el número de moléculas de H_2 y N_2 que son necesarias para producir dos moléculas de NH_3.

2 ⚠ **Haz modelos** Dibuja el número correcto de moléculas reactantes en los recuadros del lado izquierdo de la ecuación.

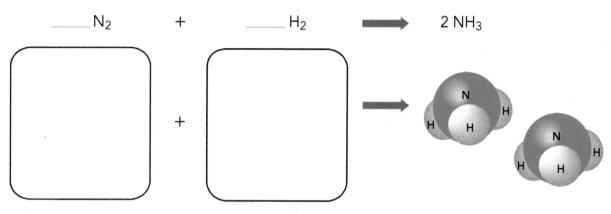

_____ N_2 +   _____ H_2 ➡ $2\,NH_3$

3 Describe ¿Qué enlaces de los reactantes se rompen en esta reacción? ¿Qué enlaces se forman en el producto?

_____

_____

_____

_____

 Haz la Actividad rápida de laboratorio
Información en una ecuación química.

🔑 Evalúa tu comprensión

1a. Explica ¿Qué te indican las fórmulas, las flechas y los signos de suma en una ecuación química?

_____

_____

_____

_____

_____

b. Interpreta datos Escribe la ecuación química de la reacción siguiente: Los elementos carbono y oxígeno se combinan y producen el compuesto dióxido de carbono.

_____

_____

¿comprendiste? ....

○ **¡Comprendí!** Ahora sé que una ecuación química te indica _____

_____

○ Necesito más ayuda con _____

Consulta MY SCIENCE 🔊 COACH *en línea para obtener ayuda en inglés sobre este tema.*

¿Cómo se conserva la masa durante una reacción química?

Observa la reacción de la **ilustración 4.** El hierro y el azufre pueden reaccionar y formar sulfuro de hierro (FeS). ¿Puedes predecir la masa del sulfuro de hierro si conoces la masa de los reactantes? Te puede servir de ayuda un principio que demostró por primera vez el químico francés Antoine Lavoisier en 1774. Este principio, que se denomina **ley de conservación de la masa,** establece que, durante una reacción química, la materia no se crea ni se destruye.

La idea de los átomos explica la conservación de la masa. 🔑 **En una reacción química, todos los átomos presentes al comienzo de la reacción están presentes también al final de la reacción.** Los átomos no se crean ni se destruyen. Sin embargo, pueden reordenarse y formar nuevas sustancias. Vuelve a observar la **ilustración 4.** Imagínate que 1 átomo de hierro reacciona con 1 átomo de azufre. Al final de la reacción, hay 1 átomo de hierro enlazado a 1 átomo de azufre en el compuesto sulfuro de hierro (FeS). Todos los átomos de los reactantes están presentes en los productos. La cantidad de materia no cambia. De acuerdo con la ley de conservación de la masa, la cantidad total de masa es la misma antes y después de la reacción.

ILUSTRACIÓN 4 ··

▷ PLANET DIARY Conservación de la masa

En una reacción química, la materia no se crea ni se destruye.

✎ Calcula **En la balanza, escribe la masa de sulfuro de hierro que se produce en esta reacción.**

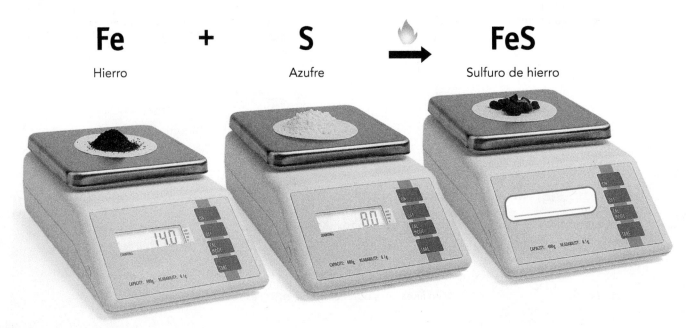

Fe	+	S	→	FeS
Hierro		Azufre		Sulfuro de hierro

Sistemas abiertos y cerrados A primera vista, algunas reacciones parecen violar el principio de conservación de la masa. No siempre resulta fácil medir toda la materia comprendida en una reacción. Por ejemplo, si prendes un fósforo, el oxígeno del aire se une a la reacción, pero ¿cuánto oxígeno se une? De la misma manera, los productos escapan hacia el aire. Pero, ¿cuánto producto se escapa?

Una pecera es un ejemplo de sistema abierto. Contiene diferentes tipos de materia que interactúan entre sí. En un **sistema abierto,** la materia puede escapar hacia el entorno o entrar desde ahí. Si deseas medir toda la materia antes y después de una reacción, debes ser capaz de contenerla. En un **sistema cerrado,** la materia no entra ni sale. Una reacción química que ocurre en un envase sellado herméticamente es un sistema cerrado. La ecoesfera cerrada que muestra la **ilustración 5** no permite que entre ni escape ninguna porción de masa.

ILUSTRACIÓN 5 ···

Sistemas abiertos y cerrados
La materia no puede entrar ni salir en un sistema cerrado, pero sí puede hacerlo en un sistema abierto.

✎ **Completa las actividades siguientes.**

1. **Identifica** Rotula cada sistema como abierto o cerrado.

2. **Diseña experimentos** ¿Qué sistema usarías para demostrar la conservación de la masa? ¿Por qué?

_____

_____

_____

_____

3. [DESAFÍO] ¿Por qué crees que la pecera de arriba se considera un sistema, pero no así una pecera vacía?

_____

_____

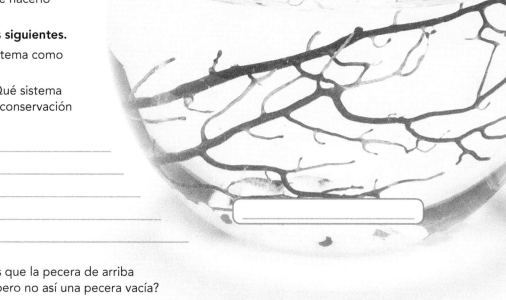

Equilibrar ecuaciones químicas El principio de conservación de la masa significa que el número total de átomos de cada elemento de los reactantes debe ser igual al número total de átomos de cada elemento de los productos. Para ser exacta, una ecuación química debe mostrar el mismo número de átomos de cada elemento a ambos lados de la ecuación. Los químicos afirman que una ecuación está equilibrada cuando muestra correctamente la conservación de la masa. ¿Cómo puedes escribir una ecuación química equilibrada?

PASO 1 Escribe la ecuación Imagínate que quieres escribir una ecuación química equilibrada para describir la reacción entre el hidrógeno y el oxígeno, que forma el agua. Para comenzar, escribe las fórmulas químicas correctas de ambos reactantes y del producto. Coloca los reactantes, H_2 y O_2, en el lado izquierdo de la flecha, separados uno del otro por un signo de suma. Luego, escribe el producto, H_2O, en el lado derecho de la flecha.

Hidrógeno   Oxígeno   Agua

PASO 2 Cuenta los átomos Cuenta el número de átomos de cada elemento en ambos lados de la ecuación. Recuerda que un subíndice te indica la razón de los elementos de un compuesto.

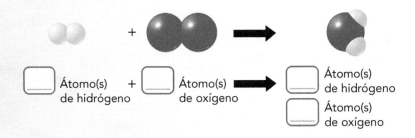

Átomo(s) de hidrógeno   +   Átomo(s) de oxígeno   →   Átomo(s) de hidrógeno

Átomo(s) de oxígeno

Después de contar, hallas 2 átomos de oxígeno en los reactantes, pero sólo 1 átomo de oxígeno en el producto. ¿Cómo se puede igualar el número de átomos de oxígeno a ambos lados de la ecuación? No puedes cambiar la fórmula del agua a H_2O_2 porque H_2O_2 es la fórmula del peróxido de hidrógeno, que es un compuesto totalmente distinto. Entonces, ¿cómo puedes mostrar que la masa se conserva?

PASO ③ Usa coeficientes para equilibrar átomos Para equilibrar la ecuación, usa coeficientes. Un **coeficiente** es un número que se coloca delante de una fórmula química en una ecuación. Indica la cantidad de un reactante o de un producto que interviene en una reacción. El coeficiente se aplica a cada átomo de la fórmula delante de la cual aparece. Si el coeficiente es 1, no es necesario que lo escribas.

Cambia el coeficiente de H_2O a 2 para equilibrar el número de átomos de oxígeno. Luego, vuelve a contar el número de átomos a cada lado de la ecuación.

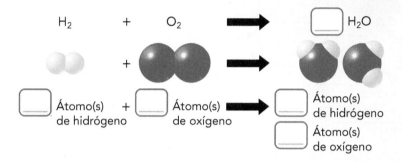

H_2 + O_2 ⟶   ☐ H_2O

☐ Átomo(s) + ☐ Átomo(s) ⟶ ☐ Átomo(s) de hidrógeno   de oxígeno   de hidrógeno

☐ Átomo(s) de oxígeno

Al equilibrar los átomos de oxígeno, se "desequilibra" el número de átomos de hidrógeno. Ahora hay 2 átomos de hidrógeno en los reactantes y 4 en el producto. ¿Cómo puedes equilibrar el hidrógeno? Intenta cambiando el coeficiente de H_2 a 2. Luego, vuelve a contar los átomos.

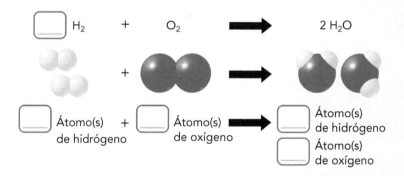

☐ H_2 + O_2 ⟶   2 H_2O

☐ Átomo(s) + ☐ Átomo(s) ⟶ ☐ Átomo(s) de hidrógeno   de oxígeno   de hidrógeno

☐ Átomo(s) de oxígeno

PASO ④ Vuelve a mirar y verifica ¿Es igual el número de átomos de cada elemento de los reactantes al número de átomos de cada elemento de los productos? Si es así, la masa se conserva y la ecuación está equilibrada. La ecuación equilibrada te indica que 2 moléculas de hidrógeno reaccionan con 1 molécula de oxígeno y forman 2 moléculas de agua.

🖉

Resume Describe los pasos para equilibrar una ecuación química.

_____

_____

_____

_____

_____

_____

¡Usa las
matemáticas!
Ejemplo de problema

Aplica conceptos Equilibra las ecuaciones.

① $KClO_3 \rightarrow KCl + O_2$

_____

② $NaBr + Cl_2 \rightarrow NaCl + Br_2$

_____

③ $Na + Cl_2 \rightarrow NaCl$

_____

① Escribe la ecuación.
  $Mg + O_2 \rightarrow MgO$

② Cuenta los átomos.
  $Mg + O_2 \rightarrow MgO$
   1   2   1 1

③ Usa coeficientes para equilibrarla.
  $2 Mg + O_2 \rightarrow 2 MgO$
     2   2   2 2

④ Vuelve a mirar y verifica.

177

¿Cómo pueden generar VELOCIDAD las reacciones químicas?

¿Cómo se conserva la materia en una reacción química?

ILUSTRACIÓN 6 ···

> INTERACTIVE ART | Un día, ¡quizá puedas beber lo que despide el tubo de escape de tu automóvil! Suena repugnante, ¿no? Pues bien, podría ser posible con celdas de combustible de hidrógeno. Las celdas de combustible de hidrógeno utilizan una reacción química entre el hidrógeno y el oxígeno para generar energía para hacer funcionar un automóvil. En el proceso, se produce agua.

✎ Repasa Usa lo que aprendiste sobre las reacciones químicas para responder preguntas sobre las celdas de combustible de hidrógeno.

1 ¿Endotérmica o exotérmica?

La reacción que ocurre en una celda de combustible se utiliza para propulsar automóviles y otros dispositivos. ¿Es una reacción endotérmica o exotérmica? Explica tu respuesta.

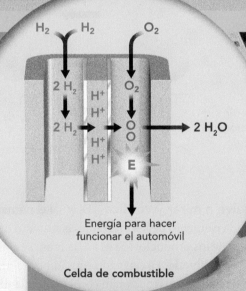

2 Conservación de la masa

Dentro de una celda de combustible, el hidrógeno se convierte en iones H^+. Estos iones se combinan con oxígeno y generan energía para el automóvil, y agua como residuo. Describe cómo la celda de combustible obedece la ley de conservación de la masa.

Energía para hacer funcionar el automóvil

Celda de combustible

Un astronauta toma los paquetes para beber.

Zona de laboratorio ® Haz la Actividad rápida de laboratorio ¿Se conserva la materia?

🔑 Evalúa tu comprensión

2a. Infiere Si la masa total de los productos en una reacción es 90 gramos, ¿cuál era la masa total de los reactantes?

_____

b. Aplica conceptos Equilibra las ecuaciones.

- $Al + CuO \rightarrow Al_2O_3 + Cu$
- $Fe_2O_3 + C \rightarrow Fe + CO_2$
- $SO_2 + O_2 \rightarrow SO_3$

_____
_____
_____
_____

c. RESPONDE LA PREGUNTA PRINCIPAL ¿Cómo se conserva la materia en una reacción química?

_____
_____
_____
_____
_____
_____
_____
_____

3 Propiedades de la materia

Las celdas de combustible de hidrógeno proveen de energía a las misiones espaciales. Describe por qué el producto de las celdas de combustible sería más beneficioso para las misiones espaciales que el producto de otros combustibles.

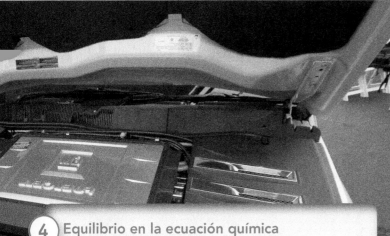

4 Equilibrio en la ecuación química

El hidrógeno se debe obtener a partir de la descomposición de combustibles como el metano (CH_4). Equilibra la ecuación para generar hidrógeno para las celdas de combustible.

$$CH_4 + H_2O \rightarrow CO + H_2$$

¿comprendiste? ....

○ **¡Comprendí!** Ahora sé que las masas de los reactantes y de los productos deben ser _____

_____

○ Necesito más ayuda con _____

Consulta MY SCIENCE ⓢ COACH *en línea para obtener ayuda en inglés sobre este tema.*

¿Cuáles son algunos tipos de reacciones químicas?

En una reacción química, las sustancias pueden combinarse y formar una sustancia más compleja. También pueden descomponerse y formar sustancias más simples. Incluso pueden intercambiar partes. En cada caso, se forman nuevas sustancias. 🔑 **La síntesis, la descomposición y la sustitución son tres tipos de reacciones químicas.**

Síntesis Algunos músicos usan un instrumento denominado sintetizador. Un sintetizador combina diferentes sonidos electrónicos para hacer música. Sintetizar significa unir cosas. En química, cuando dos o más elementos o compuestos se combinan y forman una sustancia más compleja, se produce una reacción que se clasifica como **síntesis.** La reacción del fósforo con el oxígeno es una reacción de síntesis.

$$P_4 + 3\,O_2 \rightarrow P_4O_6$$

Descomposición A diferencia de lo que ocurre con la síntesis, en una reacción de **descomposición,** los compuestos se descomponen en productos más simples. Probablemente tengas en tu casa una botella de peróxido de hidrógeno (H_2O_2) para limpiar heridas. Si conservas esa botella durante mucho tiempo, tendrás agua. El peróxido de hidrógeno se descompone en agua y gas oxígeno.

$$2\,H_2O_2 \rightarrow 2\,H_2O + O_2$$

Sustitución Cuando un elemento reemplaza a otro elemento de un compuesto o cuando se intercambian dos elementos de diferentes compuestos, la reacción se denomina **sustitución.** Observa este ejemplo.

$$2\,Cu_2O + C \rightarrow 4\,Cu + CO_2$$

El metal cobre se obtiene al calentar óxido de cobre con carbono. El carbono reemplaza al cobre del compuesto con oxígeno.

La reacción entre el óxido de cobre y el carbono se denomina reacción de sustitución *simple,* porque un elemento (el carbono) reemplaza a otro elemento (el cobre) en el compuesto. En una reacción de sustitución *doble,* los elementos de un compuesto parecen intercambiar lugares con los elementos de otro compuesto. La reacción siguiente es un ejemplo de sustitución doble.

$$FeS + 2\,HCl \rightarrow FeCl_2 + H_2S$$

¡aplícalo!

El aluminio (Al) reacciona con la argentita (Ag_2S) y forma plata pura (Ag) en una solución de bicarbonato de sodio.

$$3\,Ag_2S + 2\,Al \rightarrow 6\,Ag + Al_2S_3$$

1 **Clasifica** ¿Qué tipo de reacción es ésta?

_____

_____

2 **Interpreta datos** En la reacción, ¿qué elemento reemplaza a otro?

_____

_____

3 DESAFÍO Usa la información de la reacción para diseñar un experimento que se podría usar para quitar las manchas de óxido (Ag_2S) de un tenedor de plata.

_____

_____

_____

_____

_____

_____

_____

ILUSTRACIÓN 7 ··

Tipos de reacciones

✎ **Completa las actividades siguientes.**

1. Interpreta diagramas Rotula cada tipo de reacción representada.

2. Explica ¿Cómo se relacionan las reacciones de síntesis y descomposición entre sí?

_____

_____

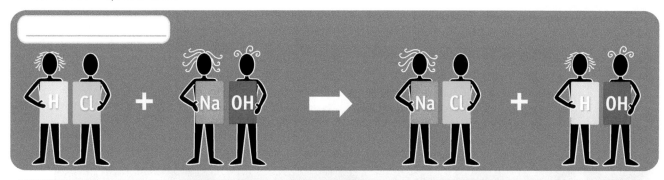

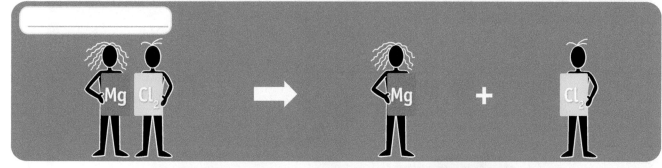

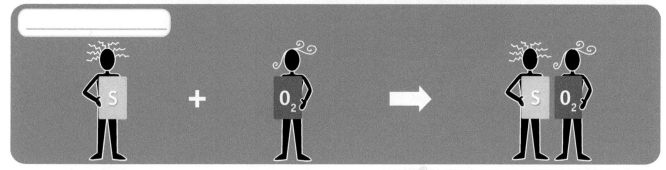

Zona de **laboratorio** Haz la Actividad rápida de laboratorio *Categorías de reacciones químicas.*

🔑 Evalúa tu comprensión

3a. Clasifica ¿Qué tipo de reacción química muestra la ecuación siguiente?

$$Zn + 2\ HCl \rightarrow H_2 + ZnCl_2$$

_____

_____

b. Saca conclusiones Los elementos hierro y oxígeno pueden reaccionar y formar el compuesto óxido de hierro. ¿Qué tipo de reacción es ésta? Explica tu respuesta.

_____

_____

_____

¿comprendiste? ···

○ **¡Comprendí!** Ahora sé que los tres tipos de reacciones químicas son _____

○ Necesito más ayuda con _____

Consulta MY SCIENCE COACH *en línea para obtener ayuda en inglés sobre este tema.*

Controlar las reacciones químicas

DESCUBRE LA PREGUNTA PRINCIPAL

🔑 **¿Cómo se inician las reacciones?**

🔑 **¿Qué afecta a la velocidad de una reacción química?**

mi DiaRio DeL pLaneta

DESASTRE

En llamas

El 6 de mayo de 1937, el dirigible *Hindenburg* fue consumido por las llamas mientras aterrizaba en la Estación Aérea Naval Lakehurst, en Nueva Jersey. Treinta y cinco de las 97 personas a bordo y una persona en tierra murieron en el accidente.

Todavía se desconoce la causa del incendio que destruyó la nave en un minuto. Actualmente, la mayoría de las personas creen que una chispa eléctrica inició el fuego. Sin embargo, se han propuesto muchas teorías para explicar qué se encendió primero. Según una teoría, la chispa encendió el hidrógeno inflamable dentro del dirigible. Otra teoría sostiene que la pintura del material que cubría la nave se encendió primero, lo cual disparó una reacción del hidrógeno.

Escribe tu respuesta a la actividad siguiente.

El *Hindenburg* podía volar porque el hidrógeno que contenía en su interior era "más liviano que el aire". Sin embargo, el hidrógeno es altamente inflamable. Describe tu propio diseño para la máquina de transporte aéreo ideal.

▲ **Zona de laboratorio** Haz la Indagación preliminar *¿Es posible acelerar o desacelerar una reacción?*

▶ **PLANET DIARY** Consulta *Planet Diary* para aprender más en inglés sobre el control de las reacciones químicas.

Vocabulario
- energía de activación
- concentración • catalizador
- enzima • inhibidor

Destrezas
- Lectura: Pregunta
- Indagación: Predice

¿Cómo se inician las reacciones?

Imagínate que practicas *snowboard,* como el deportista de la **ilustración 1.**
Sabes que la única manera de deslizarte hacia abajo por la montaña es
primero llegar a la cima. Una manera de llegar hasta allí es ir en la aerosilla.
Una vez que llegas a la cima de la montaña, puedes descender de la silla
y disfrutar el descenso por la montaña. Si nunca llegas a la cima, nunca
podrás descender de la montaña.

Energía de activación Las reacciones químicas pueden ser
como practicar snowboard. Una reacción no comenzará hasta que los
reactantes tengan suficiente energía para empujarlos a la "cima de la
montaña". La energía se usa para romper los enlaces químicos de los
reactantes. Luego, los átomos forman los nuevos enlaces de los productos.
La **energía de activación** es la cantidad mínima de energía que se necesita
para iniciar una reacción química. 🔑 **Todas las reacciones químicas
requieren una determinada cantidad de energía de activación para
iniciarse.** Normalmente, una vez que algunas moléculas reaccionan, el
resto las sigue poco después. Las primeras reacciones aportan la energía
de activación para que más moléculas reaccionen.

El hidrógeno y el oxígeno pueden reaccionar y formar agua. Sin
embargo, si simplemente combinas los dos gases, no ocurrirá nada. Para
que se inicie la reacción, se debe agregar energía de activación. Provocar
una chispa eléctrica o agregar calor pueden aportar esa energía. Algunas
de las moléculas de hidrógeno y de oxígeno reaccionarán, lo cual producirá
energía. Esa energía aportará la energía de activación necesaria para que
reaccionen aun más moléculas.

✏️ **Pregunta** ¿Entiendes de dónde
obtienen energía de activación las
reacciones químicas? Escribe una
pregunta sobre este tema cuya
respuesta te gustaría conocer.

_____

_____

_____

_____

ILUSTRACIÓN 1 ••••••••••••••••••••••
Energía de activación
✏️ Una reacción química requiere
un empujón a la "cima de la
montaña" para iniciarse.

1. **Infiere** Coloca una flecha en el
punto en el que se ha agregado
suficiente energía de activación
para iniciar la reacción.

2. **Interpreta diagramas** ¿De
dónde obtiene el deportista que
practica *snowboard* la energía
de activación necesaria para
alcanzar la cima de la montaña?

Hacer una gráfica de los cambios en la energía

Toda reacción química necesita energía de activación para comenzar. Que una reacción necesite más energía del ambiente para continuar o no depende de si es exotérmica o endotérmica.

Las reacciones exotérmicas siguen el patrón que puedes ver en la **ilustración 2A.** La línea punteada señala la energía de los reactantes antes de que comience la reacción. El pico en la gráfica muestra la energía de activación. Observa que, al final de la reacción, los productos tienen menos energía que los reactantes. Este tipo de reacción tiene como resultado una liberación de energía. Se produce una reacción exotérmica cuando se queman combustibles, como la madera, el gas natural o el petróleo.

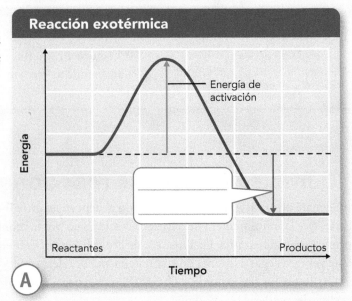

ILUSTRACIÓN 2 ••••••••••••••••••••••••••••••••

▶ART IN MOTION **Gráficas de reacciones exotérmicas y endotérmicas**

Cada gráfica muestra la cantidad de energía antes y después de la reacción.

✎ **Lee gráficas** En cada gráfica, escribe rótulos que indiquen si la energía se absorbe o se libera.

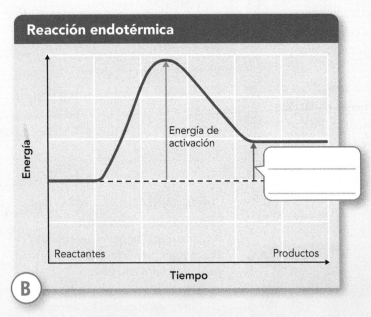

Ahora observa la gráfica de una reacción endotérmica en la **ilustración 2B.** Las reacciones endotérmicas también necesitan energía de activación para iniciarse. Además, necesitan energía para continuar. Observa que la energía de los productos es mayor que la energía de los reactantes. Esto significa que la reacción debe absorber energía constantemente para continuar. Algunas reacciones endotérmicas toman energía de los alrededores, por lo cual enfrían el entorno. Sin embargo, la mayoría de las reacciones endotérmicas requieren energía continua. Por ejemplo, para cocinar una hamburguesa, hay que agregar energía constantemente hasta que la carne esté lista.

Zona de laboratorio Haz la Actividad rápida de laboratorio *Un modelo de la energía de activación.*

🔑 Evalúa tu comprensión

¿comprendiste? ••

○ **¡Comprendí!** Ahora sé que, para que las reacciones se inicien, _____

_____

○ Necesito más ayuda con _____

Consulta MY SCIENCE 🔊 COACH *en línea para obtener ayuda en inglés sobre este tema.*

¿Qué afecta a la velocidad de una reacción química?

No todas las reacciones químicas ocurren a la misma velocidad. Algunas, como las explosiones, son muy rápidas. Otras, como la oxidación del hierro en el aire, son lentas. Una reacción en particular puede ocurrir a diferentes velocidades según las condiciones.

Si quieres hacer que una reacción química ocurra más rápido, las partículas de los reactantes deben chocar más rápido o con más energía. Si hay más partículas que pueden reaccionar, la reacción también ocurrirá más rápido. Para disminuir la velocidad de una reacción, debes hacer lo opuesto. **La superficie, la temperatura, la concentración y la presencia de catalizadores e inhibidores son algunos factores que pueden afectar a la velocidad de las reacciones.**

Superficie

Observa el edificio en llamas de la **ilustración 3**. Solía ser una refinería de azúcar. La refinería explotó cuando el polvo del azúcar se prendió fuego en el aire encima de las pilas de azúcar almacenadas allí. Aunque el azúcar en sí no reacciona violentamente en el aire, el polvo sí puede hacerlo. Esta diferencia se relaciona con la superficie. Cuando una sustancia sólida reacciona con un líquido o un gas, solamente las partículas en la superficie del sólido entran en contacto con el otro reactante. Si descompones el sólido en partes más pequeñas, más partículas resultan expuestas a la superficie y la reacción ocurre más rápido. Acelerar una reacción mediante el incremento de la superficie puede ser peligroso, pero también puede resultar útil. Por ejemplo, masticar tu comida hace que se rompa en partes más pequeñas que tu cuerpo puede digerir más fácil y rápidamente.

ILUSTRACIÓN 3 ....
Superficie y velocidad de reacción
El polvo del azúcar puede reaccionar rápidamente porque tiene una superficie más grande que una pila de azúcar. Una reacción química que se mueve rápidamente puede provocar una explosión.

¡Usa las matemáticas!

Para hallar la superficie de un cubo cuyos lados miden 2 cm de largo, halla el área de cada cara del cubo.

$$\text{Área} = \text{Longitud} \times \text{Ancho}$$

$$4 \text{ cm}^2 = 2 \text{ cm} \times 2 \text{ cm}$$

Luego, suma todo.

$$4 \text{ cm}^2 + 4 \text{ cm}^2 + 4 \text{ cm}^2 + 4 \text{ cm}^2 + 4 \text{ cm}^2 + 4 \text{ cm}^2 = 24 \text{ cm}^2$$

Imagínate que cortas el cubo por la mitad. Halla la superficie de cada mitad. Suma los valores para obtener la superficie total.

Temperatura

Temperatura Cambiar la temperatura de una reacción química también afecta a la velocidad de reacción. Cuando calientas una sustancia, sus partículas se mueven más rápido. Las partículas que se mueven más rápido tienen más energía; esto permite que los reactantes superen la barrera de la energía de activación más rápidamente. Además, las partículas que se mueven más rápido entran en contacto con mayor frecuencia, y así aumentan la probabilidad de que ocurra una reacción.

Por el contrario, reducir la temperatura disminuye la velocidad de reacción. Por ejemplo, la leche contiene bacterias, que producen miles de reacciones químicas mientras viven y se reproducen. Almacenas la leche y otros alimentos en el refrigerador porque, al mantener los alimentos fríos, se disminuye la velocidad de esas reacciones y, así, tus alimentos permanecen frescos durante más tiempo.

Concentración

Concentración Otra manera de aumentar la velocidad de una reacción química es aumentar la concentración de los reactantes. La **concentración** es la cantidad de una sustancia en un volumen dado. Por ejemplo, agregar una cucharada pequeña de azúcar a una taza de té lo endulzará. Agregar una cucharada grande de azúcar hará que el té esté aún más dulce. La taza de té con más azúcar tiene una mayor concentración de moléculas de azúcar.

Al aumentar la concentración de los reactantes, hay más partículas que reaccionan. Observa la torre de burbujas de la **ilustración 4**. Éste es el producto de la reacción de descomposición en agua de una solución de peróxido de hidrógeno al 35 por ciento. El peróxido de hidrógeno que compras en tu farmacia local en general tiene una concentración de entre 3 y 12 por ciento. La alta concentración de la solución que se utilizó en esta reacción liberará enormes cantidades de gas oxígeno más rápidamente que una concentración menor.

ILUSTRACIÓN 4 ·······················
Pasta de dientes para elefantes
Esta reacción recibe el nombre de "pasta de dientes para elefantes" por la enorme cantidad de burbujas que produce.

Predice ¿De qué manera afectaría a la velocidad de la reacción una menor concentración de peróxido de hidrógeno?

_____

_____

_____

Catalizadores e inhibidores Otra manera de controlar la velocidad de una reacción es cambiar la energía de activación necesaria. Un **catalizador** aumenta la velocidad de una reacción al disminuir la energía de activación necesaria. Aunque los catalizadores afectan a la velocidad de una reacción, no sufren cambios permanentes debido a la reacción, y no se les considera reactantes.

Muchas reacciones químicas sólo pueden ocurrir a temperaturas que matarían a los seres vivos. Sin embargo, algunas de esas reacciones son necesarias para la vida. Las células de tu cuerpo contienen miles de catalizadores biológicos denominados **enzimas** que hacen que estas reacciones ocurran a la temperatura corporal. Cada una es específica para una sola reacción química. Las enzimas aportan una superficie sobre la que pueden ocurrir las reacciones. Como las enzimas acercan entre sí a las moléculas reactantes, las reacciones químicas que usan enzimas necesitan menos energía de activación y pueden ocurrir a temperaturas más bajas.

A veces, es más útil disminuir la velocidad de una reacción que acelerarla. Un material que se usa para disminuir la velocidad de una reacción química es un **inhibidor.** Los inhibidores denominados conservantes se agregan a los alimentos para evitar que se echen a perder.

ILUSTRACIÓN 5 ···
Catalizadores
Agregar un catalizador aumenta la velocidad de una reacción química.

✎ **Haz una gráfica** Dibuja y rotula la gráfica de energía para la misma reacción química cuando se usa un catalizador.

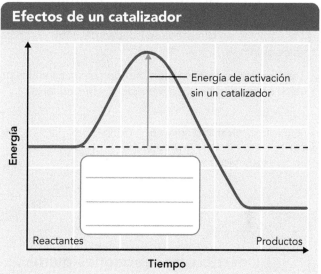

Efectos de un catalizador

Energía de activación sin un catalizador

Energía

Reactantes

Productos

Tiempo

Zona de **laboratorio** ® Haz la Actividad rápida de laboratorio *Efectos de la temperatura en las reacciones químicas.*

🔑 Evalúa tu comprensión

1a. Describe Para disminuir la velocidad de una reacción, puedes (aumentar/disminuir) la concentración de los reactantes.

b. Compara y contrasta ¿Qué reaccionaría más rápido en el aire: una pila de granos o una nube de polvo de granos? Explica tu respuesta.

_____

_____

c. Explica ¿Cómo aceleran las enzimas las reacciones químicas en tu cuerpo?

_____

_____

_____

_____

_____

_____

🔑 Evalúa tu comprensión

¿comprendiste?···

○ **¡Comprendí!** Ahora sé que la velocidad de una reacción química se ve afectada por _____

_____

○ Necesito más ayuda con _____

Consulta MY SCIENCE 🔊 COACH *en línea para obtener ayuda en inglés sobre este tema.*

5 Guía de estudio

La masa total antes de una reacción química es igual a _____

_____ .

LECCIÓN 1 Observar el cambio químico

🔑 Los cambios en la materia se pueden describir como cambios físicos y cambios químicos.

🔑 Las reacciones químicas comprenden cambios en las propiedades y cambios en la energía que a menudo puedes observar.

Vocabulario
- cambio físico • cambio químico
- reactante • producto • precipitado
- reacción exotérmica • reacción endotérmica

LECCIÓN 2 Describir las reacciones químicas

🔑 Una ecuación química indica las sustancias con las que comienzas en una reacción y las sustancias que se forman al final.

🔑 En una reacción química, todos los átomos presentes al comienzo de la reacción están presentes también al final de la reacción.

🔑 La síntesis, la descomposición y la sustitución son tres tipos de reacciones químicas.

Vocabulario
- ecuación química • ley de conservación de la masa
- sistema abierto • sistema cerrado • coeficiente
- síntesis • descomposición • sustitución

$$2\,H_2 \quad + \quad O_2 \quad \longrightarrow \quad 2\,H_2O$$

LECCIÓN 3 Controlar las reacciones químicas

🔑 Todas las reacciones químicas requieren una determinada cantidad de energía de activación para iniciarse.

🔑 La superficie, la temperatura, la concentración y la presencia de catalizadores e inhibidores son algunos factores que pueden afectar a la velocidad de las reacciones.

Vocabulario
- energía de activación
- concentración
- catalizador
- enzima
- inhibidor

Repaso y evaluación

1. ¿Cuál de estas opciones produce un cambio químico en la materia?

    a. doblar una pajilla   **b.** hervir agua

    c. trenzar el pelo   **d.** quemar madera

2. Un sólido que se forma a partir de líquidos en una reacción química se denomina _____

3. **Interpreta fotos** ¿Qué evidencia en la foto siguiente te indica que puede haber ocurrido una reacción química?

_____

_____

4. **Resuelve problemas** Cuando se expone al agua y a la sal, el acero se oxida rápidamente. Si fueras un constructor de barcos, ¿cómo protegerías tu nuevo barco? Explica tu respuesta.

_____

_____

_____

_____

5. **Escríbelo** Imagínate que tienes un amigo a través de Internet que está estudiando química, igual que tú. Tu amigo afirma que el cambio del agua líquida al vapor de agua es un cambio químico. Escribe un correo electrónico breve para convencer a tu amigo de lo contrario.

6. ¿Cómo puedes equilibrar una ecuación química?

    a. cambiando los coeficientes

    b. cambiando los productos

    c. cambiando los reactantes

    d. cambiando los subíndices

7. En un sistema abierto, como una fogata de campamento, la materia puede _____

_____

8. **Clasifica** Identifica cada una de las ecuaciones equilibradas siguientes como síntesis, descomposición o sustitución.

$$2\ Al + Fe_2O_3 \rightarrow 2\ Fe + Al_2O_3$$

_____

$$2\ Ag + S \rightarrow Ag_2S$$

_____

$$CaCO_3 \rightarrow CaO + CO_2$$

_____

9. **Calcula** El agua se descompone en hidrógeno (H_2) y oxígeno (O_2) cuando se le aplica una corriente eléctrica. ¿Cuántos gramos de agua se deben descomponer para producir 2 gramos de hidrógeno y 16 gramos de oxígeno?

_____

_____

10. **¡matemáticas!** Equilibra las ecuaciones.

$$MgO + HBr \rightarrow MgBr_2 + H_2O$$

$$N_2 + O_2 \rightarrow N_2O_5$$

$$C_2H_4 + O_2 \rightarrow CO_2 + H_2O$$

$$Fe + HCl \rightarrow FeCl_2 + H_2$$

5 Repaso y evaluación

Controlar las
reacciones químicas

11. En general, ¿qué ocurre cuando aumentas la
temperatura de una reacción?

   a. El calor destruye los reactantes.

   b. La velocidad de la reacción disminuye.

   c. La velocidad de la reacción aumenta.

   d. La velocidad de la reacción se mantiene igual.

Las gráficas A y B representan la misma reacción
química con condiciones distintas. Consulta las
gráficas para responder las preguntas 12 y 13.

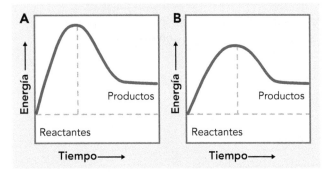

12. Interpreta datos ¿Qué relación hay entre la energía
de los productos y la energía de los reactantes?

_____

_____

_____

_____

13. Aplica conceptos ¿Qué cambio en las condiciones
podría explicar la barrera de energía de activación
más baja de la segunda gráfica? Explica tu respuesta.

_____

_____

_____

_____

APLICA LA PREGUNTA PRINCIPAL ¿Cómo se conserva la materia
en una reacción química?

14. El óxido se forma cuando el metal hierro (Fe)
reacciona con el oxígeno (O_2) y produce óxido de
hierro (Fe_2O_3). Escribe una ecuación equilibrada para
esta reacción. Imagínate que hallas la masa de un
objeto de hierro, lo dejas oxidarse y luego mides la
masa nuevamente. Predice si la masa aumentará,
disminuirá o se mantendrá igual. Explica tu respuesta
de acuerdo con la ley de conservación de la masa.

_____

_____

_____

_____

_____

_____

_____

_____

_____

_____

Preparación para exámenes estandarizados

Selección múltiple

Encierra en un círculo la letra de la mejor respuesta.

1. El diagrama siguiente representa moléculas de dos elementos diferentes. Los elementos reaccionan químicamente y forman un compuesto.

El diagrama representa

A una reacción endotérmica en la que se absorbe energía.

B una reacción endotérmica en la que se libera energía.

C una reacción exotérmica en la que se absorbe energía.

D una reacción exotérmica en la que se libera energía.

2. ¿Cuál de estas opciones es la *mejor* evidencia de una reacción química?

A un cambio en la temperatura

B un cambio del estado

C la formación de una nueva sustancia

D las burbujas de gas

3. ¿Cuál de estas opciones es una ecuación química equilibrada para la descomposición del óxido de aluminio (Al_2O_3)?

A $Al_2O_3 \rightarrow 2\ Al + O_2$

B $Al_2O_3 \rightarrow 2\ Al + 3\ O_2$

C $2\ Al_2O_3 \rightarrow 4\ Al + O_2$

D $2\ Al_2O_3 \rightarrow 4\ Al + 3\ O_2$

4. ¿Cuál de estas opciones aumentaría la velocidad de una reacción?

A mantener una temperatura constante

B aumentar la concentración de los reactantes

C aumentar la energía de activación

D agregar un inhibidor

5. ¿Qué ecuación describe una reacción de síntesis?

A $2\ Na + Cl_2 \rightarrow 2\ NaCl$

B $Mg + CuSO_4 \rightarrow MgSO_4 + Cu$

C $2\ KI \rightarrow 2\ K + I_2$

D $CH_4 + 2\ O_2 \rightarrow CO_2 + 2\ H_2O$

Respuesta elaborada

Usa la tabla que sigue y tus conocimientos de ciencias para responder la pregunta 6. Escribe tu respuesta en una hoja aparte.

Compuesto	Fórmula
Dióxido de carbono	CO_2
Metano	CH_4
Oxígeno	O_2
Agua	H_2O

6. El compuesto principal del gas natural es el metano. Cuando el metano reacciona con el gas oxígeno, se producen dióxido de carbono y vapor de agua. Escribe una ecuación equilibrada para esta reacción. Explica por qué cuando se quema metano se produce un cambio químico y no un cambio físico. ¿Este cambio absorbe o libera calor?

TECNOLOGÍA Y DISEÑO

Museo de Ciencias

MIRA, MAMÁ, ¡MANOS CALIENTES!

Para muchas personas, el invierno significa enfrentarse a días más cortos y ráfagas de aire helado. Junto con la ropa abrigada, los guantes y los calcetines gruesos, los calentadores de manos reutilizables pueden ayudar a combatir el frío.

El acetato de sodio es una sal que se usa para muchas cosas, incluidas las papas con sal y vinagre. Los calentadores de manos contienen una solución supersaturada de acetato de sodio. Al doblar un disco de metal dentro del calentador, algunas moléculas de acetato de sodio salen de la solución y forman cristales. Esto provoca un cambio exotérmico, que aumenta la temperatura de la solución a 54°C (la temperatura ambiente es aproximadamente 22°C). Al colocar el calentador en agua hirviendo, los cristales se disuelven y se vuelven una solución nuevamente, de modo que puedes reutilizar el calentador. Agregas calor para disolver los cristales. Cuando salen de la solución, y su estado se transforma en sólido, liberan ese calor.

Así que la próxima vez que en un día frío tus manos estén frías, ¡usa un calentador de manos portátil y aprovecha el cambio exotérmico!

Diséñalo Diseña un experimento para determinar si la sal gema produce un cambio exotérmico o endotérmico cuando se la coloca en calles y entradas para automóviles congeladas.

Safe Moist Heating Pad

To Activate — place pad on flat surface and flex metal disc in corner

To Recharge — place pad on top of cloth in boiling water for 15 minutes or until all crystals are dissolved

note: if crystals form while pad is cooling, recharge

Los calentadores de acetato de sodio reutilizables usan un cambio de estado para generar calor.

Museum of Science®

¿PUEDES SER LIMPIO Y ECOLÓGICO?

Parece que, por estos días, todo está rotulado con algo "verde". Los productos de limpieza no son la excepción, pero ¿puedes asegurarte de que eres limpio y "verde" a la vez?

La mejor manera de comprar productos ecológicos es leer la lista de ingredientes. A fin de comprender los ingredientes y lo que se afirma en la etiqueta, es útil saber cómo funciona un producto y qué hacen los ingredientes. Los detergentes y el jabón funcionan porque contienen sustancias químicas denominadas surfactantes. Los surfactantes son moléculas largas con forma de cadena. Un extremo de la cadena tiene una fuerte atracción hacia los aceites y la suciedad, y se enlaza con ellos. El otro extremo tiene una fuerte atracción hacia el agua, y se enlaza con el agua para limpiar los aceites y la suciedad. Hoy en día, muchos detergentes utilizan petróleo como base para los surfactantes. El petróleo es un recurso no renovable que puede contaminar las fuentes de agua. Algunos detergentes usan aceites vegetales en su lugar. Estos aceites son recursos renovables. Los productos que los usan no dañan el medio ambiente, a diferencia de los sufractantes basados en el petróleo.

Diséñalo Algunos consumidores se oponen a usar productos "verdes" porque piensan que no funcionarán tan bien como los otros. Diseña una prueba para comparar cuán bien funciona un detergente biodegradable comparado con un detergente que usa petróleo.

¿CÓMO SURGIÓ ESTA DOLINA?

¿Qué determina las propiedades de una solución?

Quizá te preguntes: "¿Qué es una dolina?". Cuando la tierra se derrumba repentinamente, se forma una dolina. Algunas veces, las dolinas se forman como resultado de actividades humanas, como la minería, o por tuberías de agua rotas. En esta fotografía, los buzos exploran una dolina que se formó naturalmente cuando la roca subterránea, denominada piedra caliza, se mezcló con agua ligeramente ácida. Aunque parezca increíble, ¡el agua disolvió la roca!

Infiere ¿Crees que esta dolina apareció repentinamente o de manera gradual? Explica tu razonamiento.

_____

_____

_____

_____

_____

> **UNTAMED SCIENCE** Mira el video de *Untamed Science* para aprender más sobre las soluciones.

Verifica tu comprensión

1. Preparación Lee el párrafo siguiente y luego responde la pregunta.

Cuando respiramos, inspiramos oxígeno (O_2) y exhalamos dióxido de carbono (CO_2). Los enlaces entre los átomos de oxígeno en el O_2 son **enlaces no polares**. Los enlaces entre los átomos de carbono y oxígeno en el CO_2 son **enlaces polares**. Sin embargo, el dióxido de carbono es una molécula no polar.

> Un enlace covalente en el que los electrones se comparten por igual es un **enlace no polar.**
>
> Un enlace covalente en el que los electrones se comparten de forma desigual es un **enlace polar.**

- El monóxido de carbono (CO) es un contaminante del aire. ¿Qué tipo de enlaces hay en el monóxido de carbono?

_____

> **MY READING WEB** Si tuviste dificultades para responder la pregunta anterior, visita *My Reading Web* y escribe *Acids, Bases, and Solutions.*

Destreza de vocabulario

Identificar familias de palabras Puedes aprender familias de palabras para enriquecer tu vocabulario. Por ejemplo, el verbo *hornear* está relacionado con el sustantivo *horno* y con el adjetivo *horneado*.

Verbo	Sustantivo	Adjetivo
indicar mostrar, señalar	**indicador** aquéllo que señala o indica	**indicativo** que actúa como señal, que muestra
saturar llenar hasta lo máximo posible	**saturación** condición de contener la mayor cantidad posible	**saturado** que está lleno, que contiene la mayor cantidad posible

2. Verificación rápida Repasa las palabras relacionadas con *saturar*. Completa las siguientes oraciones con la forma correcta de la palabra.

- La esponja estaba _____ y no podía contener más agua.

- Siguió agregando agua hasta alcanzar el punto de _____

solución

soluto

coloide

solución saturada

Vistazo al capítulo

LECCIÓN 1
- solución
- solvente
- soluto
- coloide
- suspensión

   Identifica la evidencia de apoyo

  △ Interpreta datos

LECCIÓN 2
- solución diluida
- solución concentrada
- solubilidad
- solución saturada

  Identifica la idea principal

  △ Calcula

LECCIÓN 3
- ácido
- corrosivo
- indicador
- base

  Resume

  △ Predice

LECCIÓN 4
- ión hidrógeno (H⁺)
- ión hidróxido (OH⁻)
- escala de pH
- neutralización
- sal

  Relaciona causa y efecto

  △ Mide

> VOCAB FLASH CARDS Para obtener más ayuda con el vocabulario, visita *Vocab Flash Cards* y escribe *Acids, Bases, and Solutions.*

Entender las soluciones

DESCUBRE LA PREGUNTA PRINCIPAL

🔑 ¿Cómo se clasifican las mezclas?

🔑 ¿Cómo se forma una solución?

mi DiaRio DeL planeta

CONCEPTO ERRÓNEO

¿Arenas movedizas asesinas?

Concepto erróneo: Quizás hayas visto escenas de películas como la que se muestra abajo. Es un concepto erróneo muy común el creer que si caes en arenas movedizas es imposible huir.

Hecho: Las arenas movedizas realmente existen, pero no son tan mortales como se cree. Son una mezcla de arena y agua, y por lo general, tienen sólo unos pocos pies de profundidad. Las arenas movedizas se forman cuando la arena suelta se mezcla con demasiada agua. Las moléculas de agua rodean cada uno de los granos de arena y reducen la fricción entre ellos. Los granos de arena se deslizan fácilmente unos con otros y no pueden soportar peso.

Afortunadamente, el cuerpo humano es menos denso que las arenas movedizas, lo que significa que puedes flotar en ellas. Si te relajas y te recuestas sobre tu espalda, finalmente saldrás flotando a la superficie.

Escribe tu respuesta a la pregunta siguiente.

Las arenas movedizas pueden resultar atemorizantes hasta que entiendes cómo funcionan. Describe algo que te daba miedo hasta que aprendiste más sobre ese tema.

_____
_____
_____
_____
_____
_____
_____

▷ PLANET DIARY Consulta *Planet Diary* para aprender más en inglés sobre las soluciones.

Zona de laboratorio Haz la Indagación preliminar *¿Qué convierte una mezcla en una solución?*

Vocabulario

- solución • solvente
- soluto • coloide
- suspensión

Destrezas

⟳ Lectura: Identifica la evidencia de apoyo

△ Indagación: Interpreta datos

¿Cómo se clasifican las mezclas?

¿Qué tienen en común la mantequilla de cacahuate, la limonada y el aderezo para ensaladas? Todos ellos son distintos tipos de mezclas. **Las mezclas se clasifican como soluciones, coloides o suspensiones según el tamaño de sus partículas más grandes.**

Soluciones El jugo de uva es un ejemplo de una mezcla denominada solución. Una **solución** es una mezcla que contiene un solvente y al menos un soluto, y que tiene propiedades uniformes. El **solvente** es la parte de una solución que, por lo general, está presente en la mayor cantidad y que disuelve a las otras sustancias. El **soluto** es la sustancia que se disuelve en un solvente. Los solutos pueden ser gases, líquidos o sólidos. En el jugo de uva, el solvente es el agua. El azúcar y los demás ingredientes son los solutos. Una solución tiene las mismas propiedades en su totalidad y contiene un soluto, moléculas o iones tan pequeños que no se ven a simple vista.

El agua como solvente En muchas de las soluciones más comunes, el solvente es el agua. El agua disuelve tantas sustancias que a menudo se le conoce como el "solvente universal". La vida depende de las soluciones con agua. Los nutrientes que utilizan las plantas están disueltos en agua en el suelo. El agua es el solvente en la sangre, la saliva, el sudor, la orina y las lágrimas.

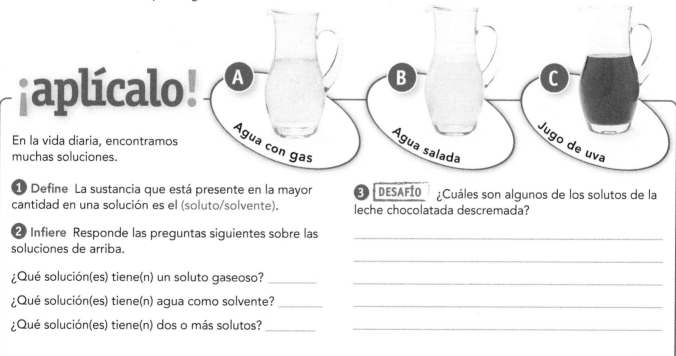

A Agua con gas   B Agua salada   C Jugo de uva

¡aplícalo!

En la vida diaria, encontramos muchas soluciones.

1 Define La sustancia que está presente en la mayor cantidad en una solución es el (soluto/solvente).

2 Infiere Responde las preguntas siguientes sobre las soluciones de arriba.

¿Qué solución(es) tiene(n) un soluto gaseoso? _____

¿Qué solución(es) tiene(n) agua como solvente? _____

¿Qué solución(es) tiene(n) dos o más solutos? _____

3 ⬡ DESAFÍO ¿Cuáles son algunos de los solutos de la leche chocolatada descremada?

_____

_____

_____

_____

199

Otros solventes Si bien el agua es el más común de los solventes, no es el único. Muchas soluciones están hechas con otros solventes, como muestra la tabla de la **ilustración 1.** Por ejemplo, la gasolina es una solución que contiene varios combustibles líquidos. Los solventes no necesariamente deben ser líquidos. Una solución puede ser una combinación de gases, líquidos o sólidos. El aire, por ejemplo, es una solución formada por nitrógeno, oxígeno y otros gases. Las soluciones pueden estar formadas incluso por sólidos. Las aleaciones metálicas como el bronce, el latón y el acero son soluciones compuestas por elementos sólidos.

El agua de mar es una solución de cloruro de sodio y otros compuestos en agua.

El aire que está dentro de estas burbujas es una solución de oxígeno y otros gases en nitrógeno.

ILUSTRACIÓN 1

Soluciones

Las soluciones pueden estar formadas por cualquier combinación de sólidos, líquidos y gases.

Identifica Completa la tabla con el estado de la materia de los solventes y solutos.

El acero de este tanque de buceo es una solución de carbono y metales en hierro.

Soluciones comunes

Soluto	Solvente	Solución
		Aire (oxígeno y otros gases en nitrógeno)
		Agua con gas (dióxido de carbono en agua)
Líquido		Anticongelante (etilenglicol en agua)
	Líquido	Empaste dental (plata en mercurio)
		Agua de mar (cloruro de sodio en agua)
Sólido		Latón (cinc y cobre)

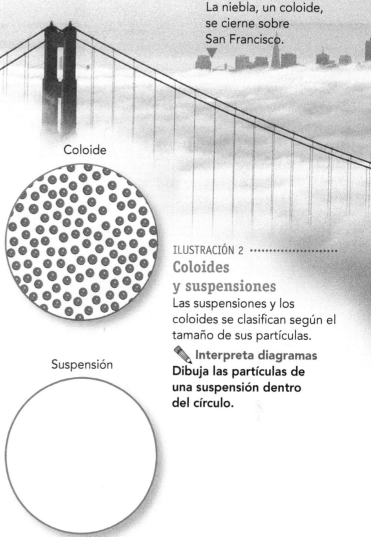

La niebla, un coloide, se cierne sobre San Francisco.

Coloides No todas las mezclas son soluciones. Como puedes observar en la **ilustración 2,** un **coloide** es una mezcla que contiene partículas pequeñas y sin disolver que no se depositan. Las partículas de un coloide son tan pequeñas que sólo pueden verse con la ayuda de un microscopio. Sin embargo, son lo suficientemente grandes para dispersar un haz de luz. Por ejemplo, la niebla es un coloide formado por gotitas de agua en aire. La niebla dispersa los haces de luz de los faros de los carros. Otros ejemplos de coloides son: la leche, la crema de afeitar y el humo. A diferencia de muchas soluciones, la mayoría de los coloides no son claros porque dispersan la luz.

Coloide

Suspensión

ILUSTRACIÓN 2 ·······················
Coloides y suspensiones
Las suspensiones y los coloides se clasifican según el tamaño de sus partículas.

✎ **Interpreta diagramas**
Dibuja las partículas de una suspensión dentro del círculo.

Suspensiones Si intentaras mezclar arena y agua, descubrirías que, aunque revolvieras sin parar, la arena nunca se disolvería por completo. La arena y el agua forman una suspensión. Una **suspensión** es una mezcla en la cual las partículas se pueden ver y separar fácilmente por fijación o por filtración. A diferencia de las soluciones, las suspensiones no tienen las mismas propiedades en su totalidad. La suspensión contiene partículas visibles y de mayor tamaño que las partículas de las soluciones y de los coloides.

Zonade laboratorio Haz la Actividad rápida de laboratorio *Dispersión de la luz.*

🔑 **Evalúa tu comprensión**

1a. Repasa ¿Qué es una solución?

_____

_____

_____

b. Compara y contrasta ¿En qué se diferencian los coloides y las suspensiones de las soluciones?

_____

_____

_____

c. Infiere Imagínate que mezclas colorante para alimentos con agua para tornarla azul. ¿Formaste una solución o una suspensión? Explica tu respuesta.

_____

_____

_____

_____

_____

_____

_____

¿comprendiste? ···

○ **¡Comprendí!** Ahora sé que la clasificación de mezclas en soluciones, coloides y suspensiones se basa en _____

_____

○ Necesito más ayuda con _____

Consulta MY SCIENCE 💬 COACH *en línea para obtener ayuda en inglés sobre este tema.*

¿Cómo se forma una solución?

Si fuera posible observar las partículas de una solución, notarías cómo se comporta un soluto cuando se mezcla en una solución. 🔑 **Una solución se forma cuando las partículas del soluto se separan unas de otras y las partículas del solvente las rodean.**

Solutos iónicos y moleculares

La **ilustración 3** muestra un sólido iónico, el cloruro de sodio (NaCl), mezclado con agua. Las moléculas polares de agua, que están parcialmente cargadas, atraen a los iones positivos y negativos del soluto. Finalmente, las moléculas de agua rodearán a todos los iones y el cristal sólido se disolverá por completo.

Los compuestos moleculares, como el azúcar de mesa, se dividen en moléculas neutras individuales en el agua. Las moléculas polares del agua atraen a las moléculas polares del azúcar. Esto provoca que las moléculas de azúcar se alejen unas de otras. Los enlaces covalentes dentro de las moléculas no se dividen.

ILUSTRACIÓN 3 ·····················
▶ **INTERACTIVE ART**

Formar una solución
✎ **Sigue la secuencia** Explica qué sucede cuando el cloruro de sodio (un sólido iónico) se disuelve en agua.

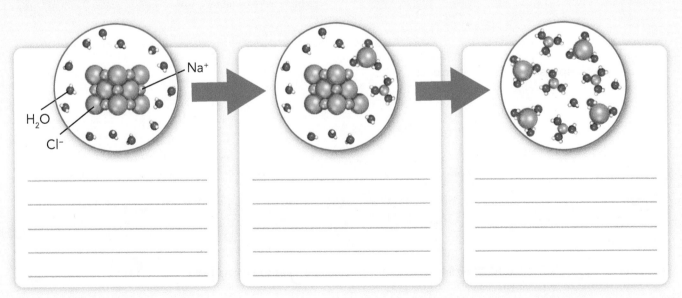

¡Usa las matemáticas! Analiza datos

Los líquidos anticongelantes para aviones son generalmente soluciones de etilenglicol en agua. El punto de congelación del agua pura es 0 °C.

1 Explica ¿Cómo se relaciona el porcentaje de etilenglicol en el fluido anticongelante con el punto de congelación del agua?

_____

_____

_____

2 Lee gráficas ¿A cuánto baja el punto de congelación del agua una solución al 45% de líquido anticongelante?

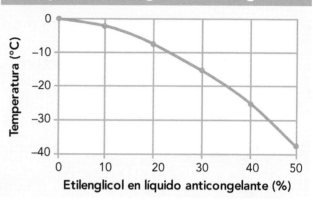

Efecto del líquido anticongelante en el punto de congelación del agua

(Temperatura (°C) vs. Etilenglicol en líquido anticongelante (%))

3 Interpreta datos ¿Permitirías que un avión despegara a una temperatura de −20 °C si se le hubiera aplicado una solución anticongelante de etilenglicol al 30%? Explica tu respuesta.

_____

_____

Los solutos y la conductividad

¿Cómo puedes averiguar si el soluto de una solución de agua era sal o azúcar? Los compuestos iónicos en agua conducen corriente eléctrica, pero es posible que una solución de compuestos moleculares no lo haga. Si hay presencia de iones, la corriente eléctrica circulará y podrás saber que el soluto es sal.

Efectos de los solutos

Los solutos suben el punto de ebullición de una solución por encima del del solvente. A medida que la temperatura del líquido sube, las moléculas ganan energía y escapan en forma de gas. En una solución líquida, las partículas del soluto no dejan que se escapen las moléculas del solvente. Para que la solución hierva, la temperatura debe superar el punto de ebullición del solvente. Pero ésta sube apenas y no es suficiente para que los alimentos se cocinen más rápido.

Los solutos bajan el punto de congelación de una solución por debajo del solvente. Cuando el agua pura líquida se congela a 0 °C, las moléculas se agrupan y forman cristales de hielo. En una solución, las partículas del soluto se interponen entre las moléculas de agua que forman cristales de hielo. La temperatura debe ser inferior a 0 °C para que una solución se congele.

Zona de laboratorio Haz la Investigación de laboratorio _Soluciones a toda velocidad._

🔑 Evalúa tu comprensión

2. Aplica conceptos ¿Por qué se esparce sal en las aceras y caminos cubiertos de hielo?

_____

_____

_____

_____

¿comprendiste?

○ **¡Comprendí!** Ahora sé que, en una solución, las partículas del soluto _____

_____

○ Necesito más ayuda con _____

Consulta MY SCIENCE COACH _en línea para obtener ayuda en inglés sobre este tema._

2 Concentración y solubilidad

🔑 ¿Cómo se modifica la concentración?

🔑 ¿Qué factores afectan la solubilidad?

mi DiaRio DeL planeta

DESCUBRIMIENTO

Las ballenas también sufren de "la enfermedad del buzo"

El síndrome de descompresión, o "enfermedad del buzo" como se la llama usualmente, resulta atemorizante para muchos buzos. Bajo las presiones extremas que soportan en las profundidades del océano, el nitrógeno y otros gases del aire se disuelven en los tejidos corporales del buzo. Si el buzo asciende demasiado rápido, la disminución repentina de la presión hace que el gas disuelto se escape del tejido en forma de burbujas. Estas burbujas pueden entrar en el torrente sanguíneo y provocar un intenso dolor e incluso lesiones más graves.

¿Pero qué pasa si el buzo es una ballena? Antes se creía que las ballenas no sufrían de "la enfermedad del buzo". Sin embargo, los científicos han encontrado en ballenas varadas evidencia de la expansión de burbujas de nitrógeno que dañaron órganos vitales. Se cree que las ondas sonoras de barcos cercanos podrían haber asustado a las ballenas y las hicieron subir a la superficie demasiado rápido. Este ascenso veloz puede provocar el síndrome de descompresión.

Escribe tus respuestas a las preguntas siguientes.

1. Los científicos han encontrado cortes pequeños y profundos en los huesos de fósiles de ballena, signos de "la enfermedad del buzo". ¿Qué conclusiones puedes sacar sobre estos fósiles?

_____

_____

_____

_____

2. El buceo es una actividad muy popular. ¿Practicarías buceo conociendo los riesgos del síndrome de descompresión?

_____

_____

_____

_____

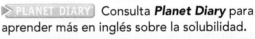 Consulta **Planet Diary** para aprender más en inglés sobre la solubilidad.

 Haz la Indagación preliminar ¿Se disuelve?

Vocabulario

- solución diluida
- solución concentrada
- solubilidad
- solución saturada

Destrezas

⟳ Lectura: Identifica la idea principal

△ Indagación: Calcula

¿Cómo se modifica la concentración?

¿Alguna vez le agregaste jarabe de arce a tus panqueques? Probablemente sabes que este jarabe se hace con la savia de los arces. ¿Es posible que algo tan dulce provenga de un árbol? Bueno, no exactamente.

La savia de arce y el jarabe de arce tienen diferentes concentraciones. Es decir, se diferencian en la cantidad de soluto (azúcar y otros compuestos) que está disuelto en una determinada cantidad de solvente (agua). Una **solución diluida** es una mezcla que sólo tiene un poco de soluto disuelto en una determinada cantidad de solvente. Una **solución concentrada** es una mezcla que tiene muchos solutos disueltos en el solvente. La savia es una solución diluida y el jarabe es una solución concentrada.

Cambio de concentración ¿Cómo se transforma la savia en jarabe? **Puedes cambiar la concentración de una solución agregándole soluto. También puedes cambiarla agregando o quitando solvente.** Por ejemplo, puedes quitar agua a la savia diluida para obtener el jarabe más concentrado.

Vocabulario Identificar familias de palabras *Concentrar* es el verbo que corresponde al adjetivo *concentrado*. Escribe una oración sobre soluciones utilizando el verbo *concentrar*.

_____

_____

_____

_____

ILUSTRACIÓN 1 ••••••••••••••••••••••••••••••••
Cómo cambiar la concentración de una solución

✎ La solución anterior se hizo con dos goteros de colorante.

1. **Aplica conceptos** Muestra dos maneras de hacer una solución más concentrada coloreando los goteros y el nivel de agua que utilizarías.

2. **Explica** Describe tus métodos en los espacios disponibles.

A

B

Cómo calcular la concentración Sabes que el jarabe de arce es más concentrado que la savia de arce. ¿Cuál es la concentración real de cada una de estas soluciones? Para determinar la concentración de una solución, debes comparar la cantidad de soluto con la cantidad total de solución. Puedes expresar la concentración como el porcentaje de soluto en una solución por su volumen o masa.

¡Usa las matemáticas! Ejemplo de problema

Para calcular una concentración, compara la cantidad de soluto con la cantidad de solución. Por ejemplo, si una solución de 100 gramos contiene 10 gramos de soluto, su concentración es el 10% según el peso.

$$\frac{10\ g}{100\ g} \times 100\% = 10\%$$

Calcula Determina la concentración de la solución.

Peróxido de hidrógeno: 10.7 gramos
Solución: 355 gramos

Zona de laboratorio Haz la Actividad rápida de laboratorio *Cómo medir la concentración.*

Evalúa tu comprensión

1a. Describe ¿Qué es una solución concentrada?

b. Calcula Halla la concentración de una solución con 30 gramos de soluto en 250 gramos de solución.

c. DESAFÍO La solución A tiene el doble de soluto que la solución B. ¿Es posible que ambas soluciones tengan la misma concentración? Explica tu respuesta.

¿comprendiste? ....

○ **¡Comprendí!** Ahora sé que la concentración de una solución puede modificarse _____

○ **Necesito más ayuda con** _____

Consulta MY SCIENCE COACH en línea para obtener ayuda en inglés sobre este tema.

¿Qué factores afectan la solubilidad?

Imagínate que agregas azúcar a una taza de té caliente. ¿Existe un límite para la cantidad de azúcar que puedes agregar? Sí, en un cierto punto, el azúcar ya no se disolverá. La **solubilidad** es la medida de cuánto soluto se puede disolver en un solvente a una temperatura dada. 🔑 **Entre los factores que pueden afectar la solubilidad de una sustancia se encuentran la presión, el tipo de solvente y la temperatura.**

Cuando agregaste tanto soluto que ya no se disuelve más, obtienes una **solución saturada.** Si puedes continuar disolviendo más soluto en una solución, la solución no está saturada.

Trabajar con la solubilidad Observa la tabla de la **ilustración 2.** En ella se compara la solubilidad de compuestos comunes en 100 gramos de agua a 20 °C. Puedes ver que, en esas condiciones, sólo se disuelven 9.6 gramos de bicarbonato de sodio. Sin embargo, en la misma cantidad de agua y a la misma temperatura, se disolverán 204 gramos de azúcar de mesa.

La solubilidad nos ayuda a identificar una sustancia, ya que es una propiedad característica de la materia. Imagínate que tienes un polvo blanco semejante a la sal o al azúcar de mesa. Dado que tú nunca pruebas sustancias desconocidas, ¿cómo podrías identificar la sustancia? Podrías medir su solubilidad en 100 gramos de agua a 20 °C. Para identificar la sustancia, compara los resultados con los datos de la **ilustración 2.**

Solubilidad en 100g de agua a 20°C	
Compuesto	Solubilidad (g)
Bicarbonato de soda (bicarbonato de sodio, $NaHCO_3$)	9.6
Sal de mesa (cloruro de sodio, $NaCl$)	35.9
Azúcar de mesa (sucrosa, $C_{12}H_{22}O_{11}$)	204

ILUSTRACIÓN 2 ·································

Solubilidad

Los pickles necesitan soluciones saturadas de sal en agua.

✏️ **Calcula** Usa la tabla para determinar la cantidad de cloruro de sodio que necesitarías para hacer pickles con 500 gramos de agua.

_____

_____

207

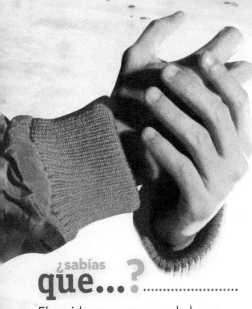

Factores que afectan la solubilidad

Factores que afectan la solubilidad Ya has leído que existe un límite para la solubilidad. Al cambiar ciertas condiciones, puedes modificar la solubilidad de una sustancia.

Presión La solubilidad de un gas soluto en un solvente líquido aumenta a medida que se incrementa la presión del gas sobre la solución. Para aumentar la concentración de dióxido de carbono en el agua con gas, el gas se agrega al líquido a alta presión. Cuando se abre la botella o la lata, se reduce la presión. Al escapar, el gas hace un sonido burbujeante.

Los buzos deben tener en cuenta los efectos de la presión sobre los gases para evitar el síndrome de descompresión. Bajo el agua, los buzos respiran con tanques de aire comprimido. A medida que descienden, el aire se disuelve en su sangre en mayor cantidad. Si los buzos vuelven a la superficie demasiado rápido, los gases salen burbujeando de la solución. Las burbujas pueden bloquear el flujo sanguíneo. Los buzos se doblan de dolor como si estuvieran enfermos, por eso se la conoce como la "enfermedad del buzo".

Solventes Algunas veces, no puede formarse una solución porque el soluto y el solvente son incompatibles, como muestra la **ilustración 3.** Esto sucede con el aceite de motor y el agua. ¿Has intentado alguna vez mezclar aceite y agua? Si lo has hecho, seguramente observaste la rapidez con que se separan en capas cuando dejas de revolverlos. El aceite y el agua se separan porque el agua es un compuesto polar y el aceite es no polar. Algunos compuestos polares y no polares no se mezclan muy bien.

En el caso de soluciones líquidas, los compuestos iónicos y los polares se disuelven, por lo general, en solventes polares. Los compuestos no polares usualmente no se disuelven en solventes muy polares, pero sí se disuelven en solventes no polares.

¿sabías que...?

El sonido que oyes cuando haces sonar los nudillos se debe al gas disuelto que sale del fluido entre las articulaciones debido a una disminución en la presión. Es por eso que no puedes hacer sonar el mismo nudillo dos veces seguidas. Debes esperar unos minutos para que el gas vuelva a disolverse en el fluido.

◄ Agua, un compuesto polar, mezclada con aceite para motor, un compuesto no polar.

ILUSTRACIÓN 3 ···

Solventes y solubilidad

Algunos compuestos polares y no polares forman capas cuando se mezclan.

✎ [DESAFÍO] **Determina cuáles de estos líquidos son polares y cuáles no polares, teniendo en cuenta el modo en que forman capas o se mezclan entre sí. La primera respuesta se da a modo de ejemplo.**

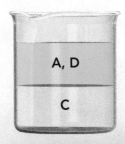

A. Polar

B. _____

C. _____

D. _____

E. _____

F. _____

208   Ácidos, bases y soluciones

Temperatura En la mayoría de los solutos sólidos, la solubilidad aumenta a medida que aumenta la temperatura. Por ejemplo, la solubilidad del azúcar de mesa en 100 gramos de agua a 0 °C es 180 gramos. Sin embargo, la solubilidad aumenta a 231 gramos a una temperatura de 25 °C y a 487 gramos a 100 °C.

Los cocineros usan este aumento de la solubilidad del azúcar para hacer caramelo. A temperatura ambiente, no es posible disolver en agua suficiente cantidad de azúcar para hacer caramelo. Las soluciones deben calentarse para que se disuelva todo el azúcar.

Al calentarse, una solución puede disolver más soluto que a temperaturas más bajas. Si una solución caliente y saturada se enfría lentamente, el soluto adicional puede permanecer disuelto y, de esta manera, se convertirá en una solución sobresaturada. Tiene más soluto disuelto del que se predice por su solubilidad a la temperatura dada. Si se altera una solución sobresaturada, el soluto adicional rápidamente sale de la solución. Puedes ver un ejemplo de una solución sobresaturada en la **ilustración 4.**

A diferencia de la mayoría de los sólidos, los gases se vuelven menos solubles cuando sube la temperatura. Por ejemplo, se puede disolver más dióxido de carbono en agua fría que en agua caliente. Si abres una botella tibia de agua con gas, más cantidad de dióxido de carbono sale del líquido que si el agua con gas hubiera sido enfriada. ¿Por qué el agua con gas tibia sabe como si tuviera poco gas? Porque contiene menos gas. Si te gusta el agua con gas muy burbujeante, ¡ábrela cuando esté bien fría!

ILUSTRACIÓN 4 ·····························
Solución sobresaturada
Si dejas caer un cristal de soluto en una solución sobresaturada, el soluto adicional sale rápidamente de la solución.

Identifica la idea principal
Subraya las oraciones de esta página que expliquen de qué manera el aumento de la temperatura afecta la solubilidad tanto de los solutos sólidos como de los gaseosos.

¡aplícalo!

La miel cristalizada, una solución sobresaturada, puede estar compuesta por más de un 70% de azúcar.

1 Calcula ¿Cuántos gramos de azúcar podría haber en 50 gramos de miel cristalizada?

2 Desarrolla hipótesis ¿Cómo explicarías por qué ciertos tipos de miel pocas veces se cristalizan?

3 DESAFÍO ¿Hay manera de convertir la miel cristalizada nuevamente en miel líquida? Explica tu respuesta.

Cocinamos con química

¿Qué determina las propiedades de una solución?

ILUSTRACIÓN 5 ••

▶ INTERACTIVE ART En el restaurante "El rancho de las soluciones", es posible encontrar soluciones en todo el menú. Para servir a sus clientes, el chef debe conocer las propiedades de las soluciones.

✏️ **Resuelve problemas** Usa lo que sabes sobre las **propiedades de las soluciones para ayudar al chef.**

¡Cocina rápida!

El chef está apurado y necesita que los fideos se cocinen rápido. Agrega un puñado de sal a la olla de agua para elevar el punto de ebullición. Explica si el plan del chef para cocinar los fideos más rápido va a resultar o no.

_____
_____
_____
_____
_____
_____

¡Burbujeante!

Un cliente se queja porque su agua con gas no es burbujeante. Sugiere una razón que explique este fenómeno.

_____
_____
_____
_____
_____
_____

¡Mézclalo!

El chef está haciendo aderezo para ensalada con vinagre, aceite de oliva y pimienta, pero los ingredientes no se mezclan entre sí. ¿Por qué?

_____

_____

_____

_____

_____

¡Qué rico!

El chef hace un delicioso té helado. Su secreto es hacerlo con exactamente 15% de azúcar por masa. Si desea hacer 3,000 gramos de té helado, ¿cuántos gramos de azúcar debería usar?

○ 200 gramos   ○ 450 gramos

○ 20,000 gramos   ○ 45,000 gramos

 Zona de **laboratorio**® Haz la Actividad rápida de laboratorio *Predecir los índices de solubilidad.*

Evalúa tu comprensión

2a. Repasa ¿Cómo puedes saber en qué momento una solución está saturada?

_____

_____

b. Controla variables Te dan dos sustancias en polvo de color blanco. ¿Cómo usarías la solubilidad para identificarlas?

_____

_____

_____

_____

_____

_____

_____

c. RESPONDE LA PREGUNTA PRINCIPAL ? ¿Qué determina las propiedades de una solución?

_____

_____

_____

_____

_____

_____

_____

¿comprendiste? ....

○ **¡Comprendí!** Ahora sé que la solubilidad de una sustancia puede verse afectada por _____

_____

_____

○ **Necesito más ayuda con** _____

Consulta MY SCIENCE COACH *en línea para obtener ayuda en inglés sobre este tema.*

Describir los ácidos y las bases

🔑 ¿Cuáles son las propiedades de los ácidos?

🔑 ¿Cuáles son las propiedades de las bases?

mi DiaRio DeL pLaneTa

VOCES DE LA HISTORIA

Momias de las turberas

Ya en la época de Shakespeare se sabía que el curtido, el proceso para hacer cuero, ayuda a preservar los tejidos corporales. Cientos de años después, se encontró el cuerpo de un hombre de 2,300 años de antigüedad en las turberas de Europa.
El hombre es una momia de las turberas. Las momias de las turberas son restos humanos que se han conservado en las condiciones muy ácidas de las turberas.

Los ácidos de las turberas tienen una intensidad similar a la del vinagre. Encurten naturalmente el cuerpo humano. La falta de oxígeno y las bajas temperaturas del norte de Europa hacen que los ácidos saturen los tejidos del cuerpo antes de que se descompongan. Como resultado, los órganos, el cabello y la piel se conservan. Los ácidos disuelven los huesos, pero en algunas momias de las turberas, hay detalles, como tatuajes y huellas dactilares, que todavía se conservan.

SEPULTURERO. ... Un curtidor le durará nueve años, seguramente.

HAMLET. ¿Pues qué tiene él más que otro cualquiera?

SEPULTURERO. Porque, señor, su piel está tan curtida por su oficio que puede resistir el agua durante mucho tiempo, y el agua es la cosa que pudre más rápido los... cadáveres.

—Shakespeare, *Hamlet*

Escribe tus respuestas a las preguntas siguientes.

1. Plantea una hipótesis sobre por qué los ácidos de las turberas reaccionan de modo diferente con los huesos del cuerpo que con los órganos, el cabello y la piel.

_____

_____

_____

_____

_____

2. ¿En qué se parecen los encurtidos a las momias de las turberas?

_____

_____

▷ PLANET DIARY Consulta *Planet Diary* para aprender más en inglés sobre los ácidos.

Zona de laboratorio Haz la Indagación preliminar *¿De qué color se vuelve el papel de tornasol?*

Vocabulario
• ácido • corrosivo
• indicador • base

Destrezas
Lectura: Resume
Indagación: Predice

¿Cuáles son las propiedades de los ácidos?

¿Has comido fruta últimamente? Si tu respuesta es sí, un ácido formó parte de tu comida. Muchas cosas comunes contienen ácidos. Los **ácidos** son compuestos con propiedades específicas. 🔑 **Un ácido es una sustancia de sabor agrio que reacciona con metales y carbonatos, y que vuelve rojo el papel de tornasol azul.**

Los ácidos son una parte importante de nuestras vidas. El ácido fólico, que se encuentra en los vegetales verdes de hoja, es importante para el crecimiento de las células. El ácido clorhídrico en el estómago ayuda a la digestión. El ácido fosfórico se utiliza para hacer fertilizantes para plantas. El ácido sulfúrico hace funcionar muchos tipos de baterías, de ahí, su apodo "ácido de baterías".

Reacciones con metales Los ácidos reaccionan con ciertos metales y producen gas hidrógeno. El platino y el oro no reaccionan con la mayoría de los ácidos, pero sí lo hacen el cobre, el cinc y el hierro. Cuando reaccionan, los metales parecen desaparecer en la solución. A esto se debe que se describa a los ácidos como **corrosivos,** lo que significa que "desgastan" a otros materiales.

La pureza de los metales preciosos se puede determinar mediante el uso de ácidos. La **ilustración 1** muestra una piedra de toque que se usa para probar la pureza del oro. El objeto de oro se raspa con la piedra de toque. Luego se vierte ácido en la veta. Cuantas más burbujas de gas produzca la veta, menor será la pureza del oro.

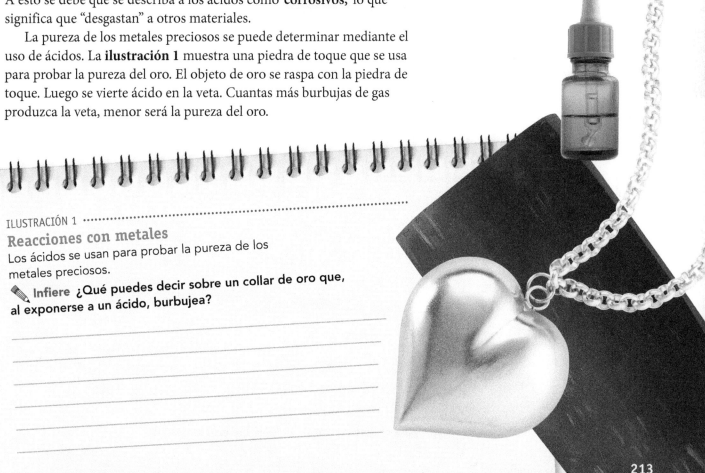

ILUSTRACIÓN 1 ....
Reacciones con metales
Los ácidos se usan para probar la pureza de los metales preciosos.

✏️ **Infiere** ¿Qué puedes decir sobre un collar de oro que, al exponerse a un ácido, burbujea?

_____

_____

_____

_____

ILUSTRACIÓN 2 ·····················

Reacciones con carbonatos

Los ácidos reaccionan con los carbonatos de la piedra caliza.

✎ **Predice** Describe lo que observaría una geóloga si vertiera ácido sobre una escultura.

_____
_____
_____
_____
_____

Reacciones con carbonatos Los ácidos también reaccionan con iones carbonatos. Los iones carbonatos contienen átomos de carbono y oxígeno ligados con una carga negativa total (CO_3^{2-}). Uno de los productos de la reacción de un ácido con un carbonato es el gas dióxido de carbono.

Entre los objetos que contienen iones carbonatos, están las conchas de mar, las cáscaras de huevos, la tiza y la piedra caliza. La escultura de la **ilustración 2** es de piedra caliza. Los geólogos usan esta propiedad de los ácidos para identificar tipos de rocas. Si se produce gas dióxido de carbono al verter ácido diluido sobre una roca, ésta podría ser de piedra caliza.

Un gusto ácido Si alguna vez has probado un limón, ya has tenido tu primera experiencia con el gusto ácido de los ácidos. Todos los cítricos, como el limón, el pomelo y la naranja, contienen ácido cítrico. Otros alimentos, como el vinagre y los tomates, también contienen ácidos.

Si bien el gusto ácido es una característica de muchos ácidos, no debe usarse como método de identificación. Los científicos nunca prueban los productos químicos con la boca. Nunca es seguro poner en tu boca productos químicos desconocidos.

Reacciones con indicadores Los profesionales químicos usan indicadores para realizar pruebas para hallar ácidos. El papel de tornasol es un ejemplo de un **indicator,** un compuesto que cambia de color en presencia de un ácido o una base. El ácido hace que el papel de tornasol azul se torne rojo.

El papel de tornasol azul se torna rojo en presencia de un ácido

 Zona de laboratorio Haz la Actividad rápida de laboratorio *Propiedades de los ácidos.*

🔑 **Evalúa tu comprensión**

1a. Define ¿Cómo se llama el compuesto que cambia de color con un ácido?

◯ metal ◯ indicador ◯ carbonato

b. Explica ¿Por qué se dice que los ácidos son corrosivos?

_____
_____

c. Saca conclusiones ¿Cómo puedes darte cuenta de que un alimento contiene ácido?

_____
_____
_____
_____

¿comprendiste?·····················

◯ **¡Comprendí!** Ahora sé que las propiedades de los ácidos son _____

◯ Necesito más ayuda con _____

Consulta my science ⬤ coach *en línea para obtener ayuda en inglés sobre este tema.*

¿Cuáles son las propiedades de las bases?

Las **bases** son otro grupo de compuestos que pueden ser identificados por sus propiedades en común. 🔑 **Una base es una sustancia de sabor amargo, resbaladiza y que vuelve azul el papel de tornasol rojo.** Las propiedades de las bases a menudo se describen como "opuestas" a las de los ácidos. Las bases tienen muchos usos. El amoníaco se usa en fertilizantes y en limpiadores para el hogar. El polvo para hornear contiene una base, el bicarbonato de sodio, que hace que los alimentos que se hornean aumenten de tamaño.

▲ Granos de cacao

Un gusto amargo ¿Alguna vez probaste el agua tónica? La base, la quinina, es lo que le da ese gusto ligeramente amargo. Las bases son sustancias de sabor amargo. Otros alimentos que contienen bases son el melón amargo, las almendras y los granos de cacao, como los de arriba.

Sensación resbaladiza Las bases dan una sensación resbaladiza. Muchos jabones y detergentes contienen bases. La sensación resbaladiza de tu champú es una propiedad de las bases que contiene.

Así como evitas probar el sabor de una sustancia desconocida, tampoco debes tocarla. Las bases muy fuertes podrían irritar tu piel. La forma más segura de identificar las bases es a través de sus propiedades.

✏️ **Resume** ¿Cuáles son algunos de los usos de las bases?

_____

_____

_____

_____

ILUSTRACIÓN 3 ·······································

Propiedades de los ácidos y las bases

✏️ **Clasifica** Dibuja una flecha desde cada uno de los elementos siguientes hacia la palabra "ácido" o "base", que describe sus propiedades.

limpiador para vidrios

limas

(ÁCIDO)   (BASE)

vinagre

detergente

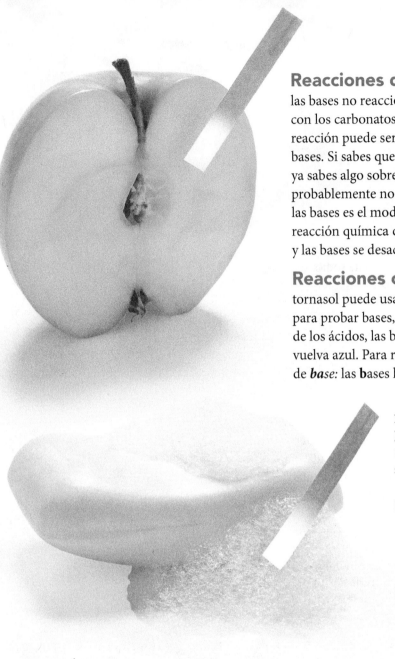

Reacciones de las bases

A diferencia de los ácidos, las bases no reaccionan con los metales. Tampoco reaccionan con los carbonatos para formar dióxido de carbono. Esta falta de reacción puede ser una propiedad muy útil para identificar las bases. Si sabes que un compuesto no reacciona con los metales, ya sabes algo sobre él. Por ejemplo, sabes que el compuesto probablemente no sea un ácido. Otra propiedad importante de las bases es el modo en que reaccionan con ácidos en un tipo de reacción química denominada neutralización, en la que los ácidos y las bases se desactivan mutuamente.

Reacciones con indicadores

Como el papel de tornasol puede usarse para probar ácidos, también puede usarse para probar bases, como vemos en la **ilustración 4**. A diferencia de los ácidos, las bases hacen que el papel de tornasol rojo se vuelva azul. Para recordarlo, pensemos en las dos primeras letras de *base:* las **b**ases hacen que el papel de tornasol se vuelva **a**zul.

ILUSTRACIÓN 4 ··
Papel de tornasol

El papel de tornasol se utiliza para probar si una sustancia es un ácido o una base.

✎ **Observa la manzana y el jabón de la izquierda y completa los ejercicios siguientes.**

1. **Predice** Colorea o rotula las cintas de papel de tornasol con el color que le daría la sustancia.

2. **Infiere** ¿Qué inferirías acerca de una sustancia que no cambia el color rojo o azul del papel de tornasol?

_____

_____

ILUSTRACIÓN 5 ··
Propiedades de los ácidos y las bases

✎ **Compara y contrasta** Completa la tabla con las propiedades de los ácidos y las bases.

Propiedades	Ácidos	Bases
Reacción con los metales		
Reacción con los carbonatos		
Sabor		
Reacción con el papel de tornasol		
Usos		

¡aplícalo!

El veneno de las abejas es ligeramente ácido, pero el veneno de las avispas es casi neutro, es decir, no es ni un ácido ni una base. El agua pura es otra sustancia neutra.

1 ⚠ **Predice** El veneno de la abeja tendría sabor (amargo/ácido).

2 **Aplica conceptos** ¿Cómo reaccionarían el veneno de la abeja y el de la avispa con el papel de tornasol?

_____

_____

_____

_____

3 [DESAFÍO] Una sugerencia para tratar una picadura de abeja es limpiarla con vinagre. ¿Lo probarías? Explica tu respuesta.

_____

_____

_____

Zona de laboratorio® Haz la Actividad rápida de laboratorio *Propiedades de las bases*.

🔑 Evalúa tu comprensión

2a. Repasa Las propiedades de las bases a menudo se consideran (idénticas/opuestas) a las de los ácidos.

b. Aplica conceptos ¿En qué productos del hogar es más probable que encuentres bases?

_____

_____

_____

c. Plantea preguntas El color de las hortensias depende de la cantidad de ácidos o bases presentes en la tierra. Escribe una pregunta que te ayude a determinar la causa de que una hortensia sea rosada.

_____

_____

_____

_____

¿comprendiste? ....

○ **¡Comprendí!** Ahora sé que las propiedades de las bases son _____

_____

○ **Necesito más ayuda con** _____

Consulta MY SCIENCE 🔄 COACH *en línea para obtener ayuda en inglés sobre este tema.*

LECCIÓN

4 Ácidos y bases en solución

DESCUBRE LA PREGUNTA PRINCIPAL

¿Qué iones forman los ácidos y las bases en el agua?

¿Cuáles son los productos de la neutralización?

mi DiaRio DeL planeta

DATO CURIOSO

Aguijones del océano

Probablemente hayas oído hablar de animales venenosos como la serpiente de cascabel y la araña viuda negra. ¿Sabías que una de las criaturas más venenosas del planeta es la medusa? Algunas picaduras de medusa pueden dejar cicatrices permanentes en sus víctimas, o incluso matarlas. Las medusas utilizan su veneno para aturdir y paralizar tanto a sus presas como a sus depredadores, entre ellos, los seres humanos. Una picadura de medusa puede transformar un día de playa en una visita al hospital. Afortunadamente, la mayoría de las picaduras de medusa pueden tratarse fácilmente. El veneno de algunas medusas contiene bases. Las bases pueden ser neutralizadas, o desactivadas, con un ácido. La mejor manera de tratar una picadura de medusa es lavar la zona afectada con vinagre. El vinagre es una solución que contiene ácido acético, un ácido débil que no daña la piel.

Escribe tus respuestas a las preguntas siguientes.

1. Las picaduras de otros tipos de animales pueden ser ácidas. ¿Cómo tratarías una picadura que contiene ácido?

_____

_____

_____

2. Dado que las medusas son casi invisibles, la mayoría de las personas no advierten el peligro que representan. ¿Qué consejos le darías a una persona que va a pasar un día de playa?

_____

_____

_____

▶ PLANET DIARY Consulta *Planet Diary* para aprender más en inglés sobre la neutralización.

Zona de laboratorio
Haz la Indagación preliminar ¿Qué datos puede darte el jugo de repollo?

Vocabulario

- ión hidrógeno (H⁺)   • ión hidróxido (OH⁻)
- escala de pH   • neutralización   • sal

Destrezas

↪ Lectura: Relaciona causa y efecto

△ Indagación: Mide

¿Qué iones forman los ácidos y las bases en el agua?

Una química vierte ácido clorhídrico en un vaso de precipitados. Luego agrega lentamente una base, hidróxido de sodio, al ácido. ¿Qué sucede cuando se mezclan ambas sustancias químicas? Para responder la pregunta, debes saber qué les sucede a los ácidos y a las bases en solución.

Ácidos en solución   La **ilustración 1** muestra algunos ácidos comunes. Observa que todas las fórmulas comienzan con la letra H, que es el símbolo del hidrógeno. En una solución con agua, la mayoría de los ácidos se separan en iones hidrógeno e iones negativos. Un **ión hidrógeno (H⁺)** es un átomo de hidrógeno que ha perdido su electrón. En el caso del ácido clorhídrico, por ejemplo, se forman iones hidrógeno e iones cloruro.

$$HCl \rightarrow H^+ + Cl^-$$

La producción de iones hidrógeno ayuda a definir un ácido.

🗝 **Un ácido produce iones hidrógeno (H⁺) en agua.** Estos iones provocan la corrosión de los metales y hacen que el papel de tornasol azul se vuelva rojo. Los ácidos pueden ser fuertes o débiles según la facilidad con que se disocian, o separan, en iones en agua. La **ilustración 2** muestra moléculas de un ácido fuerte, como el ácido nítrico, que se disocian y forman iones hidrógeno en solución. En el caso de un ácido débil, como el ácido acético, muy pocas partículas se separan y forman iones en solución.

ILUSTRACIÓN 1 ⋯⋯⋯⋯⋯⋯
Ácidos comunes
En la tabla siguiente se mencionan algunos ácidos comunes.

Ácido	Fórmula
Ácido clorhídrico	HCl
Ácido nítrico	HNO_3
Ácido sulfúrico	H_2SO_4
Ácido acético	$HC_2H_3O_2$

ILUSTRACIÓN 2 ⋯⋯⋯⋯⋯⋯⋯⋯⋯⋯⋯⋯⋯⋯⋯⋯⋯⋯⋯⋯⋯⋯⋯⋯⋯⋯⋯
La intensidad de los ácidos
En solución, los ácidos fuertes y los débiles se comportan de manera diferente.

✏ **Compara y contrasta** En el vaso de precipitados vacío, utiliza la clave para dibujar cómo actuarían los iones del ácido acético en solución.

Clave

■ Ión nitrato (NO_3^-)

• Ión hidrógeno (H⁺)

▶ Ión acetato ($C_2H_3O_2^-$)

Ácido fuerte

Ácido débil

Bases en solución

Observa la tabla de la **ilustración 3.** Muchas de las bases que se muestran allí están formadas por iones positivos combinados con iones hidróxido. El **ión hidróxido (OH⁻)** es un ión de carga negativa formado por oxígeno e hidrógeno. Cuando algunas bases se disuelven en agua, se separan en iones positivos y en iones hidróxido. Observa, por ejemplo, lo que sucede con el hidróxido de sodio en el agua.

Base	Fórmula
Hidróxido de sodio	$NaOH$
Hidróxido de potasio	KOH
Hidróxido de calcio	$Ca(OH)_2$
Hidróxido de sodio	$Al(OH)_3$
Amoníaco	NH_3
Óxido de calcio	CaO

ILUSTRACIÓN 3 ·······························
Bases comunes

$$NaOH \rightarrow Na^+ + OH^-$$

No todas las bases contienen iones hidróxido. Es el caso del amoníaco (NH_3). En solución, el amoníaco reacciona con el agua y forma iones hidróxido.

$$NH_3 + H_2O \rightarrow NH_4^+ + OH^-$$

Observa que ambas reacciones producen iones hidróxido negativos.

🔑 **Una base produce iones hidróxido (OH⁻) en agua.** Los iones hidróxido son los responsables del sabor amargo y de la sensación resbaladiza de las bases, así como de que transformen el papel de tornasol rojo en azul. Las bases fuertes, como el hidróxido de sodio, producen iones hidróxido en el agua rápidamente. Las bases débiles, como el amoníaco, no lo hacen.

La medición del pH

Para determinar la intensidad de un ácido o una base, los químicos utilizan una escala llamada pH. La **ilustración 4** muestra que la **escala de pH** tiene un rango que va de 0 a 14. Esta escala expresa la concentración de los iones hidrógeno en una solución.

Las sustancias más ácidas están en el extremo inferior de la escala, mientras que las sustancias básicas se encuentran en el extremo superior. Un pH bajo indica que la concentración de iones hidrógeno es alta y que la concentración de iones hidróxido es baja. Un pH alto indica lo contrario.

Se puede saber cuál es el pH de una solución usando una cinta de papel indicador, que cambia de color según el valor del pH. Al comparar el color del papel con los de la escala, podemos saber cuál es el pH de la solución. Un pH inferior a 7 es ácido. Un pH superior a 7 es básico. Un pH de 7 es neutro, o sea que no es ni un ácido ni una base.

ILUSTRACIÓN 4 ···································
▶ INTERACTIVE ART La escala de pH

La escala de pH nos permite clasificar a las soluciones como ácidas o básicas.

✏️ Usa la escala de pH para completar los ejercicios siguientes.

1. ◢Mide Halla el pH aproximado de cada sustancia que se muestra en la escala.

2. DESAFÍO Cada unidad de la escala de pH implica que la concentración de iones hidrógeno se multiplica por diez. ¿Cuál es la diferencia de concentración de iones hidrógeno entre el ácido clorhídrico y un limón?

_____

_____

_____

0
1
2
3
4
5
6
7
8
9
10
11
12
13
14

Ácido clorhídrico

pH = _____

Limón

pH = _____

Vinagre

pH = _____

Plátano

pH = _____

Agua pura

pH = _____

Sangre

pH = _____

Polvo de hornear

pH = _____

Antiácido

pH = _____

Destapacañerías

pH = _____

¡aplícalo!

Puedes predecir el pH de un ácido o de una base por medio de sus propiedades.

1 Estima Coloca cada uno de estos elementos en la escala de pH que se encuentra abajo.

A Jabón

B Tomate

C Amoníaco

2 Clasifica Elige un elemento y ubícalo en la escala de pH según las propiedades que conoces de él.

(0) (1) (2) (3) (4) (5) (6) (7) (8) (9) (10) (11) (12) (13) (14)

Zona de laboratorio Haz la Actividad rápida de laboratorio *Descubre el pH*.

🔑 Evalúa tu comprensión

1a. Identifica ¿Qué tipo de solución tiene un pH de 7?

○ ácida ○ básica ○ neutra

b. Interpreta datos La solución A tiene un pH de 1.6. La solución B tiene un pH de 4. ¿Cuál de las dos soluciones tiene una mayor concentración de iones hidrógeno? Explica tu respuesta.

_____

_____

_____

_____

¿comprendiste? ....

○ **¡Comprendí!** Ahora sé que, en el agua, los ácidos producen _____

_____

y las bases producen _____

_____

○ Necesito más ayuda con _____

Consulta MY SCIENCE 🔊 COACH *en línea para obtener ayuda en inglés sobre este tema.*

¿Cuáles son los productos de la neutralización?

¿Sientes curiosidad por saber qué sucede cuando mezclas un ácido y una base? ¿Te sorprendería saber que el resultado es agua salada? Observa la ecuación para la reacción entre concentraciones y cantidades iguales de ácido clorhídrico e hidróxido de sodio.

$$HCl + NaOH \rightarrow H_2O + Na^+ + Cl^-$$

Si comprobaras el pH de la mezcla, observarías que es de aproximadamente 7, el valor neutro. En realidad, una reacción entre un ácido y una base se llama **neutralización.**

Reactantes Después de la neutralización, una mezcla de ácido y base no es ni tan ácida ni tan básica como lo eran las soluciones originales. La reacción puede incluso dar como resultado una solución neutra. El pH final depende de los volúmenes, las concentraciones y la intensidad de los reactantes. Por ejemplo, si una pequeña cantidad de una base fuerte reacciona con una gran cantidad de ácido fuerte, la solución seguirá siendo ácida, pero el pH final estará más cerca del neutro que el pH original.

ILUSTRACIÓN 5 ·······················

> **VIRTUAL LAB** Neutralización

✎ **Completa las actividades siguientes.**

1. **Interpreta datos** Colorea o escribe el color del papel indicador de pH en la tira para cada solución según su pH.

2. **DESAFÍO** Estima el pH de una mezcla de una gran cantidad de ácido débil con una gran cantidad de base fuerte. Explica tu razonamiento.

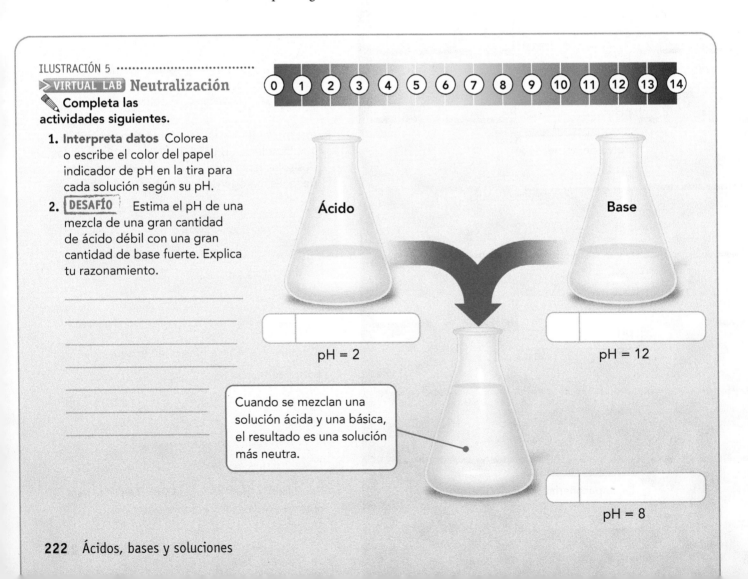

Cuando se mezclan una solución ácida y una básica, el resultado es una solución más neutra.

Productos La "sal" es el producto que ponemos a los alimentos para realzar su sabor, pero para un químico, esta palabra se refiere a un grupo específico de compuestos. Una **sal** es un compuesto iónico formado por la neutralización de un ácido con una base. La sal se forma con el ión positivo de la base y el ión negativo del ácido.

Observa la ecuación de la neutralización del ácido nítrico con hidróxido de potasio que da como resultado nitrato de potasio.

$$HNO_3 + KOH \rightarrow H_2O + K^+ + NO_3^-$$
(ácido)   (base)   (agua)   (sal)

🔑 **En una reacción de neutralización, el ácido reacciona con una base y produce una sal y agua.** La tabla de la **ilustración 6** muestra varias sales comunes.

Relaciona causa y efecto
Elige todas las opciones que derivan de la neutralización.

◯ Se produce agua.

◯ El pH del producto está más cerca de 7 que el pH del reactante.

◯ Los ácidos se convierten en bases.

ILUSTRACION 6

Sales comunes

En la tabla se mencionan varias sales comunes que son el resultado de reacciones de neutralización.

✏️ **Interpreta tablas** Completa la tabla con la fórmula para cada sal.

Sales comunes			
Sal	Reacción de neutralización	Fórmula de la sal	Uso
Cloruro de sodio	$NaOH + HCl \rightarrow H_2O + Na^+ + Cl^-$		Sal de mesa
Yoduro de potasio	$KOH + HI \rightarrow H_2O + K^+ + I^-$		Desinfectantes
Cloruro de potasio	$KOH + HCl \rightarrow H_2O + K^+ + Cl^-$		Sustituto de sal
Carbonato de calcio	$Ca(OH)_2 + H_2CO_3 \rightarrow 2 H_2O + Ca^{2+} + CO_3^{2-}$		Caliza

 Zona de laboratorio Haz la Actividad rápida de laboratorio *La prueba del antiácido.*

🔑 **Evalúa tu comprensión**

2a. Define ¿En qué se diferencia el significado científico de "sal" del significado que usamos a diario?

b. Haz generalizaciones ¿El pH de una neutralización de ácido y base es siempre 7? ¿Por qué?

¿comprendiste?

◯ ¡Comprendí! Ahora sé que una reacción de neutralización produce _____

◯ Necesito más ayuda con _____

Consulta my science 🔵 coach *en línea para obtener ayuda en inglés sobre este tema.*

Las soluciones contienen un _____ y al menos un _____. La solubilidad de una

sustancia depende de _____.

LECCIÓN 1 Entender las soluciones

🔑 Las mezclas se clasifican como soluciones, coloides o suspensiones según el tamaño de sus partículas más grandes.

🔑 Una solución se forma cuando las partículas del soluto se separan unas de otras y las partículas del solvente las rodean.

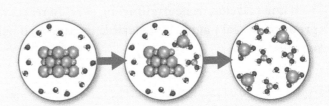

Vocabulario
- solución
- solvente
- soluto
- coloide
- suspensión

LECCIÓN 2 Concentración y solubilidad

🔑 Puedes cambiar la concentración de una solución agregándole un soluto. También puedes cambiarla agregando o quitando solvente.

🔑 Entre los factores que pueden afectar la solubilidad de una sustancia se encuentran la presión, el tipo de solvente y la temperatura.

Vocabulario
- solución diluida
- solución concentrada
- solubilidad
- solución saturada

LECCIÓN 3 Describir los ácidos y las bases

🔑 Un ácido tiene sabor agrio, reacciona con metales y carbonatos, y vuelve rojo el papel de tornasol azul.

🔑 Una base tiene sabor amargo, es resbaladiza y vuelve azul el papel de tornasol rojo.

Vocabulario
- ácido
- corrosivo
- indicador
- base

LECCIÓN 4 Ácidos y bases en solución

🔑 Un ácido produce iones hidrógeno (H^+) en agua.

🔑 Una base produce iones hidróxido (OH^-) en agua.

🔑 En una reacción de neutralización, un ácido reacciona con una base y produce una sal y agua.

Vocabulario
- ión hidrógeno (H^+)
- ión hidróxido (OH^-)
- escala de pH
- neutralización
- sal

Repaso y evaluación

LECCIÓN 1 Entender las soluciones

1. ¿Cuál de estas opciones es un ejemplo de una solución?

   a. la niebla   **b.** el agua con gas

   c. la leche   **d.** el lodo

2. Una mezcla de pimienta y agua es una suspensión porque _____

_____

_____

3. Aplica conceptos La tabla siguiente muestra los componentes principales de la atmósfera de la Tierra. ¿Cuál es el solvente en el aire? ¿Cuáles son los solutos?

Composición de la atmósfera terrestre	
Compuesto	**Porcentaje de volumen**
Argón (Ar)	0.93
Dióxido de carbono (CO_2)	0.03
Nitrógeno (N_2)	78.08
Oxígeno (O_2)	20.95
Vapor de agua (H_2O)	0 a 3

_____

_____

_____

4. Predice Imagínate que colocas cantidades iguales de agua pura y de agua salada en cubiteras separadas de igual tamaño y forma. ¿Qué crees que sucederá cuando coloques ambas cubiteras en el congelador? Explica tu respuesta.

_____

_____

_____

_____

LECCIÓN 2 Concentración y solubilidad

5. ¿Cómo puedes aumentar la concentración de una solución?

   a. agregando soluto

   b. aumentando la temperatura

   c. agregando solvente

   d. disminuyendo la presión

6. La mayoría de los gases se hacen más solubles en un líquido a medida que la temperatura _____

7. Interpreta diagramas ¿Cuál de los diagramas siguientes muestra una solución diluida? ¿Cuál muestra una solución concentrada? Explica tu respuesta.

Solución A   **Solución B**

Partícula de soluto

Partícula de solvente

_____

_____

_____

_____

_____

8. ¡matemáticas! La concentración de una solución de alcohol y agua es 25% de alcohol según el volumen. Calcula cuál sería el volumen del alcohol en 200 mL de solución.

6 Repaso y evaluación

Describir los ácidos y las bases

9. ¿Cuál de estas opciones es una propiedad de las bases?

   a. sabor ácido

   b. sensación resbaladiza

   c. hace que el papel de tornasol azul se vuelva rojo

   d. reacciona con algunos metales

10. El papel de tornasol es un ejemplo de

    indicador porque _____

    _____

11. **Clasifica** ¿Cuál de las siguientes sustancias contiene bases? Explica tu razonamiento.

Limón	Agua tónica	Jabón

_____

_____

_____

_____

12. **Diseña experimentos** La lluvia ácida se forma cuando el dióxido de carbono (CO_2) del aire reacciona con el agua de lluvia. ¿Cómo verificarías si la lluvia en tu ciudad es ácida?

_____

_____

_____

_____

13. **Escríbelo** Falta una botella de ácido del laboratorio. Diseña un cartel de "Ácido extraviado" y describe sus propiedades. Incluye ejemplos de las pruebas que podrían hacerse para verificar, si se encuentra una botella, si ésta contiene ácido.

Ácidos y bases en solución

14. ¿Cómo se llama un ión formado por hidrógeno y oxígeno?

    a. ácido   b. base

    c. ión hidrógeno d. ión hidróxido

15. En el agua, los ácidos se separan en _____

    _____

    _____

    _____

16. **Aplica conceptos** Imagínate que tienes una solución que es un ácido o una base. No reacciona con ningún metal. ¿Qué pH es más probable que tenga esta solución: 4 ó 9? Explica tu respuesta.

    _____

    _____

    _____

    _____

 ¿Qué determina las propiedades de una solución?

17. Te entregan tres vasos de precipitados con líquidos sin identificar. Un vaso de precipitados contiene agua pura. Otro contiene agua salada. Otro, agua azucarada. ¿Cómo identificarías los líquidos sin probarlos?

    _____

    _____

    _____

    _____

    _____

    _____

    _____

    _____

Preparación para exámenes estandarizados

Selección múltiple

Encierra en un círculo la letra de la mejor respuesta.

1. La gráfica siguiente muestra cómo cambia con la temperatura la solubilidad del cloruro de potasio (KCl).

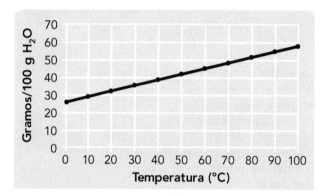

Se disuelven treinta gramos de cloruro de potasio en 100 gramos de agua a 60 °C. ¿Cuál de las opciones siguientes describe **mejor** la solución?

A saturada   B sobresaturada
C no saturada   D ácida

2. ¿Cuáles de estos valores de pH indican una solución con la mayor concentración de iones hidrógeno?

A   pH = 1
B   pH = 2
C   pH = 7
D   pH = 14

3. Se colocan tres terrones de azúcar en un vaso de precipitados que contiene 50 mililitros de agua a 20 °C. ¿Cómo podría aumentarse la velocidad a la cual los terrones de azúcar se disuelven en el agua?

A   usando menos agua
B   transfiriendo el contenido a un vaso de precipitados más grande
C   enfriando el agua y los terrones de azúcar a 5 °C
D   calentando y revolviendo el contenido del vaso de precipitados

4. Un científico observa que una solución no identificada transforma el papel de tornasol azul en rojo y que, al reaccionar con el cinc, produce gas hidrógeno. ¿Cuál de las opciones siguientes describe **mejor** la solución no identificada?

A   un coloide
B   un ácido
C   una base
D   una suspensión

5. ¿Por qué la disolución de sal de mesa en agua es un ejemplo de cambio físico?

A   Ninguna de las sustancias se transforma en una nueva sustancia.
B   La sal no puede separarse del agua.
C   El agua no se puede saturar con sal.
D   Ocurre un cambio físico siempre que una sustancia se mezcla con agua.

Respuesta elaborada

Usa el diagrama que sigue y tus conocimientos de ciencias para responder la pregunta 6 en una hoja aparte.

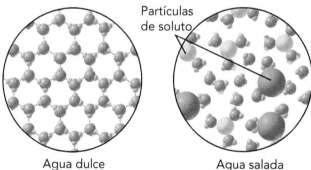

6. A temperaturas inferiores a 0 °C, el agua dulce de la superficie de un lago está congelada, mientras que una masa de agua salada que está muy cerca no lo está. Explica esta observación en relación a lo que sucede con las moléculas de agua cuando el agua se congela.

LA PIEDRA CALIZA
Y EL DRENAJE ÁCIDO

Los jóvenes y la ciencia

Los deportes y las ciencias

Luke Andraka tiene 15 años y le gusta navegar en kayak por el río Cheat de West Virginia. En una de sus excursiones en el verano de 2007, hizo mucho más que remar. Al observar que en algunas zonas el agua era de color anaranjado, Luke comenzó a plantearse preguntas. Se enteró de que los residuos de ácido de una mina cercana fluían hacia el riachuelo. El ácido modificaba las propiedades químicas del riachuelo: se habían formado zonas muertas donde no podían vivir ni las plantas ni los peces y el color del agua había cambiado.

Esto le dio una idea para su proyecto de la feria de ciencias. Luke sabía que la piedra caliza puede neutralizar la lluvia ácida. Entonces desarrolló la hipótesis de que si agregaba piedra caliza al agua, podría revertir los efectos de los residuos de la mina. Hizo un experimento para averiguar si sería mejor agregar pequeños trozos de caliza y no trozos de mayor tamaño. Demostró que la caliza podía elevar el pH del riachuelo y eliminar la polución sin dañar a los organismos que habitaban en el río. Luke también descubrió que la arena de piedra caliza daba resultados más rápidamente que su equivalente en rocas de caliza.

Escríbelo Conviértete en un observador entusiasta. Investiga un tema relacionado con el medio ambiente en tu comunidad. Identifica una causa posible y presenta una solución posible. Explica en una carta al periódico local cómo podrías investigar la eficacia de tu solución.

Los residuos de ácido de las minas originaban zonas muertas donde el agua del río Cheat cambiaba de color.

El vinagre

¡Qué mohín!

El pollo yassa, condimentado con malta o con vinagre de sidra, es un plato típico de África occidental. El arroz sushi, condimentado con vinagre de arroz, es originario de Japón. La lubina a la parrilla con aderezo de anchoas, condimentada con vinagre balsámico, es un plato típico de Italia. ¡A todo el mundo le gusta el vinagre!

Este ingrediente de sabor ácido se crea a partir de la oxidación del etanol en un líquido. La mayoría del vinagre tiene una concentración de 3 a 5 por ciento de ácido acético por volumen y a eso se debe que corte ingredientes básicos con pH básico, como la leche.

¿Por qué el vinagre tiene ese sabor tan ácido? Los científicos no pudieron explicarlo por mucho tiempo. Luego un equipo liderado por científicos del Centro Médico de la Duke University identificó dos proteínas en la superficie de nuestra lengua, PKD1L3 y PKD2L1. También rastrearon el proceso que envía señales eléctricas a nuestro cerebro y que nos hace fruncir la nariz. Otro estudio demostró que es posible que los genes tengan un papel importante en el grado de acidez que tienen los alimentos para cada persona.

Diséñalo Con un compañero diseña un experimento para averiguar más sobre el gusto de la gente por el ácido. ¿Cómo reaccionan distintas personas ante los mismos alimentos o bebidas ácidas? Considera modos de comprobar cómo se percibe el sabor. ¿Cuántas personas deberías incluir en el experimento? ¿Las pruebas repetidas te ayudarían a llegar a una conclusión?

◄ PKD1L3 y PKD2L1 son dos proteínas que se encuentran en la superficie de la lengua y son las responsables de que el vinagre tenga sabor ácido.

Cómo usar una balanza de laboratorio

La balanza de laboratorio es una herramienta importante en la investigación científica. Puedes usar una balanza para determinar la masa de los materiales que estudies o con los que experimentes en el laboratorio.

En el laboratorio se usan diferentes tipos de balanzas. Uno de esos tipos es la balanza de triple brazo. Es probable que la balanza que uses en tu clase de Ciencias sea similar a la que se muestra en este Apéndice. **Para usar la balanza de manera adecuada, debes aprender el nombre, la ubicación y la función de cada parte de la balanza. ¿Qué tipo de balanza tienes en tu clase de Ciencias?**

La balanza de triple brazo

La balanza de triple brazo es una balanza de un solo platillo que tiene tres brazos calibrados en gramos. El brazo trasero, de 100 gramos, se divide en diez unidades de 10 gramos cada una. El brazo central, de 500 gramos, se divide en cinco unidades de 100 gramos cada una. El brazo delantero, de 10 gramos, se divide en diez unidades de 1 gramo cada una. A su vez, cada una de las unidades del brazo delantero se subdivide en unidades de 0.1 gramo. ¿Cuál es la mayor masa que podrías medir con una balanza de triple brazo?

Se puede usar el siguiente procedimiento para hallar la masa de un objeto con una balanza de triple brazo:

1. Ubica el objeto en el platillo.
2. Mueve la pesa del brazo central una muesca por vez hasta que el indicador, que está en posición horizontal, quede por debajo de cero. Mueve la pesa una muesca hacia atrás.
3. Mueve la pesa del brazo trasero una muesca por vez hasta que el indicador esté nuevamente por debajo de cero. Mueve la pesa una muesca hacia atrás.
4. Desliza lentamente la pesa del brazo delantero hasta que el indicador marque cero.
5. La masa del objeto será igual a la suma de las cantidades que indiquen los tres brazos.

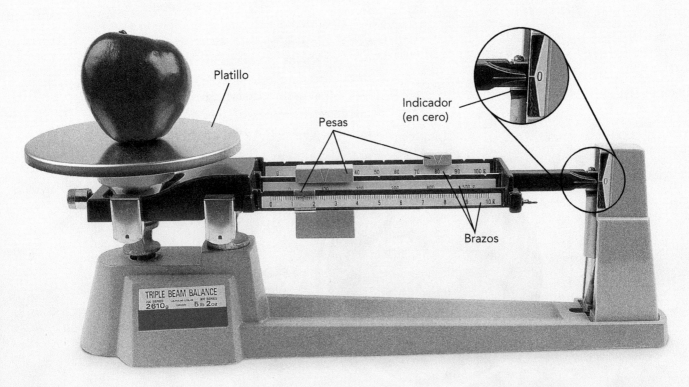

Platillo

Pesas

Indicador (en cero)

Brazos

TRIPLE BEAM BALANCE
2610g

Lista de los elementos químicos

Nombre	Símbolo	Número atómico	Masa atómica[†]
Actinio	Ac	89	(227)
Aluminio	Al	13	26.982
Americio	Am	95	(243)
Antimonio	Sb	51	121.75
Argón	Ar	18	39.948
Arsénico	As	33	74.922
Astato	At	85	(210)
Azufre	S	16	32.06
Bario	Ba	56	137.33
Berilio	Be	4	9.0122
Berquelio	Bk	97	(247)
Bismuto	Bi	83	208.98
Bohrio	Bh	107	(264)
Boro	B	5	10.81
Bromo	Br	35	79.904
Cadmio	Cd	48	112.41
Calcio	Ca	20	40.08
Californio	Cf	98	(251)
Carbono	C	6	12.011
Cerio	Ce	58	140.12
Cesio	Cs	55	132.91
Cinc	Zn	30	65.38
Cloro	Cl	17	35.453
Cobalto	Co	27	58.933
Cobre	Cu	29	63.546
Copernicio	Cn	112	(277)
Criptón	Kr	36	83.80
Cromo	Cr	24	51.996
Curio	Cm	96	(247)
Darmstadtio	Ds	110	(269)
Disprosio	Dy	66	162.50
Dubnio	Db	105	(262)
Einstenio	Es	99	(252)
Erbio	Er	68	167.26
Escandio	Sc	21	44.956
Estaño	Sn	50	118.69
Estroncio	Sr	38	87.62
Europio	Eu	63	151.96
Fermio	Fm	100	(257)
Flúor	F	9	18.998
Fósforo	P	15	30.974
Francio	Fr	87	(223)
Gadolinio	Gd	64	157.25
Galio	Ga	31	69.72
Germanio	Ge	32	72.59
Hafnio	Hf	72	178.49
Hasio	Hs	108	(265)
Helio	He	2	4.0026
Hidrógeno	H	1	1.0079
Hierro	Fe	26	55.847
Holmio	Ho	67	164.93
Indio	In	49	114.82
Iridio	Ir	77	192.22
Iterbio	Yb	70	173.04
Itrio	Y	39	88.906
Lantano	La	57	138.91

Nombre	Símbolo	Número atómico	Masa atómica[†]
Laurencio	Lr	103	(262)
Litio	Li	3	6.941
Lutecio	Lu	71	174.97
Magnesio	Mg	12	24.305
Manganeso	Mn	25	54.938
Meitnerio	Mt	109	(268)
Mendelevio	Md	101	(258)
Mercurio	Hg	80	200.59
Molibdeno	Mo	42	95.94
Neodimio	Nd	60	144.24
Neón	Ne	10	20.179
Neptunio	Np	93	(237)
Niobio	Nb	41	92.906
Níquel	Ni	28	58.71
Nitrógeno	N	7	14.007
Nobelio	No	102	(259)
Oro	Au	79	196.97
Osmio	Os	76	190.2
Oxígeno	O	8	15.999
Paladio	Pd	46	106.4
Plata	Ag	47	107.87
Plomo	Pb	82	207.2
Platino	Pt	78	195.09
Plutonio	Pu	94	(244)
Polonio	Po	84	(209)
Potasio	K	19	39.098
Praseodimio	Pr	59	140.91
Promecio	Pm	61	(145)
Protactinio	Pa	91	231.04
Radio	Ra	88	(226)
Radón	Rn	86	(222)
Renio	Re	75	186.21
Rodio	Rh	45	102.91
Roentgenio	Rg	111	(272)
Rubidio	Rb	37	85.468
Rutenio	Ru	44	101.07
Rutherfordio	Rf	104	(261)
Samario	Sm	62	150.4
Seaborgio	Sg	106	(263)
Selenio	Se	34	78.96
Sílice	Si	14	28.086
Sodio	Na	11	22.990
Talio	Tl	81	204.37
Tantalio	Ta	73	180.95
Tecnecio	Tc	43	(98)
Telurio	Te	52	127.60
Terbio	Tb	65	158.93
Titanio	Ti	22	47.90
Torio	Th	90	232.04
Tulio	Tm	69	168.93
Tungsteno	W	74	183.85
Uranio	U	92	238.03
Vanadio	V	23	50.941
Xenón	Xe	54	131.30
Yodo	I	53	126.90
Zirconio	Zr	40	91.22

[†]Los números entre paréntesis indican el número de masa del isótopo más estable.

Tabla periódica de los elementos

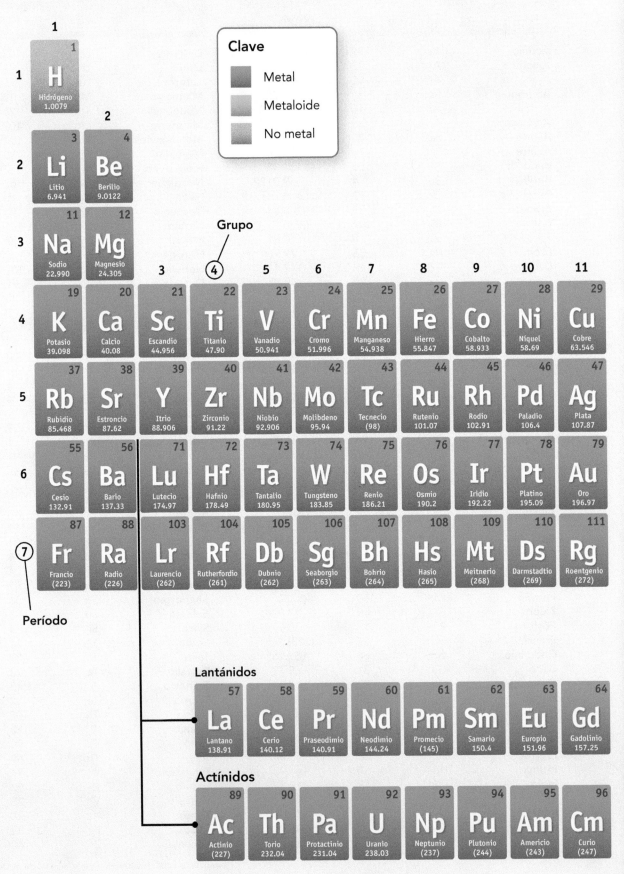

Clave

- Metal
- Metaloide
- No metal

Grupo

Período

	1									
1	**1** H Hidrógeno 1.0079									
2	**3** Li Litio 6.941	**4** Be Berilio 9.0122								
3	**11** Na Sodio 22.990	**12** Mg Magnesio 24.305								

			3	**4**	**5**	**6**	**7**	**8**	**9**	**10**	**11**
4	K Potasio 39.098 (19)	Ca Calcio 40.08 (20)	Sc Escandio 44.956 (21)	Ti Titanio 47.90 (22)	V Vanadio 50.941 (23)	Cr Cromo 51.996 (24)	Mn Manganeso 54.938 (25)	Fe Hierro 55.847 (26)	Co Cobalto 58.933 (27)	Ni Níquel 58.69 (28)	Cu Cobre 63.546 (29)
5	Rb Rubidio 85.468 (37)	Sr Estroncio 87.62 (38)	Y Itrio 88.906 (39)	Zr Zirconio 91.22 (40)	Nb Niobio 92.906 (41)	Mo Molibdeno 95.94 (42)	Tc Tecnecio (98) (43)	Ru Rutenio 101.07 (44)	Rh Rodio 102.91 (45)	Pd Paladio 106.4 (46)	Ag Plata 107.87 (47)
6	Cs Cesio 132.91 (55)	Ba Bario 137.33 (56)	Lu Lutecio 174.97 (71)	Hf Hafnio 178.49 (72)	Ta Tantalio 180.95 (73)	W Tungsteno 183.85 (74)	Re Renio 186.21 (75)	Os Osmio 190.2 (76)	Ir Iridio 192.22 (77)	Pt Platino 195.09 (78)	Au Oro 196.97 (79)
7	Fr Francio (223) (87)	Ra Radio (226) (88)	Lr Laurencio (262) (103)	Rf Rutherfordio (261) (104)	Db Dubnio (262) (105)	Sg Seaborgio (263) (106)	Bh Bohrio (264) (107)	Hs Hasio (265) (108)	Mt Meitnerio (268) (109)	Ds Darmstadtio (269) (110)	Rg Roentgenio (272) (111)

Lantánidos

57 La Lantano 138.91	58 Ce Cerio 140.12	59 Pr Praseodimio 140.91	60 Nd Neodimio 144.24	61 Pm Promecio (145)	62 Sm Samario 150.4	63 Eu Europio 151.96	64 Gd Gadolinio 157.25

Actínidos

89 Ac Actinio (227)	90 Th Torio 232.04	91 Pa Protactinio 231.04	92 U Uranio 238.03	93 Np Neptunio (237)	94 Pu Plutonio (244)	95 Am Americio (243)	96 Cm Curio (247)

Muchas tablas periódicas incluyen una línea en zigzag que separa los elementos metálicos de los no metálicos.

13	14	15	16	17	18
					2 **He** Helio 4.0026
5 **B** Boro 10.81	6 **C** Carbono 12.011	7 **N** Nitrógeno 14.007	8 **O** Oxígeno 15.999	9 **F** Flúor 18.998	10 **Ne** Neón 20.179
13 **Al** Aluminio 26.982	14 **Si** Silicio 28.086	15 **P** Fósforo 30.974	16 **S** Azufre 32.06	17 **Cl** Cloro 35.453	18 **Ar** Argón 39.948

12

30 **Zn** Cinc 65.38	31 **Ga** Galio 69.72	32 **Ge** Germanio 72.59	33 **As** Arsénico 74.922	34 **Se** Selenio 78.96	35 **Br** Bromo 79.904	36 **Kr** Criptón 83.80
48 **Cd** Cadmio 112.41	49 **In** Indio 114.82	50 **Sn** Estaño 118.69	51 **Sb** Antimonio 121.75	52 **Te** Telurio 127.60	53 **I** Yodo 126.90	54 **Xe** Xenón 131.30
80 **Hg** Mercurio 200.59	81 **Tl** Talio 204.37	82 **Pb** Plomo 207.2	83 **Bi** Bismuto 208.98	84 **Po** Polonio (209)	85 **At** Astato (210)	86 **Rn** Radón (222)
112 **Cn** Copernicio (277)	113 (284)	114 (289)	115 (288)	116 (292)		118 (294)

El descubrimiento de los elementos que van del 113 en adelante no se ha confirmado oficialmente. Las masas atómicas que están entre paréntesis son las de los isótopos más estables.

65 **Tb** Terbio 158.93	66 **Dy** Disprosio 162.50	67 **Ho** Holmio 164.93	68 **Er** Erbio 167.26	69 **Tm** Tulio 168.93	70 **Yb** Iterbio 173.04
97 **Bk** Berquelio (247)	98 **Cf** Californio (251)	99 **Es** Einstenio (252)	100 **Fm** Fermio (257)	101 **Md** Mendelevio (258)	102 **No** Nobelio (259)

GLOSARIO

A

ácido Sustancia de sabor agrio que reacciona con metales y carbonatos, y que vuelve rojo el papel de tornasol azul. (213)
acid A substance that tastes sour, reacts with metals and carbonates, and turns blue litmus red.

aleación Mezcla de dos o más elementos, uno de los cuales es un metal. (151)
alloy A mixture of two or more elements, at least one of which is a metal.

átomo Partícula básica de la que todos los elementos están formados; partícula más pequeña de un elemento, que tiene las propiedades de ese elemento. (10, 73)
atom The basic particle from which all elements are made; the smallest particle of an element that has the properties of that element.

B

base Sustancia de sabor amargo, escurridiza y que vuelve azul el papel de tornasol rojo. (215)
base A substance that tastes bitter, feels slippery, and turns red litmus paper blue.

C

cambio endotérmico Cambio en el que se absorbe energía. (27)
endothermic change A change in which energy is absorbed.

cambio exotérmico Cambio en el que se libera energía. (27)
exothermic change A change in which energy is released.

cambio físico Cambio que altera la forma o apariencia de un material, pero que no convierte el material en otra sustancia. (21, 164)
physical change A change that alters the form or appearance of a material but does not make the material into another substance.

cambio químico Cambio en el cual una o más sustancias se combinan o se descomponen para formar sustancias nuevas. (23, 164)
chemical change A change in which one or more substances combine or break apart to form new substances.

catalizador Material que aumenta la velocidad de una reacción al disminuir la energía de activación. (187)
catalyst A material that increases the rate of a reaction by lowering the activation energy.

coeficiente En un ecuación, número delante de una fórmula química que indica cuántas moléculas o átomos de cada reactante y producto intervienen en una reacción. (177)
coefficient A number in front of a chemical formula in an equation that indicates how many molecules or atoms of each reactant and product are involved in a reaction.

coloide Mezcla que contiene partículas pequeñas y sin disolver que no se depositan. (201)
colloid A mixture containing small, undissolved particles that do not settle out.

compuesto Sustancia formada por dos o más elementos combinados químicamente en una razón o proporción específica. (11)
compound A substance made of two or more elements chemically combined in a specific ratio, or proportion.

compuesto iónico Compuesto que tiene iones positivos y negativos. (132)
ionic compound A compound that consists of positive and negative ions.

compuesto molecular Compuesto que tiene moléculas. (141)
molecular compound A compound that is composed of molecules.

concentración Cantidad de un material en cierto volumen de otro material. (186)
concentration The amount of one material in a certain volume of another material.

condensación Cambio del estado gaseoso al estado líquido. (52)
condensation The change of state from a gas to a liquid.

conductividad eléctrica Capacidad de un objeto para cargar corriente eléctrica. (90, 150)
electrical conductivity The ability of an object to carry electric current.

conductividad térmica Capacidad de un objeto para transferir calor. (90, 149)
thermal conductivity The ability of an object to transfer heat.

congelación Cambio del estado líquido al sólido. (50)
  freezing The change in state from a liquid to a solid.

corrosión Desgaste progresivo de un elemento metal debido a una reacción química. (91)
  corrosion The gradual wearing away of a metal element due to a chemical reaction.

corrosivo Forma en que los ácidos reaccionan con algunos metales y los desgastan. (213)
  corrosive The way in which acids react with some metals so as to wear away the metal.

cristal Cuerpo sólido en el que los átomos siguen un patrón que se repite una y otra vez. (136)
  crystal A solid in which the atoms are arranged in a pattern that repeats again and again.

D

datación radiactiva Proceso para determinar la edad de un objeto usando la vida media de uno o más isótopos radiactivos. (111)
  radioactive dating The process of determining the age of an object using the half-life of one or more radioactive isotopes.

densidad Medida de la masa de una sustancia que tiene un volumen dado. (18)
  density The measurement of how much mass of a substance is contained in a given volume.

descomposición Reacción química que descompone los compuestos en productos más simples. (180)
  decomposition A chemical reaction that breaks down compounds into simpler products.

desintegración radiactiva Proceso de descomposición del núcleo de un elemento radiactivo que libera partículas de movimiento rápido y energía. (107)
  radioactive decay The process in which the nuclei of radioactive elements break down, releasing fast-moving particles and energy.

directamente proporcional Término empleado para describir la relación entre dos variables cuya gráfica forma una línea recta que pasa por el punto (0, 0). (59)
  directly proportional A term used to describe the relationship between two variables whose graph is a straight line passing through the point (0, 0).

dúctil Término usado para describir un material que se puede estirar hasta crear un alambre largo. (90, 149)
  ductile A term used to describe a material that can be pulled out into a long wire.

E

ebullición Evaporación que ocurre en y bajo la superficie de un líquido. (51)
  boiling Vaporization that occurs at and below the surface of a liquid.

ecuación química Forma corta y sencilla de mostrar una reacción química usando símbolos. (170)
  chemical equation A short, easy way to show a chemical reaction, using symbols.

electrón Partícula pequeña de carga negativa que se mueve alrededor del núcleo de un átomo. (74)
  electron A tiny, negatively charged particle that moves around the outside of the nucleus of an atom.

electrones de valencia Electrones que tienen el nivel más alto de energía de un átomo y que intervienen en los enlaces químicos. (125)
  valence electrons The electrons that are in the highest energy level of an atom and that are involved in chemical bonding.

elemento Sustancia que no se puede descomponer en otras sustancias por medios químicos o físicos. (9)
  element A pure substance that cannot be broken down into any other substances by chemical or physical means.

energía de activación Cantidad mínima de energía que se necesita para iniciar una reacción química. (183)
  activation energy The minimum amount of energy needed to start a chemical reaction.

energía química Forma de energía almacenada en los enlaces químicos de los átomos. (27)
  chemical energy A form of energy that is stored in chemical bonds between atoms.

energía térmica Energía cinética y potencial total de las partículas de un cuerpo. (26)
  thermal energy The total kinetic and potential energy of all the particles of an object.

enlace covalente Enlace químico que se forma cuando dos átomos comparten electrones. (139)
  covalent bond A chemical bond formed when two atoms share electrons.

enlace doble Enlace químico formado cuando los átomos comparten dos pares de electrones. (140)
  double bond A chemical bond formed when atoms share two pairs of electrons.

GLOSARIO

enlace iónico Atracción entre iones con cargas opuestas. (132)
ionic bond The attraction between oppositely charged ions.

enlace metálico Atracción entre un ión metálico positivo y los electrones que lo rodean. (147)
metallic bond An attraction between a positive metal ion and the electrons surrounding it.

enlace no polar Enlace covalente en el que los electrones se comparten por igual. (143)
nonpolar bond A covalent bond in which electrons are shared equally.

enlace polar Enlace covalente en el que los electrones se comparten de forma desigual. (143)
polar bond A covalent bond in which electrons are shared unequally.

enlace químico Fuerza de atracción que mantiene juntos a dos átomos. (10, 125)
chemical bond The force of attraction that holds two atoms together.

enlace triple Enlace químico formado cuando los átomos comparten tres pares de electrones. (140)
triple bond A chemical bond formed when atoms share three pairs of electrons.

enzima Tipo de proteína que acelera una reacción química en un ser vivo; catalizador biológico que disminuye la energía de activación de las reacciones celulares. (187)
enzyme A type of protein that speeds up a chemical reaction in a living thing; a biological catalyst that lowers the activation energy of reactions in cells.

escala de pH Rango de valores que se usa para indicar cuán ácida o básica es una sustancia; expresa la concentración de iones hidrógeno de una solución. (220)
pH scale A range of values used to indicate how acidic or basic a substance is; expresses the concentration of hydrogen ions in a solution.

esquema de puntos por electrones Representación del número de electrones de valencia de un átomo, usando puntos. (125)
electron dot diagram A representation of the valence electrons in an atom, using dots.

evaporación Proceso mediante el cual las moléculas en la superficie de un líquido absorben suficiente energía para pasar al estado gaseoso. (51)
evaporation The process by which molecules at the surface of a liquid absorb enough energy to change to a gas.

F

fluido Cualquier sustancia que puede fluir. (43)
fluid Any substance that can flow.

fórmula química Símbolos que muestran los elementos de un compuesto y la cantidad de átomos. (11, 134)
chemical formula Symbols that show the elements in a compound and the ratio of atoms.

fusión Cambio del estado sólido a líquido. (49)
melting The change in state from a solid to a liquid.

G

gas Estado de la materia sin forma ni volumen definidos. (45)
gas A state of matter with no definite shape or volume.

gas noble Elemento del Grupo 18 de la tabla periódica. (102)
noble gas An element in Group 18 of the periodic table.

grupo Elementos en la misma columna vertical de la tabla periódica; también llamado familia. (87)
group Elements in the same vertical column of the periodic table; also called family.

H

halógeno Elemento del Grupo 17 de la tabla periódica. (101)
halogen An element found in Group 17 of the periodic table.

I

indicador Compuesto que cambia de color en presencia de un ácido o una base. (214)
indicator A compound that changes color in the presence of an acid or a base.

inhibidor Material que disminuye la velocidad de una reacción. (187)
inhibitor A material that decreases the rate of a reaction.

inversamente proporcional Término usado para describir la relación entre dos variables cuyo producto es constante. (61)
inversely proportional A term used to describe the relationship between two variables whose product is constant.

ión Átomo o grupo de átomos que está cargado eléctricamente. (131)
ion An atom or group of atoms that has become electrically charged.

ión hidrógeno Ión de carga positiva (H^+) formado por un átomo de hidrógeno que ha perdido su electrón. (219)
hydrogen ion A positively charged ion (H^+) formed of a hydrogen atom that has lost its electron.

ión hidróxido Ión de carga negativa formado de oxígeno e hidrógeno (OH^-). (220)
hydroxide ion A negatively charged ion made of oxygen and hydrogen (OH^-).

ión poliatómico Ión formado por más de un átomo. (132)
polyatomic ion An ion that is made of more than one atom.

isótopo Átomo con el mismo número de protones y un número diferente de neutrones que otros átomos del mismo elemento. (79)
isotope An atom with the same number of protons and a different number of neutrons from other atoms of the same element.

L

ley de Boyle Principio que describe la relación entre la presión y el volumen de un gas a una temperatura constante. (60)
Boyle's law A principle that describes the relationship between the pressure and volume of a gas at constant temperature.

ley de Charles Principio que describe la relación entre la temperatura y el volumen de un gas a una presión constante. (58)
Charles's law A principle that describes the relationship between the temperature and volume of a gas at constant pressure.

ley de conservación de la masa Principio que establece que la cantidad total de materia no se crea ni se destruye durante cambios químicos o físicos. (25, 174)
law of conservation of mass The principle that the total amount of matter is neither created nor destroyed during any chemical or physical change.

líquido Estado de la materia que no tiene forma definida pero sí volumen definido. (43)
liquid A state of matter that has no definite shape but has a definite volume.

lustre Manera en la que un mineral refleja la luz en su superficie. (90, 148)
luster The way a mineral reflects light from its surface.

M

maleable Término usado para describir materiales que se pueden convertir en láminas planas por medio de martillazos o con un rodillo. (90, 149)
malleable A term used to describe material that can be hammered or rolled into flat sheets.

masa Medida de cuánta materia hay en un cuerpo. (16)
mass A measure of how much matter is in an object.

masa atómica Promedio de la masa de todos los isótopos de un elemento. (81)
atomic mass The average mass of all the isotopes of an element.

materia Cualquier cosa que tiene masa y ocupa un espacio. (5)
matter Anything that has mass and takes up space.

metal Clase de elementos caracterizados por propiedades físicas que incluyen brillo, maleabilidad, ductilidad y conductividad. (89)
metal A class of elements characterized by physical properties that include shininess, malleability, ductility, and conductivity.

metal alcalino Elemento en el Grupo 1 de la tabla periódica. (92)
alkali metal An element in Group 1 of the periodic table.

metal alcalinotérreo Elemento en el Grupo 2 de la tabla periódica. (92)
alkaline earth metal An element in Group 2 of the periodic table.

metal de transición Uno de los elementos de los Grupos 3 a 12 de la tabla periódica. (93)
transition metal One of the elements in Groups 3 through 12 of the periodic table.

metaloide Elemento que tiene algunas características de los metales y de los no metales. (103)
metalloid An element that has some characteristics of both metals and nonmetals.

GLOSARIO

mezcla Dos o más sustancias que están en el mismo lugar pero cuyos átomos no están químicamente enlazados. (12)
mixture Two or more substances that are together in the same place but their atoms are not chemically bonded.

molécula Grupo neutral de dos o más átomos unidos por medio de enlaces covalentes. (10, 139)
molecule A neutral group of two or more atoms held together by covalent bonds.

molécula diatómica Molécula que tiene dos átomos. (100)
diatomic molecule A molecule consisting of two atoms.

N

neutralización Reacción de un ácido con una base, que produce una solución que no es ácida ni básica, como lo eran las soluciones originales. (222)
neutralization A reaction of an acid with a base, yielding a solution that is not as acidic or basic as the starting solutions were.

neutrón Partícula pequeña en el núcleo del átomo, que no tiene carga eléctrica. (77)
neutron A small particle in the nucleus of the atom, with no electrical charge.

nivel de energía Región de un átomo en la que es probable que se encuentren electrones con la misma energía. (76)
energy level A region of an atom in which electrons of the same energy are likely to be found.

no metal Elemento que carece de la mayoría de las propiedades de un metal. (97)
nonmetal An element that lacks most of the properties of a metal.

núcleo 1. En las células, orgánulo grande ovalado que contiene el material genético de la célula, en forma de ADN, y que controla muchas de las actividades celulares. 2. Parte central de un átomo que contiene protones y neutrones. (75) 3. Parte central sólida de un cometa.
nucleus 1. In cells, a large oval organelle that contains the cell's genetic material in the form of DNA and controls many of the cell's activities. 2. The central core of an atom which contains protons and neutrons. 3. The solid inner core of a comet.

número atómico Número de protones en el núcleo de un átomo. (78)
atomic number The number of protons in the nucleus of an atom.

número de masa Suma de los protones y neutrones en el núcleo de un átomo. (79)
mass number The sum of protons and neutrons in the nucleus of an atom.

P

partícula alfa Partícula liberada durante la desintegración radiactiva que tiene dos protones y dos neutrones. (109)
alpha particle A particle given off during radioactive decay that consists of two protons and two neutrons.

partícula beta Electrón de movimiento rápido producido como radiación nuclear. (109)
beta particle A fast-moving electron that is given off as nuclear radiation.

período Fila horizontal de los elementos de la tabla periódica. (86)
period A horizontal row of elements in the periodic table.

peso Medida de la fuerza de gravedad que actúa sobre un objeto. (15)
weight A measure of the force of gravity acting on an object.

precipitado Sólido que se forma de una solución durante una reacción química. (166)
precipitate A solid that forms from a solution during a chemical reaction.

presión Fuerza que actúa contra una superficie, dividida entre el área de esa superficie. (46)
pressure The force pushing on a surface divided by the area of that surface.

producto Sustancia formada como resultado de una reacción química. (164)
product A substance formed as a result of a chemical reaction.

propiedad física Característica de una sustancia pura que se puede observar sin convertirla en otra sustancia. (6)
physical property A characteristic of a pure substance that can be observed without changing it into another substance.

propiedad química Característica de una sustancia que describe su capacidad de convertirse en sustancias diferentes. (6)
chemical property A characteristic of a substance that describes its ability to change into different substances.

protones Partículas pequeñas de carga positiva que se encuentran en el núcleo de un átomo. (75)
protons Small, positively charged particles that are found in the nucleus of an atom.

punto de ebullición Temperatura a la cual hierve un líquido. (51)
boiling point The temperature at which a liquid boils.

punto de fusión Temperatura a la que una sustancia cambia de estado sólido a líquido; es lo mismo que el punto de congelación (la temperatura a la que un líquido se vuelve sólido). (49)
melting point The temperature at which a substance changes from a solid to a liquid; the same as the freezing point, or temperature at which a liquid changes to a solid.

Q

química Estudio de las propiedades de la materia y de sus cambios. (5)
chemistry The study of the properties of matter and how matter changes.

R

radiactividad Emisión espontánea de radiación por un núcleo atómico inestable. (108)
radioactivity The spontaneous emission of radiation by an unstable atomic nucleus.

rayos gamma Ondas electromagnéticas con la menor longitud de onda y la mayor frecuencia. (109)
gamma rays Electromagnetic waves with the shortest wavelengths and highest frequencies.

reacción endotérmica Reacción que absorbe energía. (168)
endothermic reaction A reaction that absorbs energy.

reacción exotérmica Reacción que libera energía generalmente en forma de calor. (168)
exothermic reaction A reaction that releases energy, usually in the form of heat.

reacción nuclear Reacción en la que intervienen las partículas del núcleo de un átomo que puede transformar un elemento en otro. (107)
nuclear reaction A reaction involving the particles in the nucleus of an atom that can change one element into another element.

reacción química Proceso por el cual las sustancias químicas se convierten en nuevas sustancias con propiedades diferentes. (164)
chemical reaction A process in which substances change into new substances with different properties.

reactante Sustancia que interviene en una reacción química. (164)
reactant A substance that enters into a chemical reaction.

reactividad Facilidad y rapidez con las que un elemento se combina, o reacciona, con otros elementos y compuestos. (91)
reactivity The ease and speed with which an element combines, or reacts, with other elements and compounds.

S

sal Compuesto iónico formado por la neutralización de un ácido con una base. (223)
salt An ionic compound made from the neutralization of an acid with a base.

semiconductor Sustancia que puede conducir una corriente eléctrica bajo ciertas condiciones. (103)
semiconductor A substance that can conduct electric current under some conditions.

símbolo químico Representación con una o dos letras de un elemento. (83)
chemical symbol A one- or two-letter representation of an element.

síntesis Reacción química en la que dos o más sustancias simples se combinan y forman una sustancia nueva más compleja. (180)
synthesis A chemical reaction in which two or more simple substances combine to form a new, more complex substance.

GLOSARIO

sistema abierto Sistema en el que la materia puede escapar a sus alrededores o entrar desde ahí. (175)
open system A system in which matter can enter from or escape to the surroundings.

sistema cerrado Sistema en el cual la materia no puede entrar ni salir. (175)
closed system A system in which no matter is allowed to enter or leave.

Sistema Internacional de Unidades (SI) Sistema de unidades que los científicos usan para medir las propiedades de la materia. (16)
International System of Units (SI) A system of units used by scientists to measure the properties of matter.

sólido Estado en el que la materia tiene forma y volumen definidos. (41)
solid A state of matter that has a definite shape and a definite volume.

sólido amorfo Sólido constituido por partículas que no están dispuestas en un patrón regular. (42)
amorphous solid A solid made up of particles that are not arranged in a regular pattern.

sólido cristalino Sólido constituido por cristales en los que las partículas están colocadas en un patrón regular repetitivo. (42)
crystalline solid A solid that is made up of crystals in which particles are arranged in a regular, repeating pattern.

solubilidad Medida de cuánto soluto se puede disolver en un solvente a una temperatura dada. (207)
solubility A measure of how much solute can dissolve in a given solvent at a given temperature.

solución Mezcla que contiene un solvente y al menos un soluto, y que tiene propiedades uniformes; mezcla en la que una sustancia se disuelve en otra. (199)
solution A mixture containing a solvent and at least one solute that has the same properties throughout; a mixture in which one substance is dissolved in another.

solución concentrada Mezcla que tiene muchos solutos disueltos en ella. (205)
concentrated solution A mixture that has a lot of solute dissolved in it.

solución diluida Mezcla que sólo tiene un poco de soluto disuelto en ella. (205)
dilute solution A mixture that has only a little solute dissolved in it.

solución saturada Mezcla que contiene la mayor cantidad posible de soluto disuelto a una temperatura determinada. (207)
saturated solution A mixture that contains as much dissolved solute as is possible at a given temperature.

soluto Parte de una solución que se disuelve en un solvente. (199)
solute The part of a solution that is dissolved by a solvent.

solvente Parte de una solución que, por lo general, está presente en la mayor cantidad y que disuelve a un soluto. (199)
solvent The part of a solution that is usually present in the largest amount and dissolves a solute.

subíndice Número en una fórmula química que indica el número de átomos que tiene una molécula o la razón de elementos en un compuesto. (134)
subscript A number in a chemical formula that tells the number of atoms in a molecule or the ratio of elements in a compound.

sublimación Cambio del estado sólido directamente a gas, sin pasar por el estado líquido. (53)
sublimation The change in state from a solid directly to a gas without passing through the liquid state.

suspensión Mezcla en la cual las partículas se pueden ver y separar fácilmente por fijación o por filtración. (201)
suspension A mixture in which particles can be seen and easily separated by settling or filtration.

sustancia Tipo único de materia que es pura y tiene propiedades específicas. (5)
substance A single kind of matter that is pure and has a specific set of properties.

sustitución Reacción en la que un elemento reemplaza a otro en un compuesto o en la que se intercambian dos elementos de diferentes compuestos. (180)
replacement A reaction in which one element replaces another in a compound or when two elements in different compounds trade places.

—————————— **T** ——————————

tabla periódica Configuración de los elementos que muestra el patrón repetido de sus propiedades. (82)
periodic table An arrangement of the elements showing the repeating pattern of their properties.

temperatura Cuán caliente o frío es algo; medida de la energía de movimiento promedio de las partículas de una sustancia. (26, 47)
temperature How hot or cold something is; a measure of the average energy of motion of the particles of a substance.

tensión superficial Resultado de la atracción hacia el centro entre las moléculas de un líquido, que hace que las moléculas de la superficie se acerquen mucho, y que la superficie actúe como si tuviera una piel delgada. (44)
surface tension The result of an inward pull among the molecules of a liquid that brings the molecules on the surface closer together; causes the surface to act as if it has a thin skin.

trazador Isótopo radiactivo que se puede seguir mediante los pasos de una reacción química o un proceso industrial. (112)
tracer A radioactive isotope that can be followed through the steps of a chemical reaction or industrial process.

_____ **V** _____

vaporización Cambio del estado de líquido a gas. (51)
vaporization The change of state from a liquid to a gas.

vida media Tiempo que tarda en decaer la mitad de los átomos de un elemento radiactivo. (111)
half-life The time it takes for half of the atoms of a radioactive element to decay.

viscosidad Resistencia a fluir que presenta un líquido. (44)
viscosity A liquid's resistance to flowing.

volumen Cantidad de espacio que ocupa la materia. (17)
volume The amount of space that matter occupies.

ÍNDICE

ÍNDICE

Los números de página de los términos clave están impresos en negrita.

ÍNDICE

Los números de página de los términos clave están impresos en negrita.

Reconocimientos al personal

Los miembros del equipo de **Ciencias interactivas,** en representación de los servicios de producción, servicios de producción multimedia y diseño digital, desarrollo de productos digitales, editorial, servicios editoriales, manufactura y producción, se incluyen a continuación.
Jan Van Aarsen, Samah Abadir, Ernie Albanese, Gisela Aragón, Bridget Binstock, Suzanne Biron, MJ Black, Nancy Bolsover, Stacy Boyd, Jim Brady, Katherine Bryant, Michael Burstein, Pradeep Byram, Jessica Chase, Jonathan Cheney, Arthur Ciccone, Allison Cook-Bellistri, Vanessa Corzano, Rebecca Cottingham, AnnMarie Coyne, Bob Craton, Chris Deliee, Paul Delsignore, Michael Di Maria, Diane Dougherty, Kristen Ellis, Theresa Eugenio, Amanda Ferguson, Jorgensen Fernandez, Kathryn Fobert, Julia Gecha, Mark Geyer, Steve Gobbell, Paula Gogan-Porter, Jeffrey Gong, Sandra Graff, Adam Groffman, Lynette Haggard, Christian Henry, Karen Holtzman, Susan Hutchinson, Sharon Inglis, Marian Jones, Sumy Joy, Sheila Kanitsch, Courtenay Kelley, Chris Kennedy, Marjorie Kirstein, Toby Klang, Greg Lam, Russ Lappa, Margaret LaRaia, Ben Leveillee, Thea Limpus, Dotti Marshall, Kathy Martin, Robyn Matzke, John McClure, Mary Beth McDaniel, Krista McDonald, Tim McDonald, Rich McMahon, Cara McNally, Melinda Medina, Angelina Mendez, Maria Milczarek, Claudi Mimó, Mike Napieralski, Deborah Nicholls, Dave Nichols, William Oppenheimer, Jodi O'Rourke, Ameer Padshah, Lorie Park, Celio Pedrosa, Jonathan Penyack, Linda Zust Reddy, Jennifer Reichlin, Stephen Rider, Charlene Rimsa, Stephanie Rogers, Marcy Rose, Rashid Ross, Anne Rowsey, Logan Schmidt, Amanda Seldera, Laurel Smith, Nancy Smith, Ted Smykal, Emily Soltanoff, Cindy Strowman, Dee Sunday, Barry Tomack, Patricia Valencia, Ana Sofía Villaveces, Stephanie Wallace, Christine Whitney, Brad Wiatr, Heidi Wilson, Heather Wright, Rachel Youdelman

Fotografía

All uncredited photos copyright © 2011 Pearson Education.

Portadas

Matthew Donaldson/Photolibrary, New York.

Páginas preliminares

Page vi, Nordic Photos/Photolibrary New York; **vii,** Michael C. York/AP Images; **viii,** Tom Schierlitz/Getty Images; **ix,** Javier Trueba/Madrid Scientific Films; **x,** Cyril Ruoso/JH Editorial/Minden Pictures; **xi,** David Doubilet/National Geographic Stock; **xiii laptop,** iStockphoto.com; **xv girl,** JupiterImages/Getty Images; **xviii laptop,** iStockphoto.com; **xx,** Michael Freeman/Phototake, Inc./Oxford.

Capítulo 1

Pages xxii–1 spread, Nordic Photos/Photolibrary Group; **3 t,** Nigel Hicks/Dorling Kindersley; **3 b,** Michio Hoshino/Minden Pictures; **4 t painting,** The Head of Medusa (ca. 1590), Michelangelo Merisi da Caravaggio. Oil on canvas glued to wood. Diameter: 21 5/8 in (55 cm). Pre-restoration. Uffizi Gallery, Florence, Italy/Photograph copyright © 2005 Nicolo Orsi Battaglini/Art Resource NY; **4 b painting,** The Head of Medusa (ca. 1590), Michelangelo Merisi da Caravaggio. Oil on canvas glued to wood. Diameter: 21

5/8 in (55 cm). Restored 2005. Uffizi Gallery, Florence, Italy/ Photograph copyright © 2005 Scala/Ministero per i Beni e le Attività culturali/Art Resource NY; **4–5 bl,** Nigel Hicks/ Dorling Kindersley; **5 br,** Katy Williamson/Dorling Kindersley; **6 br inset,** iStockphoto.com; **6 l inset,** Wave RF/Photolibrary New York; **7 t inset,** Nicole Hill/Rubberball/Photolibrary New York; **6–7 bkgrnd,** ArabianEye/Getty Images; **7 b,** Andy Crawford/Dorling Kindersley; **8 b,** Courtesy of Prof. Mark Welland and Dr. Ghim Wei Ho, Nanoscience Centre, University of Cambridge, UK; **9 neon,** iStockphoto.com; **9 balloon,** Ashok Rodrigues/iStockphoto.com; **9 jewelry,** iStockphoto. com; **9 kettle,** Dorling Kindersley; **9 pan,** PhotoObjects.net/ JupiterUnlimited; **10 bkgrnd,** Max Blain/Shutterstock; **11 r,** Steve Gorton/Dorling Kindersley; **11 b,** Mark A. Schneider/ Photo Researchers, Inc.; **11 tl,** Albert J. Copley/age Fotostock/Photolibrary New York; **13 ml,** Charles D. Winters/ Photo Researchers, Inc.; **14 bkgrnd,** Patrick Robert/Corbis; **14 inset,** Juergen Hasenkopf/Alamy; **16–17 spread,** Mark Lennihan/AP Images; **18–19 miners,** The Granger Collection, New York; **19 figure 4C,** Dorling Kindersley; **19 figure 4A,** Albert J. Copley/age Fotostock/Photolibrary New York; **19 figure 4B,** Charles D. Winters/Photo Researchers, Inc.; **20 bkgrnd,** iStockphoto.com; **21,** Carolyn Kaster/AP Images; **22,** iStockphoto.com; **23 r,** Courtesy of North Carolina State Bureau of Investigation, Raleigh, NC; **23 b,** iStockphoto.com; **24 t,** Erasmus Weathervane (2008), Rodney Graham. Copper and steel. Whitechapel Gallery, London. Reproduced by permission of artist. Photo: Anthony Upton/AP Images; **26 l,** Jonathan Hayward/AP Images; **26 r,** Umit Bektas/Reuters; **27,** Michio Hoshino/Minden Pictures; **28 arrowhead,** Matthew J. Sroka/Reading Eagle/AP Images; **28 single coin,** iStockphoto. com; **28–29 mummy,** Amr Nabil/AP Images; **28–29 t coins,** Jakub Semeniuk/iStockphoto.com; **29 clay pot,** iStockphoto.com; **30 t,** Nigel Hicks/Dorling Kindersley; **30 b,** Umit Bektas/Reuters.

Sección especial

Page 34 bkgrnd, The Alchemist (ca. 1640), Hendrick Heerschon. Oil on canvas. The Fisher Collection, Pittsburgh PA/Alamy; **35 inset,** American Institute of Physics/Photo Researchers, Inc.; **35 bkgrnd,** Lawrence Berkeley National Laboratory/Science Photo Library/Photo Researchers, Inc.

Capítulo 2

Pages 36–37 spread, AP Photo/Michael C. York; **39 b,** Charles D. Winters/Photo Researchers, Inc.; **39 m2,** SuperStock; **39 m1,** BC Photography/Alamy; **40 bkgrnd,** James M. Bell/ Photo Researchers, Inc.; **40 hands with phone,** Ryan Pyle/ Corbis; **42 l,** Sue Atkinson/Fresh Food Images/Photolibrary New York; **42 r,** Mark A. Schneider/Photo Researchers, Inc.; **44,** BC Photography/Alamy; **45,** Charles D. Winters/ Photo Researchers, Inc.; **47,** Frits Meyst/Adventure4ever. com; **48,** Simon Butcher/Imagestate/Photolibrary New York; **49,** SuperStock; **50,** Winfield Parks/National Geographic Society; **53 bkgrnd,** Neal Preston/Corbis; **53 inset,** Charles D. Winters/Photo Researchers, Inc.; **53 t,** Frank Greenaway/ Dorling Kindersley; **54 r,** AlaskaStock/Photolibrary New York; **54 l,** Michael S. Quinton/National Geographic Stock; **55 b,** Mark Gibson; **55 t,** Photolibrary New York; **56,** Kat Fahrer/ Middletown Journal/AP Images; **62 b,** Mark Gibson; **62 t,** Mark A. Schneider/Photo Researchers, Inc.

Philadelphia Public Ledger/AP Images; **185,** Stephen Morton/ AP Images; **188 t,** Gandee Vasan/Getty Images; **189,** James Harrop/iStockphoto.com; **190 l,** iStockphoto.com; **190 r,** Amanda Rohde/iStockphoto.com.

Sección especial
Page 192; Charles D. Winters/Photo Researchers, Inc.; **193 bkgrnd,** Dorling Kindersley.

Capítulo 6
Pages 194–195 spread, David Doubilet/National Geographic Stock; **197 t,** Joe Scherschel/National Geographic Society; **197 m1,** Stew Milne/AP Images; **197 m2,** Eric Risberg/AP Images; **198,** Marshville Productions/The Kobal Collection; **200,** Joe Scherschel/National Geographic Society; **201,** Eric Risberg/AP Images; **202–203 spread,** Stew Milne/AP Images; **204,** Tui De Roy/Minden Pictures; **207 b,** Jacqueline Larma/AP Images; **207 tr,** Dorling Kindersley; **208 bkgrnd,** Patrick Byrd/Science Faction; **208 tl,** Sergei Kozak/Getty Images; **212 bkgrnd,** Artur Tabor/Minden Pictures; **212 tr inset,** Niedersächsisches Landesamt für Denkmalpflege/ AP Images; **212 bl inset,** Richard Ashworth/Robert Harding World Imagery; **213 touchstone,** Christopher Cooper/DK Limited/Corbis; **213 bottle,** Dimitry Romanchuck/iStockphoto. com; **213 necklace,** Jules Selmes and Debi Treloar/Dorling Kindersley; **214,** Cristina Pedrazzini/Photo Researchers, Inc.; **215 tr,** Dorling Kindersley; **215 lime,** iStockphoto.com; **215 muffin,** Shutterstock; **215 dish soap,** Shutterstock; **215 window cleaner,** Shutterstock; **217 r,** Kim Taylor/Nature Picture Library; **217 t,** John B. Free/Minden Pictures **217 l,** Dorling Kindersley; **218 bkgrnd,** Chris Newbert/ National Geographic Society; **218 orange jellyfish inset,** Wil Meinderts/Foto Natura/Minden Pictures; **221 antacid,** Jon Schulte/iStockphoto.com; **221 glass of water,** Susan Trigg/ iStockphoto.com; **221 bananas,** LuxCreativ/iStockphoto.com; **221 lemons,** iStockphoto.com; **221 tomato,** iStockphoto.com; **221 soap,** Daniel R. Burch/iStockphoto.com; **221 vinegar,** Comstock/JupiterUnlimited; **221 hydrochloric acid,** Radu Razvan/iStockphoto.com; **221 blood,** Timothey Kosachev/ iStockphoto.com; **226 l,** iStockphoto.com; **226 r,** Daniel R. Burch/iStockphoto.com.

Sección especial
Page 228 bl, Ron & Diane Salmon/Flying Fish Photography; **229 bkgrnd,** Daniel Sicolo/JupiterImages; **229 inset,** Anthony-Masterson/Digital Vision/Getty Images.

Puedes escribir en el libro.
Es tuyo.